中央司法警官学院青年教师学术创新团队研究成果

罪犯权利实现研究

ZuiFan QuanLi ShiXian YanJiu

李玉娥 栗志杰 任建通 著

中国政法大学出版社

2018 · 北京

图书在版编目（CIP）数据

罪犯权利实现研究/李玉娥等著. —北京:中国政法大学出版社, 2018.7
ISBN 978-7-5620-8399-3

Ⅰ.①罪… Ⅱ.①李… Ⅲ.①犯罪分子－权利－研究－中国 Ⅳ.①D926.7

中国版本图书馆 CIP 数据核字(2018)第 157219 号

出版者　中国政法大学出版社
地　址　北京市海淀区西土城路 25 号
邮寄地址　北京 100088 信箱 8034 分箱　邮编 100088
网　址　http://www.cuplpress.com（网络实名：中国政法大学出版社）
电　话　010-58908586(编辑部) 58908334(邮购部)
编辑邮箱　zhengfadch@126.com
承　印　固安华明印业有限公司
开　本　880mm×1230mm　1/32
印　张　11.75
字　数　280 千字
版　次　2018 年 7 月第 1 版
印　次　2018 年 7 月第 1 次印刷
定　价　49.00 元

PREFACE

前　言

今年是我国改革开放40周年。40年来，罪犯权利研究事业解放思想、与时俱进、发展迅速。这还要从李步云教授在《人民日报》发表的两篇文章说起。其一是1978年的《公民在法律上一律平等》，其二是1979年的《论罪犯的法律地位》。这两篇文章是在“真理大讨论”后真正解放思想、实事求是的历史背景下突破理论研究禁区的重大成果，在中国法治发展史上具有重要的地位。其发表初期反响巨大，成为我国罪犯权利研究禁忌的破冰之举。

40年来，我国罪犯权利理论研究日渐繁荣，1994年《监狱法》制定出台和2004年“国家尊重和保障人权”入宪，更是掀起了两次研究高潮。梳理40年来我国罪犯权利理论研究成果可知，研究的焦点经历了罪犯“是否享有权利”“享有哪些权利”的历史阶段。这一阶段的罪犯权利理论研究具有社会主义法制建设时期注释法学研究的典型特点，即受到特定历史条件的限制，在行刑人道化、罪犯权利法定化的总体框架内开展理论反思和探讨，其重点在阐释社会主义法制发展中罪犯法定权利的广泛性和基本人权保障的真实性，但专题研究罪犯因被剥夺人身自由而实际受到限制权利行使和实现的著作鲜见。

当前，我国全面依法治国进入新时代，治本安全观指引下的监狱监管改造体制机制改革正如火如荼展开，罪犯权利理论研究正在进入“权利如何实现”的新阶段。正视和承认罪犯的改造主体地位，构建科学的改造主体间关系，充分发挥罪犯改造的主动性和积极性，形成监狱与罪犯同向发力、协同改造的格局，注重运用行刑社会化手段、亲情改造举措，保障罪犯因在押服刑而受限的合法权利的行使和实现，最终将其改造成为守法公民、促使其顺利回归社会，这也是罪犯权利实现的最大化程度和最理想状态。

全书分为导论、基础理论、历史与现实、比较与借鉴、革新与实现五个部分，共计十二章。

导论部分从解读新时代监狱工作改革发展的重要理念——治本安全观的科学内涵和重大意义切入，试图解读监狱监管改造体制机制改革和罪犯权利实现的宏大时代背景，检视当前罪犯权利实现的尴尬和困境，前瞻其实现的方略和路径。同时，阐明了研究的系统化思路和主要方法。

基础理论部分包括第一、二、三章。按照理论思辨逻辑进路，首先对罪犯权利的概念和本源、本质和属性进行深入地法理辨析，在总结学界的不同观点，对罪犯权利存在的三种形态予以理论解读的基础上，归纳提出了罪犯权利实现的五个基础理论，即罪犯权利制衡监狱行刑权利理论和监狱行刑人道化、法治化、社会化、个别化理论。

历史与现实部分包括第四、五、六、七章。坚持辩证唯物主义的历史观，将罪犯权利理论研究置于监狱行刑发展的历史情境中，对威吓报应、矫正教育和二战以来中西方罪犯权利保障的发展简史进行了系统梳理，特别是对罪犯权利意识的历史变迁从法社会学的角度进行了研究论述。坚持理论思辨和实证研究相结合，一方面，主要对现行罪犯权利保障法制的规范进行统计解析，运用价值分析和系统论方法对其进行实效评析，从以上两个角度对罪犯权利的立法实现状况进行了深入分析；另一方面，在从宏观上总结1994年《监狱法》颁布施行以来我国罪犯权利社会实现状况、微观上对部分监狱罪犯权利实现情况进行调查研究的基础上，针对罪犯权利实现的阻因进行了深入剖析。

比较与借鉴部分包括第八、九章。在对联合国有关监狱管理和罪犯权利或处遇保障规范进行归纳、实践状况进行总结分析的基础上，着力就我国践行联合国罪犯权利保障国际规则提出了可行性建议。在对当代西方国家行刑法治宏观发展特征和趋势进行总结分析的基础上，对英美法系三个国家、大陆法系五个国家的监狱法制建设与罪犯权利保障实践进行了述评，归纳总结提出了科学的行刑理念、实体正义与程序正义相结合、推进监狱科学分类、注重推进监狱行刑民主化和社会化、加强出狱人保护等启示。

革新与实现部分包括第十、十一、十二章。这一部分按照总分结构完成论述。首先，围绕治本安全观下罪犯权利实现机理，强调要构建监狱与罪犯之间的新型主体关系，促使治本安全观下罪犯改造主体地位的实至名归，并结合德国学者提出的再社会化权利理论，归纳提出罪犯权利实现的五项基本原则，即法治原则、最低限度限制原则、社会化原则、平等原则、司法最终救济原则；其次，从修改完善监狱法制和刑事民事相关法律的立法保障、完善执法监督机制、建立健全刑事民事行政诉讼救济机制三个层次提出了罪犯权利实现的法治保障路径；最后，围绕罪犯权利实现的社会支持机制，在对罪犯权利实现的社会支持系统理论进行解读的基础上，坚持理论思辨和实证研究论据相结合，深入分析当前罪犯权利实现社会支持系统中存在的宏观、中观和微观问题及原因，并结合上海市近年来监狱改革中罪犯权利实现的社会支持机制建设经验启示，提出了我国当前罪犯权利实现社会支持机制构建的基本思路和具体举措。

本书是团队共同努力的结果。栗志杰撰写了本书的第八章，任建通撰写了本书的第五章，其余均由李玉娥撰写完成。鉴于团队的能力和水平所限，书中难免有疏漏和不足之处，敬请各位学界前辈、同仁批评指正。

李玉娥
2018 年 4 月 18 日于保定

目录
CONTENTS

第二部分

历史与现实

第三部分

比较与借鉴

第四部分

革新与实现

导 论
Introduction

治本安全观是在底线安全的坚实基础上，根据监狱行刑原理和罪犯改造规律，结合我国当前的国情狱情，对其进行正本清源从而明确提出的，为新时代监狱工作改革发展指明了方向和路径。“促使罪犯顺利回归社会、融入社会，成为守法公民，不再重新犯罪”，既是监狱工作的根本任务，也是罪犯权利在法治社会最终得以最大化实现的理想状态。

一、治本安全观的提出及其重大意义

2014 年 4 月 15 日，习近平总书记在中央国家安全委员会第一次全体会议上指出：“当前我国国家安全内涵和外延比历史上任何时候都要丰富，时空领域比历史上任何时候都要宽广，内外因素比历史上任何时候都要复杂，必须坚持总体国家安全观，以人民安全为宗旨，以政治安全为根本，以经济安全为基础，以军事、文化、社会安全为保障，以促进国际安全为依托，走出一条中国特色国家安全道路。”习近平总书记提出的总体国家安全观具有重大深远的理论价值和鲜明的实践意义，彰显了中国智慧，体现了中国担当。

2017 年 5 月初，司法部党组会议决定：“将深化监狱体制改革纳入司法行政改革任务，要求从底线安全观向治本安全观转变，切实提高教育改造质量，要在改造罪犯成为守法公民上加大监管机制改革的工作力度”；5 月下旬，时任司法部部长张军在山东调研时指出，教育改造罪犯是监狱的本职，要把“不跑人”的底线安全观深化为使罪犯“不想跑”和向社会输出合格“产品”的治本安全观。

治本安全观是总体国家安全观对监狱工作指导的具体体现。总体国家安全观是新形势下指导国家安全实践的强大思想武器。监狱是国家安全体系的重要组成部分，是维护国家安全、公共安全和社会稳定的重要战线，在贯彻总体国家安全观、构建公共安全体系、维护社会稳定中肩负重要职责。同时，监狱也是对罪犯实施改造和矫正的专门机构，通过改造矫正，使罪犯成为具有一定文化知识和劳动技能的守法公民，顺利回归社会，预防和减少犯罪。治本安全观的提出，紧跟国家安全大势，体现了新的时代背景下谋求监狱安全的大视野、大格局，引导监狱工作者增强使命忧患意识、责任担当和职业承诺，始终把监狱工作放在国家安全大局中去思考和谋划，始终把安全稳定放在监狱工作的首要位置，努力将罪犯改造成自食其力的守法公民，尽可能减少社会不稳定因素，为维护国家安全发挥应有的积极作用。

治本安全观是强化监狱本职职能的客观要求。21 世纪以来，通过全面实施监狱体制改革、监狱布局调整、监狱信息化建设，监狱的功能形态、设施条件、保障水平都有了大幅度的改善和提升，但是在中央和地方各级政府高度重视维稳工作的大形势下，视安全为监狱工作的生命线、强调“稳定压倒一切”的底线安全观对监狱工作的开展产生了根本性的导向作用。不可否认的是，底线安全观下确保监狱整体安全稳定工作取得了骄人成绩。除了边疆等少数地区的个别监狱外，暴狱、越狱、脱逃、虐囚、狱内杀人等重大案件在多数监狱几乎已经绝迹，全国 160

余万在押犯近几年的脱逃数量连续保持在年均个位数，这创造了一个世界监狱史上的奇迹。但也要清醒地看到，这种维稳成绩是以监狱和社会付出了巨大的牺牲和代价换来的。随着社会经济的发展，面对刑事政策的调整，监狱安全的传统威胁与非传统威胁相互交织，押犯结构的两极化趋势明显，罪犯改造需求更趋多元，对监狱行刑变革、发展动能转换、治理能力提升提出了更高要求，传统的监管改造模式亟待改革。治本安全观作为监狱工作的大思路、新定位，是监狱安全工作指导理念的创新，也是监狱工作改革发展的必然，深刻揭示了监狱安全的本源性、全面性、整体性、系统性，体现了监狱工作由自我评价向社会评价的转变，对监狱工作具有哲学方法论价值和指导作用。〔1〕治本安全观的提出，进一步厘清了监狱的主责主业是确保安全、改造罪犯，明确了抓好本职是维护监狱安全的治本之策，改造好罪犯是监狱持续安全的治本之举。监狱机关要在发挥改造罪犯这个本职职能上聚焦用力、持续用劲，监狱警察要在履行改造罪犯这个本职职责上凝神聚气、科学施教，通过监管改造、教育改造和劳动改造手段，促使罪犯由“跑不了”转变为“不想跑”，由“被动改造”转变为“主动改造”。

治本安全观是深化监狱工作改革发展的强大动力。治本安全观的本质要求是着眼于社会治理创新的宏观视野，立足于监狱机关职能属性，以强化严格依法公正文明管理为基础，以提高教育改造质量为根本，以创新教育改造体制机制为动力，以提升队伍专业化水平为保障，以推进教育改造工作社会化为依托，全面提升监狱机关本质安全水平。治本安全观的提出，坚持问题导向，将监狱体制改革纳入司法行政改革任务，强调切

〔1〕“省监狱局部署治本安全观创新实践试点工作”，载 http://www.frjs.gov.cn/31022/jianyu/201708/t20170803_4462162.shtml，2017 年 12 月 1 日访问。

实做到监狱经费全额保障，在保证安全的前提下把监狱企业建设成改造罪犯的基地。对监企关系的全新定位，是深化监狱体制改革的强大推动力，有利于完善政策和争取经费动态增长机制，有利于正确认识和处理企业生产经营与服务罪犯习艺改造的关系，有利于形成科学规范的监企运行模式，促进监狱和监狱企业依法治理、转型升级，凸显监狱作为国家刑罚执行机关的地位作用，完善监狱治理体系，提高监狱治理能力现代化水平。

监狱工作一头连着政府，一头连着社会，具有广泛的社会影响力。治本安全观是监狱更好服务于社会发展的实践指南，它以监狱回归本职职能为逻辑起点，以维护社会安全稳定为终极目标，致力于全面降低和消除罪犯人身危险性及社会危害性，将罪犯改造成守法公民，倡导人文关照、依法治理、系统统筹、社会协作，集中体现了监狱工作"改造为本"的核心理念，是当前和今后一个时期做好监狱工作的重要遵循。治本安全观的提出，突出对罪犯实施科学化、专业化、社会化改造和开放性、精准性、技术性矫治，强调严格规范公正文明执法，打造一支正规化、专业化、职业化的警察队伍，彰显监狱的社会责任感，是监狱机关充分认识和发挥维护社会稳定、促进社会和谐、服务社会发展功能的思想和实践指南，督促监狱最大限度做好罪犯改造工作，向社会输出合格"产品"，努力实现政治效果、法律效果与社会效果的有机统一，不断增加监狱对构建和谐社会、促进公平正义的贡献值。

二、底线安全观下罪犯权利保障和实现的检视

底线安全观下监狱工作的中心是"关得下、管得住、跑不了"，制度机制设计实施和人财物的投入均是服务于确保监管安

全的目标。罪犯作为被惩罚、被改造、被管教的对象，监狱对其权利保障和实现是基于并围绕“囚权”而展开和进行的。尽管我国监狱工作中已经取得了罪犯权利保障法制建设和基本人权保障的重要成就，但是在罪犯权利实现的理论研究上仍然严重滞后，目前在工作理念、体制机制上面对窠臼和瓶颈，亟待破解。

自改革开放以来，随着社会经济的进步，中国监狱经历了从以政府保障为特点的监狱体制改革、监狱布局和产业调整到创建现代化文明监狱的重大改革，从而使罪犯权利保障上升到新的水平。尤其是以1994年《中华人民共和国监狱法》（以下简称《监狱法》）的颁布实施为新起点，我国罪犯人权保障进入了新阶段，由此相关的立法初步形成。我国《监狱法》第7条对保障罪犯权利作了完整表述：“罪犯的人格不受侮辱，其人身安全、合法财产和辩护、申诉、控告、检举以及其他未被依法剥夺或者限制的权利不受侵犯。”该法的其他相关条款也具体规定了罪犯的多项权利。2004年我国《宪法》第四次修正案增加了“国家尊重和保障人权”的条文，这使罪犯人权保障上升到了根本法的层面，通过监狱行刑权力监督制衡、严格规范监狱执法、实施狱务公开等举措，罪犯吃穿住和基本医疗等基本人权保障的机制渐趋完备。[1]

然而，罪犯的改造主体地位虽然在观念上逐渐得到认可，但实践中并未得到尊重和实现，监狱行刑工作理念的基点仍然停留在监禁刑剥夺自由的惩罚性上，其权利主体地位尚未得到真正认可和尊重，强调义务本位主义下服从义务前提下的“囚权”保障，而对罪犯其他尚未被剥夺和限制的公民权利，则在

---

〔1〕 张晶：“囚犯人权保障的理念与进路”，载《中国法律评论》2014年第2期。

监狱工作中，以安全的名义、以惩罚的名义、以改造的名义、以正义的名义，甚至以法律的名义，设置重重障碍，阻碍罪犯这些合法权利的实现。事实上，“罪犯是公民，依法享有宪法和法律规定的未被剥夺的权利”，已经是社会公理，这一点毋庸置疑。然而，底线安全观指导下的监狱工作实践没有做到、也不可能积极努力去做到这点，近些年行刑实践中存在的重监管、轻改造，重生产、轻教育，劳动改造异化、教育改造边缘化等问题就是例证，其背后既有工作理念问题，又反映出体制机制顶层设计中罪犯改造主体和权利主体地位的缺位。

尽管从行刑实践中监狱人民警察与罪犯存在的关系上看，罪犯是被管理者、被矫正者、被改造者，都是处在“被动地位”，似乎理应是被动的客体地位，但是没有“被动地位”的罪犯的主动参与，就不可能实现监狱改造罪犯的目的。依据辩证唯物主义观点，外因是变化的条件，内因是变化的依据。事物发展的根本原因，不在事物外部而在事物内部，关键在于事物内部的矛盾性。任何事物内部都有这种矛盾性，这种矛盾性才是事物发展的根本原因。罪犯的改造也是这样，监狱及警察所设置的环境条件只能是强化、促进的外部因素，无法替代其自身的改造。罪犯作为服刑改造主体，只有在参与改造的内驱力得到激发之后，才会主动认同和顺应民警提出的改造要求。罪犯思想只有进入主体意识的觉醒和强化这一层次，也才能从外部的强制和威慑、被动服从的状态中走出来，进入到一种主动认同并自觉追求和践行的境界。首先，在监狱管理工作中，确立罪犯的主体地位，就能使其不仅仅是被动地去应对管理活动，而是主动地融入管理过程中，使监狱和罪犯成为管理工作的利益共同体，强化罪犯在监狱行刑活动中的自我管理和自我监督，从而提高管理效率，确保监狱安全。其次，在对罪犯的矫正教育关系中，罪犯不仅是矫正自己的主人，而且也是监狱矫正教育工作的承担者和受益者。只有确立罪犯的主体地位，才能增强其参与矫正或者自我矫正教育的自觉性、主动性，才能从根本上使其得到矫正教育。最后，确立罪犯在具体改造中的主体地位，意味着罪犯必须对其犯罪行为负责，强化其罪恶感、耻辱感，反省罪过，唤醒良知，恢复理性；意味着对罪犯的矫正教育成为可能，从本质上体现“人是可以改造的”；意味着罪犯对自己的矫正负有重大责任，是矫正的主导者。由此，监狱的一切体制、机制及其制度的设计必须遵从“以人为本”的思想，一切以矫正教育罪犯为中心，以构建社会主义和谐社会为目标，让罪犯参与到自己的改造中来，让他们实现自我改造。〔1〕罪犯只有通过自我救赎，实现涅槃重生，顺利回归社会，成为守法公民，才能最终实现其合法权利的全面享有和行使。

三、治本安全观下罪犯权利保障和实现的前瞻

事实上，罪犯权利的实现只能依靠体制机制保障，而不是依赖监狱领导及其执法人员良好的执法理念和职业良知。〔2〕近年来，全国监狱系统加大了狱务公开的力度，许多过去“暗箱操作”的工作被置于阳光之下，受到社会各界的关注，对监督监狱权力发挥了重要的作用。但是，由于监狱法律体系对罪犯权利的确认和明示的不足，罪犯权利受侵害后的救济程序机制不健全，导致罪犯未被剥夺和限制的合法公民权利实际上无法行使实现，甚至会沦为仅仅是“纸上的权利”。

---

〔1〕 连春亮：“囚犯论：从‘边缘’到‘中心’”，载《河南省司法警官职业学院学报》2012 年第 4 期。

〔2〕 张晶：“囚犯人权保障的理念与进路”，载《中国法律评论》2014 年第 2 期。

治本安全观下，在罪犯的“囚权”得以较好地保障和实现的前提下，立足于将其改造成为自食其力的守法公民的目的，深入推进以监管改造机制改革为中心的监狱行刑法治化、科学化、社会化改革，有利于实现监狱行刑和罪犯权利保护的双重正义。

在传统监狱认识论中，罪犯的权利长期被淹没在“义务先定”“义务主导”的文化里，一直遭受忽视和冷漠对待。这是因为，传统的监狱认识论是建立在传统的政治文化语境下对监狱的性质进行定位的，监狱归属于政治学的范畴，一味强调监狱是国家机器、是暴力机关、是专政工具、是刀把子。而与传统观点不同，从国家的视角，监狱是专政的工具；从刑罚学的视角，监狱是刑罚执行机关；从社会学的视角，监狱是社会减压阀，是罪犯再社会化的场所；从人类学的视角，监狱是对罪犯主体性的确认；从心理学的视角，监狱是对罪犯健康人格的塑造过程；从法治现代化的视角，沈家本说过：“观其监狱之实况，可测其国家之文野。”〔1〕

坚持治本安全观，就是要统筹好安全与改造的关系，坚决摒弃“唯安全论”的思想，切实克服就安全抓安全、为安全保安全的倾向，牢固树立安全为先、教育为本理念，切实把改造罪犯作为监狱工作的中心任务，准确把握罪犯改造工作规律，沿着科学认识罪犯、科学管理罪犯、科学矫正罪犯的基本脉络，不断创新改造工作理念和方式方法，通过教育转化、攻心治本，进一步提升狱内安全系数；通过引导帮助罪犯改造自新、顺利回归社会、成为守法公民，最大限度地为促进社会大局稳定增加和谐因素。例如，治本安全观下监狱应当完善社会多元力量

〔1〕 转引自连春亮：“囚犯论：从‘边缘’到‘中心’”，载《河南省司法警官职业学院学报》2012 年第 4 期。

参与教育改造工作机制，进一步开展好亲情帮教和社会帮教，引入法律专家、心理治疗专业人员、爱国宗教人士、社会志愿者等专业力量，根据罪犯不同内容、不同阶段、不同层次的改造需求，开展社会志愿服务，增强罪犯帮教工作实效；以互帮共建机制建设为重点，建立规范化的刑释安置衔接机制，促进刑满释放罪犯与社会无缝对接；强化罪犯医疗社会化保障，细化罪犯合法权益的保障规定，积极争取省和地方人力资源和社会保障、卫生、民政等部门的支持和帮助，推动监狱医院挂牌社会医院分院的实体化运作，加快社会医院监狱监管病房的建设，研究将罪犯群体纳入社会基本医疗保障体系，提升罪犯医疗保障水平等。

综上所述，在治本安全观指引下的监狱深层次监管改造体制机制改革中，在促进总体国家安全稳定、建设以人为本的和谐社会中，保障和实现罪犯权利是其应有之义、重要内容。

四、研究视角与方法

（一）体系性研究视角

体系性研究与问题性研究是相辅相成的。体系性研究是从体系中获得解决问题的方法，而问题性研究是从具体事件中获得解决问题的方法。本书之所以将体系性作为研究视角与基本研究方法，是因为笔者坚信“体系化等于精致化”。在监狱工作实现从底线安全观向治本安全观转变过程中，要切实提高教育改造质量，努力实现改造罪犯成为守法公民、促进社会长治久安，必须遵循监狱行刑和罪犯改造的科学规律，积极推进以监管改造机制改革为中心的监狱行刑法治化、科学化、社会化改革是其根本路径。因此，体系性应当成为整个罪犯权利实现机制建设的基点，本书坚持将我国罪犯权利保障实现机制的研究置于我国监狱落实治本安全观的改革发展大局之中进行体系性的反思与重构，期冀提出更好的总体改革方案和路线图。

（二）主要研究方法

1. 实证研究方法。罪犯基本人权和其他法定既有公民权涉及其切身利益，是其服刑、改造和回归的基本前提和核心要义，在监狱工作实践中与监狱行刑、警察执法呈现复杂的辩证联系，是国家安全、社会和谐的重要环节。因此，罪犯权利实现研究必须采用实证研究方法。由于客观条件的限制，在分析论证过程中，既充分利用条件开展罪犯具体权利的调查研究，又充分利用现有公开的实证研究成果；既注意对我国罪犯权利实现机制的形式和内容以及实践效果进行深入、系统的实证分析，又注意考察分析国外罪犯权利实现机制的内容与实践类型，最后结合我国监狱落实治本安全观、推动体制机制改革的实际，努力尝试提出较为切实可行和科学合理的罪犯权利实现机制的改革方案。

2. 比较研究方法。“他山之石，可以攻玉。”罪犯权利保护是当今国际社会共同关心的重要问题，世界各国在监狱行刑的立法和实践中，形成类型多样、各具特色的制度，同时，联合国等国际组织通过的关于最低待遇规则、预防和减少重新犯罪、行刑基本原则等国际规则之中，不乏对我国有益的经验和应当注意吸取的教训。

3. 价值分析方法。本书对当前我国监狱行刑和罪犯权利保障制度及其规范下的法治实践实现其价值目标的实然状态进行了深入分析，系统论证了我国罪犯权利实现机制的应然目标价值体系和规范性价值体系，并就如何体系化革新我国罪犯权利实现机制，期以最大限度实现其价值目标提出了改革方案。

第一部分

PART 1

基础理论

第一章
罪犯权利的法理解析

一、罪犯人权与罪犯权利的概念解读

（一）人权与权利

1. 人权的含义与特征

关于人权的概念，目前国内外尚未取得统一的看法。在当下，中国理论界有两种比较权威的观点：一种是著名人权专家李步云教授的观点，他认为“人权是人依据自身本性所享有或应当享有的权利”〔1〕；另一种是人权研究会关于人权的定义：“所谓人权，是指在一定社会历史条件下每个人按其本质和尊严享有或应该享有的基本权利。”〔2〕虽然两种观点表述不同，但是其核心要义都是相同的，即人权就是人作为人而享有的或者应当享有的基本权利。人权的享有不论是依据人的自然属性还是社会属性，都是作为人而产生并享有的。

从概念上看，人权具有以下特征：第一，人权的主体是所有人。这里所说的人，不仅包括个人，也包括集体，还包括一些特殊群体，比如妇女、儿童、残疾人、罪犯等；第二，人权具有平等性与普适性。就是说，只要是人，就应当有资格享有权利；而且不论人的性别、种族、身份、地位均应平等享有；

〔1〕 李步云主编：《人权法学》，高等教育出版社2005年版，第1页。
〔2〕 人权研究会：“什么是人权”，载《人民日报》2005年1月12日。

第三，人权是人享有的最基本的权利，这种基本权利是享有其他权利的前提；第四，人权的内容包括应然权利和实然权利，即人权既是应有权利，也是法定权利。

2. 权利的含义及特征

现代意义上的权利意识和观念首先是在西方文化中孕育和成长起来的。从西方人权思想发展史上看，“希腊哲学家们并不议论权利问题，他们议论的是，什么是正当的或什么是正义的……希腊人并没有明显的权利观念”。〔1〕罗马法中的‘jus’一词既指法律，又指权利，所以，权利进入到法律的实践领域中是自罗马法开始，“罗马人最先制定了私有财产的权利、抽象权利、私人权利、抽象人格的权利”。〔2〕所以，当时在罗马语言中的“权利”，指的是在某种前提下特许做的事，即为法律保护的利益和可做的事情，是一个纯粹法律概念。英文中的权利是指“right”，兼指权利和正当，我们从中可以看到，权利与正当存在着天然的内在联系。权利（right）最基本的含义和精神在于个人之自主性为正当。从罗马语言中的权利到英文中的权利，也就是说，从权利初始是一个纯粹的法律概念发展到个人之自主性为正当这一理念，经过了基督教世俗化和启蒙运动漫长的演化过程。所以，英文中的权利有两层含义：一是个人之自主性为正当；二是合法的正当权利和利益。

“权利”一词在我国古代汉语里就有了，其基本的含义在先秦时候已经被确立下来。在以儒家思想为主流的中国传统文化中，“权利”一词有两个基本意思：一是指权势、威势和货财。《荀子·君道》记载，“按之于声色、权利、忿怒、患险，而观

〔1〕［美］罗·庞德：《通过法律的社会控制　法律的任务》，沈宗灵、董世忠译，商务印书馆1984年版，第44页。

〔2〕转引自罗玉中等：《人权与法制》，北京大学出版社2001年版，第49页。

其能无离守也”。《荀子·劝学》中记载，“君子知夫不全不粹之不足以为美也……是故权利不能倾也，群众不能移也，天下不能荡也。生乎由是，死乎由是，夫是之为德操”。二是指权衡利害。在法家经典文本《尚君书·算地》中有言，“夫民之情，朴则生劳而易力，穷则生知而权利。易力则轻死而乐用，权利则畏法而易苦”。到汉代，文献多出现“权利”二字联用，其含义大多是权势与货财。《史记》中数次使用“权利”一词，其基本含义均为权势和利益。总之，中国传统文化中“权利”一词的基本含义是权势、货财以及利益等，这与占统治地位的儒家文化所主张的仁义、礼义、王道等是相悖的，所以，其在道德评价上均含有贬义，并带有较强烈的否定性意味。这与西方近代政治哲学、法哲学的核心概念“right”一词在实质上是不同的。

我国首次用古汉语“权利”一词对译英文“right”一词是在1864年，由美国学者丁韪良先生（W. A. P. Martin）和他的中国助手们将 *Elements of International Law* 翻译成中文《万国公法》，又称《万国律例》。《万国公法》是一部讨论西方国际法及其历史的著作。该书提到“权利”一词数十处，指合法的正当权力和利益。从此以后，权利在中国逐渐抛弃原来具有的贬义含义，并且被广泛使用。近代中文里之所以用“权利”译“right”，一方面是由于古汉语中权利的原有意义是权力和利益，或许除了该词之外，另外找不到更合适的词来表达这一意义；另一方面，在19世纪下半叶，伴随着帝国主义列强侵入中国，包含自主性为正当的观念的西方思想也开始传入中国，虽并未被当时的中国知识阶层接受，但从维护国家权力和利益角度意识到国家和群体的自主性为正当。这是用“权利”一词翻译“right”的主要原因。在1900年至1915年间，自主性理念的适用范围从国家、群体拓展到个人，权利的意义比较接近西方文化中的原有含义。新文化运动时期，特别是“五四时期”权利观念日益道德化，强调权利的可欲性，它是人人可做到的。总的来看，在中国近代史上，无论是从魏源的“师夷之技以制夷”到康梁的戊戌变法，还是从孙中山的民主革命到五四新文化运动，虽然对权利的认识观点不同，但是，皆以国家自主权为主导地位，而被西方奉为神圣地位的个人权利由于在中国缺乏深厚的经济与社会基础，只能处于隶属地位。

我们现在要考察的权利，就是所谓的现代意义上的“权利”一词的含义。权利（right）无疑是近现代政治法律文化之核心概念，特别是在法的发展过程中成为法的最核心的法律要素和范畴，正如张文显先生所言：“权利……是从古至今人类法律思想精华的积淀。”〔1〕何谓权利？我们如何定义权利？从启蒙运动时代到现在，国内外的思想家们和法学家们都没有给出一个完美的概念，正如康德所言：“问一位法学家‘什么是权利’就像问一位逻辑学家一个众所周知的问题‘什么是真理’同样使他感到为难。”〔2〕《牛津法律大辞典》权利词条的撰写人带着明显的怨气写道：“权利是一个受到相当不友好对待和常常被滥用的概念。”〔3〕尽管如此，国内外的法学家们还是在努力探索。美国法学家庞德通过考查权利的历史与现实，认为“权利”一词，曾作为六种意义而被加以使用。〔4〕霍菲尔德认为法律权利包括

---

〔1〕 张文显：《法哲学范畴研究》，中国政法大学出版社 2001 年版，第 281 页。

〔2〕 ［德］康德：《法的形而上学原理——权利科学》，沈叔平译，商务印书馆 1991 年版，第 39 页。

〔3〕 ［英］戴维·M. 沃克：《牛津法律大辞典》，北京社会与科技发展研究所译，光明日报出版社 1988 年版，第 706 页。

〔4〕 ［美］罗·庞德：《通过法律的社会控制　法律的任务》，沈宗灵、董世忠译，商务印书馆 1984 年版，第 46~48 页。

主张（或要求）、法定的自由、权力和豁免等四个概念。[1]我国众多学者和专家也给出了林林总总的权利概念。其中，著名法学专家张文显先生把权利释义分为资格说、主张说、自由说、利益说、法力说、可能说、规范说、选择说八种，并提出了自己关于权利的定义。[2]这一定义是："权利是规定或者隐含在法律规范中、实现于法律关系中的主体以相对自由的作为或不作为的方式获得利益的一种手段。"显然，这里所说的权利是法律权利，认为权利是国家和法律赋予的说法在理论上是不严谨的，在逻辑上是不周延的，在实践中也会产生不利影响。这种定义其实就是"法赋权利"的一种观点。照此逻辑推理，可以推出如下结论：既然权利法赋，因而国家可以制定法律规定人们的权利，也可以制定法律不给予人们权利，这显然是不妥的。夏勇先生认为，权利主要包含五个要素，即利益、主张、资格、权能和自由。"以其中任何一种要素为原点，以其他要素为内容，给权利下一个定义，都不为错"，权利是为道德、法律或习俗所认定为正当的利益、主张、资格、权能和自由。[3]北岳则认为，权利的基本构成要素只有两个：一是利益，另一是正当、应得的。其他如资格、主张、甚至权威，都是可由正当这一基本要素派生出来或推演出来的。[4]这种以权利要素作为权利的定义是近年来国内学者关于权利研究的学术趋势，严格地说，这种定义还不是逻辑学上的定义，没有严格按照"属加种差定义法"进行定义，不能科学地揭示出被定义概念的本质属性。"以权利之要素而解说权利，只是回

---

〔1〕沈宗灵：《现代西方法理学》，北京大学出版社1992年版，第147~150页。

〔2〕张文显：《法学基本范畴研究》，中国政法大学出版社2001年版，第300~308页。

〔3〕夏勇："权利哲学的基本问题"，载《法学研究》2004年第3期。

〔4〕北岳："关于义务与权利的随想（上）"，载《法学》1994年第8期。

答了‘什么是权利’的问题，却无法回答‘权利是什么’。”

综上所述，权利是作为主体的人应当享有和实际享有的，并被社会承认的正当之事物。这个定义表明：①权利的原初意义意味着正当的事物，也就是说，权利的原始意义是指正当的事物；②权利是社会的产物，是人与人、人与社会的关系；③权利包含三种形态：道德权利、法律权利和实有权利。法律权利是对自然权利正当性的认可和保证，法律的合法性源于权利的正当性，权利的正当性并不因为法律的认可而存在；④社会承认，就是指法律、道德和习惯等的承认。个人的权利必须在社会的关系中才能得到说明，权利的正当性是基于社会的承认。如果我们对权利如此定义，那么我们对权利的本质就有了更进一步的明确认识，而且有利于对罪犯权利的正确认识，有利于在实际工作中加强对罪犯权利的保障。〔1〕

从上述权利含义的界定中，我们可以得出权利具有如下特征：第一，权利是国家赋予公民在法定范畴内的一定行为（作为或不作为）；第二，权利保障的不仅是物质层面的利益，还包括精神层面的利益；第三，健全的法律体系是权利实现的基础和前提；第四，当权利受到损害时，被侵权人有要求保护的权利。

3. 人权与权利的关系

（1）人权与权利的内在联系。从构成看，人权和权利的基本要素都是利益。所谓权利，实际上就是为满足一定的物质或精神利益而为或不为一定行为或者要求他人为或不为一定行为的资格。所谓人权，就是人之为人而享有的以基本利益为基础的权利。利益既是权利的深层基础和实质内容，又是权利的目标指向，是人们享受权利要达到的目的。从性质看，包括人权

〔1〕 刘恒志：《罪犯权利救济基本理论研究》，河北大学出版社 2011 年版，第 6 页。

在内的权利标志着人们在社会生活中的行为自由的法学范畴，这种行为自由是符合一定社会规范要求的。综上所言，人权和权利是彼此内在联系的，在基本构成、本质属性等诸多方面，人权和权利是一致的、相同的。

（2）人权与权利的区别。首先，二者的本原不同。人权是基于人的自然属性与社会属性而所应享有的权利，它的本原即是人之为人的权利。而权利的本原则多种多样，因为根据权利的性质不同，其本原有所不同，比如，道德权利的本原是道德原理或者伦理教化、习惯权利的本原是风俗习惯或者公序良俗、政党党员的权利来源于该党组织纲领与章程、少数民族特有权利来源于其民族传统等。其次，二者的主体不同。人权的主体是自然人，权利的主体根据权利的内容和性质而有不同，不仅包括自然人，还包括拟制人等。再次，二者的客体不同。人权的客体应当就是指人权主体所拥有的权利，包括对物、行为、精神产品、信息等享有的权利，而在具体法律关系中，当事人双方所享有的权利并不是人权，此外其他类型的权利，如政党党员的权利、社会组织会员的权利等，大多都是社会组织约定，并不是人权。所以，人权和权利的客体不尽相同，有所差别。最后，二者的存在形式不同。权利的内容极为广泛，因而其存在形态也呈现多样性，其或以法律规范形态存在，或以政党规范形态存在，或以团体、道德、习俗规范等形态存在。但人权不同，虽然人权的客体是权利，但不可就此简单地认为权利的存在形态就是人权的存在形态。权利的存在形态实际上以权利的载体为依据，可以表现为法律规范、道德规范、习俗规范、组织规范等。但是人权则不表现为上述各种规范，有学者主张人权存在形态主要有四种，即应有权利、法规权利、习惯权利及现实权利。[1]

（二）罪犯人权

（1）罪犯人权是人权的一个特殊内容。通常人们所理解的人权是指人凭其人的资格所享有的权利，或者说是人之作为人所应当享有的权利，当然，这里所说的人，既是生物学意义上的人，又是社会学意义上的人，其人权的基本内容是享有某种利益、提出某种主张。按照这种对人权概念的理解，所谓罪犯人权，就是罪犯作为具有罪犯身份的人所应当享有的权利，其权利主体是具有特殊身份的人——罪犯，权利内容是享有未被法律剥夺和限制的利益、提出未被法律剥夺和限制的主张。罪犯应当享有的权利，是由罪犯的自然属性和社会属性决定的，由法律规范和非法律的其他社会规范确认为正当的罪犯的行为或行为自由、行为方式。

罪犯人权概念有广义和狭义两个层次。广义的罪犯人权是指所有具有罪犯身份的人所应当享有的权利，其主体是被生效的刑事判决定罪量刑且刑罚尚未执行完毕的人，包括被判处生命刑（死刑）、自由刑（拘役、有期徒刑和无期徒刑）、财产刑（罚金、没收财产）、权利刑（剥夺政治权利）等各类刑罚的一切罪犯。无论被判处哪一种刑罚的罪犯，在其刑罚执行的整个过程中（死刑罪犯从判决生效至死刑执行、单独判处财产刑的罪犯从判决生效至财产收缴），都享有未被法律剥夺和限制的权利。狭义的罪犯人权专指被判处自由刑并在监禁中服刑的罪犯，也就是监狱学意义上的罪犯所应当享有的权利。自由刑，即剥夺自由的刑罚，是现代社会各国刑罚体系中最主要的刑罚种类。在我国刑罚体系中，它包括拘役、有期徒刑和无期徒刑。监禁，

---

〔1〕张文显：“论人权的主体与主体的人权”，载《中国法学》1991年第5期。

是自由刑最典型的执行方式。这种执行方式适用率高，执行情况也最为复杂，因而它所涉及的罪犯人权问题便成为刑罚制度的焦点，备受社会关注。为此，监禁制度下的罪犯人权通常成为罪犯人权的普遍性和代表性的内容。

（2）罪犯人权具有必然性和必要性。所谓罪犯人权的必然性是指罪犯人权的客观绝对性，即只要是罪犯就一定享有，而且只能享有罪犯人权，这是由罪犯是具有自然属性和社会属性的人而决定的。罪犯人权的必要性是指罪犯人权的客观需要性。由于罪犯是公民的一个组成部分，就理应享有宪法和法律赋予的所能享有的权利，如人格尊严不受侵犯的权利、劳动权利、休息权利、受教育权利，男女平等权利等，同时也必须履行宪法和法律所规定的义务。

国家行使刑罚权，也必然同时承担社会保护义务，这是权利义务相互依存、互为条件的统一性的要求，没有无权利的义务，也没有无义务的权利。国家的社会保护义务中，当然也包含保护罪犯合法权益的内容，罪犯承担接受国家刑罚惩罚的义务，必然享有合法权利。新中国历史上改造罪犯工作的实践，一贯坚持人道主义政策，把罪犯当人看待，确认并保护罪犯的合法权利。同时，罪犯作为普通公民当然会有各种需要，而国家必须用法律来规范其满足需要的行为表现——主张和实现权利，反过来讲，正是国家法律确定的公民行为规范。当然，国家法律确认和保护罪犯人权亦是保障罪犯的基本需求、维持正常改造秩序、实现改造罪犯成为守法公民目标的基础和前提。

（三）罪犯权利

（1）罪犯权利的概念内涵。从法律意义上说，权利是指法律关系的主体具有的作为或者不作为的许可。对于罪犯来说，作为因破坏国家法律秩序而受到国家刑事惩罚的法律关系主体，也具有法律规定并给予保障的、能够作出一定行为的许可，这就是罪犯的权利。然而，与普通公民相比，罪犯作为受到法定监禁刑罚的特殊公民，其权利所拥有的行为尺度范围被不同程度地缩小了，其实际的权利是不完整的公民权利。这一特点不是对公民法定权利真实性的否定，而是对罪犯服刑改造的特定条件和刑罚本身固有的基本属性的真实反映。一般来讲，罪犯权利包含以下含义：第一，罪犯可在权利范围内根据自己的意志进行活动；第二，罪犯可以要求权利义务人为一定行为或不为一定行为来实现自己的权利；第三，罪犯在其权利受到侵害时有权请求国家机关予以救济。与罪犯概念有广义和狭义之分相适应，罪犯权利也有广义和狭义之分。广义的罪犯权利的主体包括所有具有罪犯身份的人；狭义的罪犯权利的主体仅包括被法院判处自由刑在监狱服刑的罪犯。本书的罪犯权利是指狭义上的罪犯权利，即罪犯在监狱服刑期间为实现某种利益而享有的为一定行为或者不为一定行为的可能性。

（2）罪犯权利的受限制性和不完整性，既是必然的，也是合理的，还是必要的。

首先，罪犯权利受限制和不完整具有必然性。众所周知，人之所以成为罪犯是因为其触犯了国家法律，实施了危害国家、社会集体或他人的犯罪行为，因此，其必然要受到国家的刑事惩罚。国家刑事惩罚的目的在于惩治犯罪，剥夺罪犯一定的权利与利益，给罪犯造成一定的惩戒，这恰恰是国家刑事惩罚赖以存在的基础，否则刑事惩罚就失去了其特性而不能称其为刑事惩罚了。对罪犯的刑事惩罚主要是通过对罪犯的某种权利或者利益的剥夺与限制来实现的。其中对罪犯某种权利的不同程度上的剥夺必然导致罪犯在享受权利方面表现出受限制和不完整的特点。由此可见，罪犯权利受限制和不完整是罪犯实施犯罪行为的法律后果，具有必然性。

其次，罪犯权利受限制和不完整也具有合理性。这种合理性集中体现在两个方面：一方面，罪犯在权利上受限制和不完整是国家和社会弃恶扬善、制止犯罪、伸张正义的合理需要；另一方面，罪犯在权利上受限制和不完整的程度与其犯罪行为所侵犯权利和利益的程度尽可能相适应，因而是公平合理的。例如，对于侵犯生命权等十分严重的犯罪，规定死刑，剥夺犯罪人的生命；对于经济犯罪与财产犯罪，除规定自由刑外，大多还规定财产刑，剥夺犯罪人的财产。

最后，罪犯权利受限制和不完整还具有必要性。这突出表现在三个方面：其一，规定罪犯在权利享受上受到限制和不完整，是剥夺和限制罪犯再犯能力以达到预防犯罪目的的具体措施，例如，对侵犯公民人身权利的罪犯适用自由刑，对其人身自由权加以剥夺，就可以将罪犯与社会相隔离，使其失去继续犯罪的条件；其二，规定罪犯在权利行使上受到限制和不完整，是对罪犯进行有效改造和感化的必要条件，如果对罪犯的权利不加以一定的限制，使其与一般公民一样享有完整的权利，那么就不可能保证监狱的安全和正常的秩序，更不可能实现对罪犯的劳动改造和教育改造；其三，为了警戒社会上的可能犯罪者，达到犯罪的一般预防的目的。可见，罪犯权利受限制和不完整在控制罪犯再犯、改造罪犯和警戒社会犯罪上均具有十分必要的意义。〔1〕

二、罪犯权利的本源

（一）人权的本源

人权的本源是指人权的根源是什么，即人为什么应当享有

---

〔1〕 鲁加伦主编：《中国罪犯人权研究》，法律出版社 1998 年版，第 78、79 页。

人权，国家为什么应当保障人权，人权是人作为人所应当享有的，还是国家和法律所赋予的，或者是基于别的什么原因或条件。这关系到人应当享有人权的合理性和正当性及其重大意义所在，是必须认真研究的一个人权基本理论问题。

在西方思想史上，对于这一问题的回答，存在三种基本理论，即自然法学派的“天赋人权论”、规范法学派的“法赋人权论”和社会法学派的“社会权利说”。这三种理论都有其历史背景和合理因素，但又都是片面的，因而是不科学的。

“天赋人权论”来自古老的自然法学说的“自然权利论”，在西方始终占据主导地位。1776 年美国《独立宣言》指出：“我们认为这些真理是不言而喻的：人生而平等，他们都是从造物主那里被赋予了某些不可转让的权利，其中包括生命权、自由权和追求幸福的权利。”1789 年法国《人权和公民权利宣言》指出：“所有政治结合的目的都在于保护人的自然的不可动摇的人权，这些权利就是：自由、财产、安全和反抗压迫。”这种理论的重大缺陷是：它虽然肯定人权源自人的自然属性，却忽视和否定了人的社会属性，否定了社会经济文化发展水平的高低和制度文明发展程度的优劣对人权产生和发展的影响。

“法赋人权论”的代表人物边沁认为：“权利是法律的产物；没有法律也就没有权利——也不存在先于法律的权利”，“权利是法之子，自然权利是无父之子”。这种理论的合理成分是强调了法律对于保障人作为人所应享有的权利，其错误在于法律相对于人权产生只是手段，它没有看到法律是人制定的，立法者也可能完全不用法律去保障人所应当享有的权利。

“社会权利说”认为，人是一种社会动物、政治动物，不能脱离社会而独立存在，在社会生活中，人们彼此之间存在连带关系，其利益可能遭受来自他人或社会组织的侵害，他或她自己也可能去损害别人的利益，这就产生了人权问题，并需要法律去调整。这种理论的合理之处是肯定了人的社会属性，肯定了社会制度的文明程度制约着人权的产生和发展，但没有看到人的各种利益需求就是人权。[1]

现代一系列的人权国际文书，尤其是《国际人权宪章》和第二次世界人权大会通过的《维也纳宣言和行动纲领》，对人权的本源作了清晰的回答。其比较一致的表述是："人权源自人的人格、尊严和价值。"这一表述明显反映了"天赋人权论"的见解，并做了更为明确与扼要的概括。笔者原则上同意这样的观点，但认为它还不够深刻和全面，没有进一步回答人为什么应当具有自己的"人格、尊严和价值"的问题。这需要从人的本性（或本质）是什么出发才能做出更为深刻的回答。

人的本性是指人作为人的本质属性，即马克思讲的人的"类本质"，包括自然属性和社会属性两个方面。人的自然属性也就是古今通常所说的人性。它包括天性、德性和理性三方面的内容。天性主要指安全、自由和幸福。人的生命不受肆意剥夺，人身安全不受肆意伤害，人身自由不受侵犯、思想自由不受禁锢，人的最低生活得到保障，人有追求幸福过更好生活的愿望。这些都是人类"与生俱来"的本能和天性。德性指人人皆有恻隐心、怜悯心、同情心和仁爱心，并在共同改造自然和社会过程中，在彼此依存和相互交往的影响中，逐步养成以平等、博爱和正义为核心的一套道德观念，这是人区别于动物的一个根本标志，也是推动人类文明不断进步的一大动力。理性的内容：一是指人的理性认识能力；二是指人们对自然和社会的本质规律的共同认知；三是指理智——人有克制自己不做坏

[1] 广州大学人权理论研究课题组："中国特色社会主义人权理论体系论纲"，载《法学研究》2015年第2期。

事，不谋取不正当利益的能力。

人的社会属性是指人生活在人与人互相依存的关系中。人的思想和行为不能不受当时经济文化发展水平和各种社会制度的影响和制约，不能不受民族、宗教及文化传统、习俗的影响。人的社会属性对人权的产生和发展的意义在于：首先，如果只是一个人活在世界上，当然就不会有人权问题；其次，一个国家社会经济文化发展水平和社会制度的文明程度，制约着人权的产生和发展。不过，人的社会属性只是人权产生的外部条件，是外因。人权产生和进步的内因和根据是人的自然属性，即人的物质与精神需要和对幸福的无限追求，这是人权产生和发展的目的和根本动力。〔1〕

（二）罪犯权利的本源

历史告诉我们，在一个没有人权思想和法治的社会里，任何单方面的善良和愿望都是无济于事的，罪犯权利也不例外。罪犯权利从无到有，其内涵也随着社会的发展与变迁经历了漫长的岁月。

奴隶制国家的产生标志着人类进入了阶级社会，有了国家权力，有了奴隶主的统治，也有了刑罚。当时的罪犯地位不及奴隶，更无权利可言。在中国虽然西周时已有“幽闭思过，改恶为善”的治狱思想，但监狱的管理仍以粗暴野蛮为基本特征，有的罪犯甚至成为祭祀的人牲。在西方，古罗马法学家乌尔比安曾讲到“监狱只应用作拘禁，不能用作刑罚”，从中似乎也看到一些罪犯权利的影子，但尚无佐证。人们了解较多的是古罗马早期的马默廷监狱，那仅仅是一座建造于水道下面的巨大的水库。

〔1〕 广州大学人权理论研究课题组：“中国特色社会主义人权理论体系论纲”，载《法学研究》2015年第2期。

我国的封建社会是一个漫长的历史时期，皇权至上的思想贯穿始终，期间也有过“明德慎罚，德主刑辅，礼法并用”的儒家政治思想，含有一定的人道主义因素，但很快就被黑暗的治狱现实所吞没。任意虐待狱囚，非法用刑，成为那个时代的明显特征。在欧洲的中世纪，刑罚的报应刑论十分盛行，狱政官员为所欲为，对犯人敲诈勒索、侮辱虐待、滥施私刑，同时欧洲的中世纪教会势力十分强大，它不仅有宗教裁判所，还有自己的监狱，对异教徒实施着非人的待遇。

中世纪末期，随着资本主义生产方式的萌发，一批启蒙主义思想家应运而生，孟德斯鸠、洛克、卢梭等人提出了“自由平等、天赋人权、主权在民”等思想观点，之后人权思想和理念蓬勃发展。到了 18 世纪末，意大利的贝卡利亚、英国的边沁和霍华德等人，从人道主义出发，对西方监狱的黑暗进行了批判。贝卡利亚在《论犯罪与刑罚》中提出了罪行法定、罪刑相适应和刑罚人道主义三大刑罚原则，揭开了罪犯权利保护的序幕。霍华德出版的《英格兰及威尔士监狱状况》，揭露了监狱的惨况，批判监狱弊端。霍华德提议的《监狱法》，提出了监狱改革的原则。在霍华德等人推动的监狱改革运动中有人提出“犯人入狱不是为了惩罚，刑罚不是为了复仇，而是为了减少犯罪和改善犯罪人”“监禁只意味着剥夺自由，而不是进行肉体折磨，不包括任何苦役的成分”，由此确定了矫正罪犯的新观念。到了 19 世纪末期，西方国家随着资本主义的发展，阶级矛盾日益激化，贫困问题、失业问题日益严重，犯罪率增加，监狱人满为患，刑罚的教育刑论应运而生。该理论认为犯罪人的反社会性是基于个人因素和社会环境而形成的，人在决定是否犯罪的问题上，没有绝对的、完全的自由意志，在很大程度上是社会环境的产物。人的可塑性很大，在一定条件下可以为善；条件改变了，亦可以为恶。由于教育刑论的确立，形成了一系列对罪犯权利保护的监狱制度。

综上所述，罪犯权利源于西方，近代开始流入我国。清末沈家本提出："欲明西法之宗旨，必研究西人之学，尤必编译西人之制"，1908 年起草的《大清监狱律草案》，提出不许伤害在监人的身体，对刑事被告人一律采取无罪推定原则，以及在监人受狱中苦痛可以诉于监督官署等基本原则。从此，具有现代意义的罪犯权利开始在中国萌芽。但直到 1949 年新中国成立，我国的罪犯权利保护理念仍并未得到国家和社会的广泛认同。李步云教授于 1979 年 10 月 31 日在《人民日报》发表的《论我国罪犯的法律地位》一文，当时在全国引发了广泛反响，标志着改革开放以后我国罪犯权利保障事业发展翻开了新的篇章。伴随着中国特色社会主义政治、经济、社会和法治的发展，罪犯权利保障理念逐渐深入人心，成为国家和社会广泛认同的共识。

三、罪犯权利的本质和属性

（一）人权的本质

人权本质与人权本源是两个不同性质的理论问题，不能混同。人权本质表明人权究竟是什么，而人权本源则是指人权的来源，这本是两个完全不同的问题，在理论上却往往难以区分。一种常见的观点就是将人的人格、价值与尊严作为人权的本质。人的人格、价值与尊严作为人权的本源，是人之所以为人、人权得以证成的理论依据。没有人的人格、价值与尊严，便不可能存在人权，但其并非人权的本质。人权是一种权利，正如人们对权利本质的理解莫衷一是一样，人权的本质也是人权理论界充满争议的问题。在纷繁复杂的人权现象背后，人权究竟隐含着怎样的本质？这是一个需要不断探究、反复思考与认真求证的问题，在此问题上，不同学者往往具有不同的认识。的确，在某种意义上，对人权本质的认识是一个因人而异的问题，但是，不能借此将人权本质虚无化，这样会导致人们对人权问题的认识、理解与处理无所适从。

从人权观念与人权现象的历史演进与内涵发展来看，人权本质应当可以归结为两个要素：利益与正义。

人权的本质要素之一是利益。正如马克思所言："人们为之奋斗的一切，都同他们的利益有关。"[1]纷繁复杂的人权现象呈现的是人的利益的多元化与复杂性，人权纷争反映的是人的利益纷争，人权问题归根结底就是利益问题。人权的本质属性首先表现为利益，无论利益的表现形态是物质的还是精神的。[2]作为人权本质的利益，其内涵是广泛的，既包括物质利益和精神利益，也包括人格利益；既包括个人利益，也包括集体利益。无论是国内人权还是国际人权，总是意味着在个人与个人之间、群体与群体之间以及个人、群体和社会之间存在的相互矛盾与冲突中一定权利主体在利益上的追求、享有与分配。

把握住了利益，也就掌握了理解人权问题的钥匙。首先，人权是利益的表，而利益是人权的里；其次，人权是利益的保障，而利益是人权的方向。人权，尤其是法定人权，是利益的坚实保障，利益则是这种保障的价值取向；最后，人权是利益的升华，而利益是人权的动力。人权将利益提升为具有普适性的价值观念，而利益则是推进这一进程的动力。人权与利益表里如一、内外结合、层次分明、不可分割。一定的人权主体往往就是一定的利益主体，而一定的人权内容则体现一定的利益

---

〔1〕《马克思恩格斯全集》（第1卷），人民出版社1995年版，第187页。

〔2〕徐显明主编：《人权法原理》，中国政法大学出版社2008年版，第82页。

内容。

人权的本质要素之二是正义。人权是个人或某些特殊群体受到正义认可和支持的各种利益诉求。什么样的个人或群体应当或可以享有什么样的人权，法律或其他社会规范应当或能够对哪些人权予以规定和保障，总是受到人类普遍认同的某些道德伦理的支持和认可，包括正义理念、人本主义、平等思想与自由观念，其核心是正义理念。这些伦理道德是人权本源、人权主体、人权内容等人权范畴证成与发展的思想基础。尤其是正义理念，不仅影响人本主义、平等思想、自由观念等思想观念，还是支撑人权观念、处理人权问题的重要伦理依据。从正义的视角来看，人权主体的承认、人权内容的确定、人权的享有与人权的实现，只有符合正义的原则才能获得普遍的认同与支持。

正义与人权之间存在着天然的联系，没有正义也就无所谓人权。一方面，人权是正义的精华，而正义是人权的道德基础。从历史来看，正义观念产生于人权观念之前，正义有着更为久远的历史。正义结出人权之果，是社会发展到一定历史阶段的产物，是人类社会进步的体现。人权的出现并没有终结正义的发展，人权只不过浓缩了正义的精华，正义仍然是人权的基础；另一方面，人权是正义的诉求，而正义是人权的品质。正义在不同历史阶段有不同诉求，将正义诉诸人权是近代社会的产物，在这个过程中，正义内化为人权诉求的固有道德品质。人权与正义同源同宗，一脉相承，与时俱进，水乳交融。因此，主张人权者必然倡导正义，追求正义者必然伸张人权。社会没有正义也就不可能保障人权，尊重和保障人权也就必然要维护社会正义。〔1〕

〔1〕 广州大学人权理论研究课题组：“中国特色社会主义人权理论体系论纲”，载《法学研究》2015 年第 2 期。

（二）罪犯权利的本质

由前述关于人权本质的论证可知，罪犯权利的本质无疑就是利益与正义两个要素的有机统一体。利益与正义是构成罪犯权利的两种基本成分，是决定罪犯权利本质的两个基本因素，也是推动罪犯权利实现的两种不可或缺的力量。两者是对立统一的关系，利益是罪犯权利的客观本质，正义是罪犯权利的主观品质，二者辩证统一，相互作用，共同发展。正义和利益恰如罪犯权利本质的灵魂与肉体，利益无时无刻都希冀摆脱正义的束缚，但是其从始至终都无法离开正义的支持；正义无时无刻都注视着利益“伸出的手脚”，对其“严管厚爱”，与其“永不分离”，否则自身将无从安放。离开“利益”就不可能理解罪犯权利问题上经常存在的种种矛盾与斗争的实质，而离开“正义”则可能使得罪犯权利问题上的矛盾与斗争偏离正确方向。利益与正义的结合成就了罪犯权利特有的品质与内涵，这是人类对自我认识和对罪犯权利认识深化与发展的结果。

就现代法治社会中公民和国家的关系而言，罪犯是权利主张、利益享有的主体，而国家则通过公权力权威来保障权利和维持正义。国家刑罚权力是维系和保障整个社会和谐稳定、罪犯个体和群体生存发展的必要组织手段，但刑罚权威只有尊重和保障罪犯的合法利益才具有正当性与合理性。这是因为，国家刑罚权力的权威性的根基在于对公民正当利益的捍卫以及对正义、平等、自由等观念的尊重与保障。罪犯权利不具有强制力，而国家刑罚权力具有强制力。罪犯在监狱服刑期间，依法必须服从监狱对其的惩罚、改造与管教，处于弱势地位，其物质和精神诉求甚至一些方面会更加强烈，然而其正当权利的主张和实现却明显难于普通公民，这时需要国家公权力合法正当的履行保障公民权利的责任和义务。监狱作为国家的刑罚执行机关，依法执行刑罚是其履行职责的正义之行，依法保障罪犯权利也是其履行职责的正义之行。

就罪犯作为正在服刑的特殊公民的利益而言，其基于人的生存发展的物质和精神需要，存在于监狱监管改造工作的时空之中，限于社会公平正义的秩序和效率之下，落于罪犯权利义务处遇的具体实践里。就罪犯处遇的正义而言，罪犯基于物质精神需要外化的权利行使主张是否应当得到支持和保障，取决于人道主义、正义理念、法治秩序、刑罚目的和经济社会发展程度。推动国家确认和保障罪犯权利的法制、监狱处置罪犯权利义务的机制改革完善，最终实现罪犯权利保护从应当的形态、法定的形态走向实践的形态，在不断的改革发展完善中无限接近正义。

（三）罪犯权利的属性

1. 罪犯权利的一般性

（1）罪犯作为人而自然享有人权。众所周知，人权是指作为一个人最起码所享有的根本性的权利和自由，是每个人得以生存、发展的前提要件，是在一个社会中的人们普遍都享有的基础性的权利。前文笔者已经论述了人权的享有资格只要为人，而不论其身份、性别、民族、宗教等。罪犯“既是血肉之躯的生物意义上的人，也是与社会有千丝万缕联系的社会学意义上的人。因为罪犯是社会的人，在纵横交织的各种社会关系中，其必然享有人作为人应当享有的权利即人权”。[1] 罪犯虽然被法律剥夺了自由，但并不影响其作为人依其自然属性，当然的享有人权。

（2）罪犯基于公民资格而享有公民权利。公民这一概念是

---

〔1〕鲁加伦主编：《中国罪犯人权研究》，法律出版社1998年版，第37页。

与国家、法律概念联系在一起的，作为一国之公民，必然享有该国法律规定的公民权利。权利也只有得到法律的保障才是真实可靠的。在国际法上，具有某国国籍即为某国公民，罪犯虽然因触犯法律而被剥夺人身自由，但其依然是一国之公民，仍享有该国法律规定的公民权利。

目前我国关于罪犯权利，比较主流的观点认为罪犯的权利广泛存在于宪法和其他法律中，只要该权利没有被法律、生效的判决或裁定所剥夺或限制，罪犯即享有。这种观点用排除法划定了罪犯的权利范围。此观点便于立法，也符合当前学理界所流行的权利本位主义立法理念，因而在学界的影响较大。

2. 罪犯权利的特殊性

（1）权利主体的特殊性。可以确认的是，监狱的罪犯从根本性质上来讲仍然是包含在我国公民范畴中的，他们具有和其他公民一样的公民资格。但是，因为罪犯的人身自由被依法限制，导致了他们具有区别于其他公民的特定的人身状况。普通公民享有完全的人身自由，可以完整地享有宪法和法律规定的全部权利，而罪犯因其特殊性而不能与其他公民相提并论。因此罪犯作为一个特殊的权利主体，不仅其人身自由受到限制，而且他们享有权利的内容、行使权利的方式、期限等均受到限制。

（2）权利内容缺乏完整性。罪犯因犯罪被判刑而不能完整的享有宪法和法律规定的公民权利。相对于其他公民来说，他们享有的权利内容跟其他公民是不一致的，他们不能从整体上全部地享有法律所赋予的公民权利。〔1〕明显的，罪犯被判处无期徒刑或是有期徒刑，被剥夺了人身自由权，其人身自由权当

〔1〕 欧阳梦春：《受刑人权利保护研究》，中国人民公安大学出版社 2007 年版，第 19~20 页。

然缺失。另外，被判处附加剥夺政治权利的罪犯，其在服刑期间不享有选举权和被选举权等各项政治权利。基于惩罚和改造的需要，罪犯的某些权利虽未被剥夺，但受到一定程度的限制，如结婚自由和通信自由等。由于罪犯处于被监禁状态，其未被法律和刑事判决剥夺的某些权利，实际上也无法正常行使，如未被附加剥夺政治权利的罪犯，也无法行使宪法规定的集会、结社、游行示威等权利。

（3）权利行使的局限性。罪犯权利行使的局限性是依法执行监禁刑罚、剥夺人身自由所带来的必然附加结果，显然，这一依法施加的限制是合法的。《监狱法》第 7 条在对服刑人员权利保障的同时，也规定："罪犯必须严格遵守法律、法规和监规纪律，服从管理，接受教育，参加劳动。"监狱管理秩序是监狱工作顺利进行的基础和保障，作为罪犯负有维护监管改造秩序的义务，并不得破坏，否则将会受到相应的惩处。因此，罪犯权利的行使必须符合监管改造的条件要求，需要获得监狱机关或司法机关的帮助、批准或裁定。例如，结婚自由的权利、通信会见权利、民事财产权利、受教育的权利，都需要监狱机关提供一定的帮助和便利才能实现。

第二章
罪犯权利的存在形态与范畴

按照马克思的人性论，人是本性、特性和本质属性的综合体，是自然属性与社会属性的统一体。因此，作为自然人、抽象的人，罪犯应当享有“天赋”的权利；作为社会人、具体的人，罪犯应当为其行为承受不利的后果，其权利会受到一定的剥夺和限制。然而，罪犯仍然享有那些未被剥夺和限制的权利。〔1〕

一、罪犯权利的存在形态

罪犯权利的存在形态是指罪犯权利在相对的历史时空内和在人们的观念和社会现实生活中存在的基本形态、样式。在某一具体的历史时空内，罪犯依法被剥夺或限制权利的绝对边界、应该享有的具体权利范围，均未在立法上一国宪法和法律规范体系中有专门和具体明确的规定。在实践中，既没有国家权威机关进行归纳和梳理，同时，要对行刑实践和改造实际情况不断变化发展的罪犯权利进行确认和列举，也基本是不可能的。在理论界，对罪犯权利的存在形态进行归置划分、解构阐述，存在较大的争议。当前，对罪犯权利的存在形态问题的学术研究中，多有将其与罪犯权利分类相混同的情形。对罪犯权利存

---

〔1〕 李同民：“我国受刑人权利研究”，山东大学2007年博士学位论文。

在形态的代表性观点是：一是根据权利存在的主体状态差别，分为罪犯群体享有和罪犯个体享有两种形态；二是以罪犯权利实现的可能性为依据，分为作为人权和基本公民权利必须享有的生命权、健康权、人格权等基本权利，作为在押罪犯享有的减刑假释、依法释放等特殊权利，以及由于被依法剥夺限制人身自由导致行为能力受限而无法实现或实现受限的权利共三种存在形态，这一分析以享有的程度为依据，分为完全享有的权利、部分享有的权利、限制享有的权利三种形态相似，也有人将其分为完全被剥夺、完全享有、限制行使、停止行使和特许行使五种状态〔1〕。

我国著名人权学者李步云教授认为，人权存在应有权利、法定权利和实有权利三种形态。〔2〕本书完全赞同这一观点，在现代法治社会，罪犯权利也以前述三种形态存在，即应有的罪犯权利、法定的罪犯权利和实有的罪犯权利。

“应有权利”即人按其本性所应当享有的权利，从本来意义上讲，人权就是指人的应有权利。应有权利的思想来源于自然法学派的自然权利或天赋人权的观念。事实上，人权首先应该是特定社会的人们基于一定的社会物质生活条件和文化传统而产生出来的权利需要，人本能要求生存、要求自由、要求过好的物质生活与精神生活等，这是不证自明的道理，是作为人应当享有的权利。应有权利是人权的最高境界，是法定权利的来源和基础，而且，当现行法律不以公正的面貌参与人类社会而组织和维护合理的秩序时，当现行法律不为大多数人的尊严与权利提供保护而沦落为只维护强权者的一己私利时，应有权利就是反抗法律的有力武器。“应有的罪犯权利”是指任何罪犯都

〔1〕 宋洪栋：“论罪犯权利的状态及实现”，山东大学2007年硕士学位论文。

〔2〕 李步云：“论人权的三种存在形态”，载《法学研究》1991年第4期。

理应享有其作为人和一国公民的未被依法剥夺和限制的各种权利。这是罪犯权利存在的应然状态。尽管社会公众和罪犯对罪犯理应享有的权利在个体认识和社会认同上，受制于历史条件和个人思想意识的局限，会有各种分歧，但是罪犯理应享有的各种权利是不应当受现实条件和道德观念差异影响的客观存在。

"法定权利"是应有权利的法律化、制度化。应有权利被法律确认并以国家的强制力予以保障，就转化为法定权利，往往表现为公民权，包括公民的政治、经济、文化权利以及其他社会权利。公民权虽然是人权的主要内容，二者却并不完全等同，因为人权除了公民权之外还包括一些推定的权利。就公民权而言，它是人权的主要表现形态，法律将这部分基本人权制度化、法律化，使人权的内容更加明确和具体，便于公民行使，从而使人权保障更为有力。但人权并不仅限于公民权，因为法律规定公民的基本权利，绝不意味着公民只享有这些权利，而仅意味着这些权利比较重要，它涉及公民的生命、财产、自由和安全等，以致需要国家的特别保护，除此以外的权利，只要法律没有禁止，公民也可以行使，只是国家没有保障义务。因此，人权是一个比法定权利更为广泛的概念，相对独立于公民权。"法定罪犯权利"是"应有罪犯权利"的法律化状态。也就是说，一国用宪法和法律规范将罪犯理应享有的权利明确规定下来，以利于应有罪犯权利在社会公众和罪犯的理念中明晰、确定地彰显出来，以便达成共识，并使其实现具有更好的可操作性，从而得以更好地保障。

"实有权利"指人在社会现实生活中所实际享有的权利。实有权利既与应有权利对应，又与法定权利相连接。应有权利只有转化为实有权利，人权才能成为一种现实，从这一意义上讲，实有权利是人们为之奋斗的最终结果，权利的历史就是人们追求实有权利的历史。“实有罪犯权利”是指一定历史时空中罪犯实际能够实现和享有的权利状态。罪犯权利的实有状态基于以下两个事实：一是虽然宪法和法律规范对罪犯理应享有的权利作出了具体、明确的规定，但由于各种主客观原因，罪犯实际上却无法或不能真正实现和享有；二是宪法和法律规范对罪犯理应享有的权利虽然并未予以明确具体的规定，但是基于公序良俗、道德伦理或者宗教教义，按照“法无明文限制即允许”的原则，罪犯实际实现和享有了更为广泛的权利。由此可见，在任何社会里，法律始终是认可与保障应有罪犯权利的最基本手段，而衡量一个国家或地区罪犯权利保障水平的高低，不仅要看其法律确认与保障水平的良莠，更要看在其治域内罪犯实现和享有权利的实际水平。

从上述分析可以看出，应有权利是权利的最高层次，充分享受人权是人类追求的崇高目标，实有权利则是权利的最终归宿。权利转化的规律之一，就是从应有权利到法定权利的推移，从一种可能性向现实的演进可见，人权实现的最基本的途径是应有权利到法定权利的转化。只有运用法律这一工具将基本人权法律化、制度化，人权的实现才能得到最有效的、强有力的保障，这是人类历史发展的结果。但是，再好的法律及法定权利，如果没有良好的运行环境，也不过是空头支票，无法兑现。从现实角度讲，法定权利转化为实有权利则是人权实现的现实路径。因此，要认真看待权利，就应关心应有权利，注重法定权利，着眼于实有权利，使权利内化为实现人的价值与尊严的普遍理性力量。当然，从法定权利到实有权利的转化并非一个简单问题，实有权利的形成是个非常复杂的过程，它交织着政治、经济、文化等各种因素，具有客观必然性和主观能动性两重特性。[1]

在实践中，应有权利、法定权利与实有权利之间总是存在着一些差距，于罪犯而言，尤为突出。在罪犯权利的三种形态中，“应有罪犯权利”是罪犯权利的本原形态。在现代规范法学派看来，法是权利之母，罪犯权利就是宪法和法律所具体、明确规定的未被剥夺的公民权利，包括罪犯权利在内的公民权利不存在所谓的“应有权利”状态。这一观念在我国监狱工作理论和实践中仍然不同程度的存在，甚至认为罪犯权利就是《监狱法》这一特别法规定的权利，宪法和法律规定的公民权利是一般法规定，不适用于罪犯。这种观点是错误的。应有的罪犯权利是罪犯作为人和公民理应享有的权利，不是国家、法律和社会等任何外界的恩赐。在现代法治国家，罪犯作为一国公民，犯罪判刑后关入监狱服刑就是惩罚，而不是关进监狱为了惩罚。国家作为维护公平正义、保障社会长治久安的责任主体，应当通过宪法和法律规范将包括罪犯在内的全体公民应当享有的权利明确地予以规范和保障，并通过严格执法、公正司法和文明行刑使罪犯应当享有的权利得到充分实现。

罪犯权利的三种存在形态是有机统一的整体，有其客观规律。应有罪犯权利的内涵会随着物质文明、政治文明、精神文明发展水平和人们认识水平的不断提高而不断扩展和丰富，而应有罪犯权利的丰富拓展必将推动法治社会的罪犯权利保障制度机制的改革发展，从而推动法定罪犯权利更加具体、明确、全面，最终促进实有罪犯权利的充分实现。

---

〔1〕 金川主编：《罪犯权利缺损与救济研究》，清华大学出版社 2008 年版，第 30~32 页。

二、确定罪犯权利范畴的基本原则

（一）人权保障原则

人权是人之所以为人所应当享有的权利。该原则是以人格尊严理论为基础提出的。人权意识的产生和发展，是公民权产生的内在前提。因为有产生权利的需求，权利才有可能得以法律化，从而成为法定权利。没有人权，法治就无从谈起。在罪犯权利中，人权体现了罪犯首先应具有的人的地位，因而成为罪犯权利的根本和首要的来源，这都决定了在确定罪犯权利范畴时，人权保障原则具有根本性的指导作用。

人权保障原则首先要求立法机关适应客观形势的需要，及时将应当纳入法律保障范围的罪犯权利用法律形式确定下来。人权的法律保障范围并非一成不变，罪犯的法定权利也在向前变化发展着。有些原来未被法律确认的罪犯权利，特别是一些必要的民主权利，随着经济结构和社会结构的变化，在充分考虑世界人权趋势的情况下，应当尽快地把它们转化成罪犯法定权利。同时，人权保障原则也要求司法机关强化刑事司法过程中的人权保障，除了将罪犯的法定权利真正转化为实有权利外，还应根据社会文化传统和当前的物质精神生活条件，对罪犯尽可能地给予人道主义待遇. 在法律没有相反规定或法条模糊不清时，刑罚执行机关应尽可能保证罪犯公民权利的行使，并合理赋予罪犯一些其他权利，鼓励罪犯积极接受教育改造。

（二）法定原则

法定原则是确定罪犯权利的一项基本原则，对后面几项原则具有指导意义。法定原则至少包含两层含义：一是确定或授予罪犯的权利必须符合法律的规定，而不能与法律有抵触；二是剥夺或限制罪犯的权利也要符合法律的规定。对法律明确规定罪犯享有的权利不能任意剥夺或限制。

要正确理解法定原则，还须注意两点。首先，对法定原则要有全面的认识。在确定罪犯权利时，不能只以法律明确授予罪犯的权利为限，而对法律中虽然没有具体规定，但罪犯作为公民理应享有或可以享有的权利一概予以否定。否则，就是对法定原则的片面化。它在实践中的表现是，在考虑罪犯权利时，一味习惯于单向思维，只想到“罪犯依法应该享有哪些权利”，而不去换个方向，用排除和推导的方法，从“罪犯依法不能享有哪些权利”的角度进行思考，以至于大大缩小了罪犯权利的范围。实际上，罪犯合法权利不等于罪犯法定权利，对于那些法律并未禁止罪犯行使的公民权利和其他权利，只要现实条件许可，就应当允许罪犯行使，或根据需要赋予罪犯。这也是法定原则的应有之义。这样既能最大限度地保障罪犯的合法权益，同时也有利于教育改造工作的开展。其次，在严格遵循法定原则的同时，不能忽视形势的变化和需要，要避免教条式理解法律，从而把法定原则绝对化。因为法律规定不可能面面俱到，其全部内容也不可能适用于任何人、任何时候、任何地方，因而在确定罪犯权利时，既要遵循法定原则，也要根据具体的环境、条件和需要在某些方面作出妥当处理，以弥补法律的不足。说到底，法律适用的灵活性是由社会的复杂性和不断发展变化决定的。有些原来没有的罪犯权利，随着社会的发展和形势的变化，可能产生客观上的需要；有些不完整的罪犯权利，在时机成熟、条件允许时，可以放开限制，恢复其完整性；还有一些罪犯权利，可以纳入试验范围，在实践中检验效果。总之，像对其他事物一样，确定罪犯权利也不能拘于陈规，字字照搬法律，而应该根据现实社会生活的需要，用发展的眼光看待，用灵活的态度处理。

（三）功利原则

功利原则即罪犯权利的确定必须有利于教育改造，维护社会秩序。这是由刑罚执行的性质和目的所决定的。需要指出的是，功利原则不等于功利主义，因为功利主义不符合以人为目的而不以人为手段的基本要求，易导致对罪犯人权的践踏。这里的功利原则以人权原则和法制原则作为前提和指导。在具体上，功利原则既重视罪犯权利的可能性，也强调罪犯权利的有限性。当今世界，各国把功利当作确定罪犯权利的一个重要原则，以期待通过对罪犯权利的改善，培养罪犯独立的人格和适应社会生活的能力，从而达到矫正目的，最终有利于社会安全。在现实中，我国法律在确定罪犯权利时，也在一定程度上考虑了改造罪犯、维护社会秩序的需要。一方面，对罪犯的原有权利进行部分剥夺和限制，以剥夺罪犯的再犯罪能力，并促使罪犯在体验由改造所带来的痛苦的过程中改过自新；另一方面，对罪犯规定了一些可以有条件享有的权利，以实现罪犯人格的再社会化。

（四）个别化原则

个别化原则指根据罪犯不同的个体情况，赋予罪犯不同的权利。罪犯虽然都是因不履行法律义务而受刑罚处罚的人，但在现实中，他们的情况千差万别，因此，除了一些共同的基本权利外，对罪犯的其他权利要按照监管改造的需要，针对罪犯的具体情况，在权利范围和内容上有所区分。个别化原则涉及的权利范围包括罪犯的生活、通信、会见、减刑、假释、教育、劳动等，这些权利由国家机关依法进行个别化审批许可，但对它们的增减必须同时符合其他几个原则。在罪犯的个体情况中，能够直接影响罪犯权利差别的因素主要有：罪犯的性别、年龄、个性、原有生活环境和习惯、犯罪历史、犯罪性质、改造表现等。[1]

三、罪犯应有权利的基本范畴

要具体列明罪犯的应有权利是比较困难的，因为在人权的具体内容上存在着较大争议，且人权是个发展变化着的概念，其更像是一个活跃的因子，随着社会经济、文化的发展而不断形成新的观念，并时刻不停地冲击着旧有框架的限制。基于改造罪犯的目的而使罪犯应当享有的权利，在认识上也差异较大，在具体内容上也不甚明晰。但进入20世纪50年代后，随着国际人权运动的广泛开展，保护罪犯权利问题日益引起国际社会的重视，各国在认识达成一致的基础上形成了一大批有关罪犯权利保障的国际公约和规则：主要包括1948年《世界人权宣言》、1957年《囚犯待遇最低限度标准规则》、1966年《公民权利与政治权利公约》、1975年《保护人人不受酷刑和其他残忍、不人道或有辱人格待遇或处罚宣言》、1979年《执法人员行为守则》、1982年《有关医务人员、特别是医生在保护被监禁或拘留的人不受酷刑和其他残忍、不人道或有辱人格待遇或处罚方面的任务的医疗道德原则》、1985年《联合国少年司法最低限度标准规则（北京规则）》、1985年《关于外籍囚犯待遇的建议》、1988年《保护所有遭受任何形式拘留或监禁的人的原则》、1990年《联合国预防少年犯罪法则（利雅得准则）》、1990年《联合国保护被剥夺自由少年规则》、1990年《囚犯待遇基本原则》等。这些文件都是联合国人权法规的重要组成部分，从某种意义上讲，可以说这些文件的内容是国际社会有关

---

[1] 赵运恒："试论确认我国罪犯权利的原则"，载《中央政法管理干部学院学报》1999年第5期。

罪犯权利的一般准则，对罪犯的应有权利作出了最低限度的规定。因此，可作为参考，将之视为罪犯应有权利的下限。至于罪犯应有权利的上限，由于各国经济、政治、历史和文化传统的不同，很难作出统一规定，即使有规定也只能是引导性的。〔1〕

纵观上述文件，国际上保护罪犯权利的主要内容有：

（1）人身权利。人身权利是罪犯最基本的权利，也是国际人权法规历来所强调的重点。具体而言，对罪犯人身权利的保护主要有以下内容：①保持罪犯身体完整和免受伤害的权利。如禁止对罪犯打踢、棒击等。②罪犯不受酷刑和其他不良待遇的权利，包括在行刑过程中禁止对罪犯实施肉刑、鞭打、绞刑等酷刑，也应禁止体罚、暗室禁闭以及其他一切残忍和非人道的待遇。③罪犯人格要求得到尊重的权利。如为使罪犯可以保持整洁外表、维护自尊而需为其提供修饰须发的用具；发给罪犯的衣服不应有损人格和有失体面；监狱应减少狱中生活的差别等。

（2）物质生活待遇权及文化娱乐权。包括在住宿、饮食、医疗等方面应为罪犯提供合适的居住和劳动环境，足够的衣服和被褥，完备的洗浴设施，有营养的伙食，必要的医疗保健；应为罪犯提供场地、设施和设备，保证罪犯适当的休息娱乐和体育锻炼等。

（3）罪犯合法财产不受侵犯的权利。《世界人权宣言》提出，任何人的财产不得任意被剥夺，这同样适用于罪犯。凡属于罪犯的合法财产均应由监狱妥善保管，待罪犯刑满释放时再如数归还。

---

〔1〕 金川主编：《罪犯权利缺损与救济研究》，清华大学出版社 2008 年版，第 33~35 页。

（4）宗教信仰自由。包括人人都有维持或改变他的宗教信仰的自由，以及单独或集体、公开或秘密地以礼拜、戒律、实践和教义来表明他的宗教信仰的自由等内容。

（5）与外界和家庭保持联系的权利。不应将罪犯独立排斥于社会之外，而应注重罪犯的再社会化，使其能够成为“正常”的社会公民。罪犯在必要的监督和审核下，可与亲友，甚至熟人通讯、会见，外籍犯可准与所属国使领馆联络见面。监狱自从罪犯入狱之日起，就要充分考虑帮助其出狱后的出路，并应当鼓励其维系好或建立与监外个人或机构的联系，以促进其尽快恢复正常社会生活的能力。

（6）与法庭接触和要求按正当途径处理其案件的权利。罪犯享有完整的诉讼权利，凡是可受理的有关权利的争议均可提起诉讼，罪犯有权获得公正地处理其权利义务的判决，不因其罪犯的身份而受到司法救济上的歧视和阻碍。

（7）与律师接触并接受律师服务的权利。罪犯有权按照其意志聘请辩护律师或代理律师，可接受律师以维护其权利为中心的服务，包括诉讼与非诉讼服务。

（8）提出请求或申诉权。罪犯在工作日都应有机会向监狱主任或受主任派遣的官员提出请求或申诉；监狱检查员检查监狱时，罪犯也可当面提出请求或申诉；罪犯也可以书面形式向司法机关或其他机关提出请求或申诉，内容不受检查。除非请求或申诉显得过于琐碎或毫无根据，应迅速加以处理并予以答复，不得无理拖延。

（9）有劳动和不受苦役的权利。罪犯享有劳动的权利，既然有劳动的法定权利和义务，就应受到劳动法的保护，不应受到苦役的压迫。罪犯参与劳动，应以医生诊断其身心健康状况适合劳动为限，监狱所组织的劳动不得有折磨的性质。劳动应立足于保持和增进罪犯出狱后诚实谋生的能力，青少年应受到有益的职业训练。监狱应同样遵守劳动安全及卫生方面的防护办法，并应制定赔偿罪犯因工受伤的规定，且赔偿条件不得低于社会自由工人所依法能够取得的条件。罪犯的劳动时间、劳动强度等应由法律直接作出规定，而且劳动安排应考虑到当地有关雇佣自由工人的规则或者习惯，给予罪犯合理的劳动休息时间，保证罪犯有充足时间接受教育和进行其他活动。此外，订立罪犯劳动公平报酬制度，至少允许罪犯用其劳动收入购买核定的物品，并可将部分收入交付家用，其他部分收入作为出狱时短期生活的储备金。

（10）不受任何歧视的待遇。要求将罪犯当人看，当成社会中的一员来看。罪犯不仅享有“在法律面前人人平等”的权利，更重要的是从道德、社会、教育、心理、就业等方面都不受到歧视。

四、我国罪犯法定权利的基本内容

（一）宪法确认和保障的基本权利

宪法上的基本权利是构成罪犯权利的最重要的法律渊源。“宪法是人民权利的保障书，从一开始就以宣告保障人权和公民基本权利为出发点，而人权则是借助于宪法这一国家根本法的形式得以确认和保障。”[1]因此，道德意义上的人权转化为法律权利最直接的体现就是以宪法的形式对人权的基本内容加以确认而使其成为宪法上的基本权利，从而人权的实现不再仅仅是依靠道德力量及社会舆论，而是获得国家根本法的支持与保障。罪犯作为罪犯是否享有宪法上所规定的基本权利经历了一个从

---

〔1〕 崔皓旭：“人权的宪法保障——从中国的人权入宪谈起”，载《中国社会科学院研究生院学报》2005年第5期。

不享有到承认和保护的发展演变过程。在这个过程中，以德国为代表的特别权力关系理论的兴衰起了重要的作用，可以说罪犯是否享有宪法规定的基本权利是与特别权力关系理论的兴衰紧密联系在一起的。传统特别权力关系的一个重要特征就是相对人不享有宪法所规定的基本权利，但是随着特别权力关系理论的衰败，认为相对人不享有宪法所规定的基本权利的观念已被抛弃。

1. 罪犯应享有宪法所规定的基本权利

一方面，宪法所规定的基本权利是公民最重要的、最基本的和必不可少的权利，而刑罚并未剥夺罪犯的公民资格，因此罪犯作为我国的公民，理应享有宪法所规定的基本权利。我国宪法规定了公民享有广泛的基本权利，这些权利包括平等权、政治权利和自由、宗教信仰自由、人身自由、社会经济权利、文化教育权利等。除被法律剥夺和限制的权利外，我国《监狱法》规定了罪犯享有比较广泛的权利，这可以视作宪法所保障的公民基本权利在行刑领域中的体现；另一方面，根据“法不禁止即自由”的基本法治原则，既然宪法并未对罪犯享有宪法规定的基本权利作出排除性规定，就应认为罪犯也应该受到宪法基本权利的保护。事实上，从许多国家的宪法实践情况来看，大多承认罪犯受宪法基本权利规范的保护，理应享有宪法所规定的包括平等权、政治权利和自由、批评、建议、申诉、控告、检举和取得国家赔偿的权利、宗教信仰自由、人身自由、社会经济权利以及其他权利在内的各项基本权利。

2. 限制罪犯的基本权利应适用法律保留原则

所谓法律保留，是指凡属《立法法》规定只能由法律规定的事项，则只能由法律来规定，或者必须在法律有明确授权的情况下，才能由行政机关作出规定。法律保留原则严格区分国家立法权与行政立法权，是法治在行政立法领域内的当然要求，其根本目的在于保证国家立法的至上性，划定了立法机关与行政机关在创制规范方面的权限秩序。[1]

从某种意义上讲，法律保留是限制行政机关权力、保障公民权利的重要措施，更是一国宪法的最高地位和权威的体现。世界各国对限制罪犯宪法上的基本权利，大多适用法律保留原则。例如，德国联邦宪法法院在 1972 年监狱囚犯权利案件判决中认为：囚犯的基本权利只有通过法律或根据法律才能加以限制，刑罚执行作为特别权力关系的主张，把刑事囚犯的基本权利置于不确定的状态，这是不能接受的。囚犯的基本权利只有通过法律或者根据法律才能加以限制，而且只有达到了《基本法》规定的价值评价制度所保护的与社会相关的目标，并且按照由宪法所规定的形式进行，这种限制才是可以考虑的。[2]

从我国的实际情况来看，对罪犯基本权利的限制并未完全遵循法律保留原则。首先，我国宪法虽然十分重视对公民基本权利的规定，也规定了公民享有广泛的基本权利，但在宪法中并没有明确规定公民的基本权利属于法律保留的范围；其次，我国《立法法》虽然规定了一些基本权利属于法律保留的范围，但也没有关于基本权利法律保留的一般规定。具体来看，《立法法》规定了十个方面的事项属于法律保留的范围，从《立法法》关于法律保留的规定来看，该法对公民基本权利的法律保留范围极窄，仅规定了三项属于法律保留范围的公民基本权利，即对公民政治权利的剥夺、限制人身自由的强制措施和处罚，属于法律“绝对保留”；对非国有财产的征收属于法律的“相对保

〔1〕 周佑勇：《行政法基本原则研究》，武汉大学出版社 2005 年版，第 427 页。

〔2〕 于安编著：《德国行政法》，清华大学出版社 1999 年版，第 34 页。

留”。在属于法律保留范围内的这三项公民基本权利中，也仅对人身权利作了较为充分的规定，而对政治权利的保障甚至没有列入“相对保留”的事项。[1]

虽然我国《宪法》以及《立法法》没有规定公民的基本权利适用法律保留原则，但是从我国《监狱法》的规定来看，则体现了对罪犯权利适用法律保留的原则。《监狱法》第7条的规定确立了界定罪犯权利范围的基本原则，根据《监狱法》第7条“其他未被依法剥夺或限制的权利不受侵犯”的规定，可以得出剥夺或者限制罪犯权利的唯一标准是法律的规定，如果罪犯的权利未被依法剥夺或限制，则罪犯享有该项权利。应当说该规定十分明确地体现了罪犯权利法律保留原则，但由于《监狱法》法律效力及适用范围有限，权威性不高，而我国宪法及《立法法》对公民基本权利的限制适用法律保留原则没有明确的、一般的规定，因此行刑实践中受到特别权力关系的影响，罪犯基本权利被漠视、甚至非法予以剥夺或限制的情况依然存在。监狱基于行刑权而对罪犯施以几乎绝对的支配权，为达到刑罚的目的，往往通过制定监狱内部管理规则的形式，对罪犯的基本权利加以限制。这种限制，不当地侵害了罪犯享有的宪法基本权利，与罪犯人权保障的潮流不相符合。因此，对罪犯基本权利的限制应适用法律保留，也就是说凡是涉及罪犯的基本权利的事项，如人身权、财产权、诉讼权、平等权、政治权利与自由、社会经济权利与自由等，应依法律进行限制，监狱不能以内部规则的形式来剥夺或者限制罪犯的基本权利。

对罪犯基本权利的限制适用法律保留原则并不意味着在监狱行刑领域内实行全面法律保留。因为如果实行全面法律保留

〔1〕周佑勇：《行政法基本原则研究》，武汉大学出版社2005年版，第197页。

一方面会造成立法机关的负担；另一方面也无法顾及行刑权的特殊性，进而妨碍刑罚目的及功能的实现。为维持监狱的秩序与安全，监狱内部规则的存在仍然不可避免，必须允许行刑机关一定范围内自主管理权力的行使，在不侵犯罪犯基本权利的前提下，排除法律保留原则的适用，制定诸如工作制度、作息制度、日常安排等内部规则。因此，监狱行刑中的特别权力关系应采取“重大事项”法律保留原则，即涉及罪犯基本权利及其他重大权利的事项适用法律保留原则。这样既可以避免立法对行政的过分干预，又能保证特别权力关系中特定目的的实现。但承认行刑领域中特别权力关系的存在，也不意味着在特别权力关系的范围内行刑机关权力的行使可以不受任何限制，特别权力关系必须受到目的合理、程序正当以及限制范围最小化的限制。〔1〕

3. 罪犯享有的宪定公民基本权利范围

（1）平等权。我国《宪法》第 33 条规定：“中华人民共和国公民在法律面前一律平等。”我国《监狱法》第 38 条规定：“刑满释放人员依法享有与其他公民平等的权利。”罪犯作为我国公民依然享有宪法规定的平等权，这是由公民在法律面前一律平等的原则所决定的。

（2）政治权利。公民的政治权利是指公民参与国家政治生活的权利。我国《宪法》第 34 条规定：“中华人民共和国年满十八周岁的公民，不分民族、种族、性别、职业、家庭出身、宗教信仰、教育程度、财产状况、居住期限，都有选举权和被选举权；但是依照法律被剥夺政治权利的人除外。”第 35 条规定：“中华人民共和国公民有言论、出版、集会、结社、游行、

---

〔1〕 吕新雪：“论罪犯权利范围”，厦门大学 2008 年硕士学位论文。

示威的自由。”根据 1983 年 3 月 5 日全国人大常委会《关于县级以下人民代表大会直接选举的若干规定》以及 1984 年 3 月 24 日全国人大常委会法制工作委员会、最高人民法院、最高人民检察院、公安部、司法部、民政部《关于正在服刑的罪犯和被羁押的人的选举权问题的联合通知》，未被剥夺政治权利的罪犯可以行使选举权，但因罪犯正在受侦查、起诉、审判，经人民检察院或人民法院决定可停止其行使选举权；其他未经人民检察院或者人民法院决定停止行使选举权利的，应准予行使选举权利。因此，没有被剥夺政治权利的罪犯依法享有选举权、言论权、出版权等政治权利。

（3）批评、建议、申诉、控告、检举的权利。我国《宪法》第 41 条规定：“中华人民共和国公民对于任何国家机关和国家工作人员，有提出批评和建议的权利；对于任何国家机关和国家工作人员的违法失职行为，有向有关国家机关提出申诉、控告或者检举的权利，但是不得捏造或者歪曲事实进行诬告陷害。”罪犯作为我国的公民，对于监狱机关和监狱工作人员当然也有提出批评和建议的权利，对于监狱机关和监狱工作人员的违法失职行为，有向有关国家机关提出申诉、控告或者检举的权利。我国《监狱法》第 7 条也概括规定了罪犯申诉、控告、检举的权利不受侵犯，同时在其他条文中还进一步作出具体规定。如《监狱法》第 22 条规定：“对罪犯提出的控告、检举材料，监狱应当及时处理或者转送公安机关或者人民检察院处理，公安机关或者人民检察院应当将处理结果通知监狱。”

（4）获得国家赔偿的权利。我国《宪法》第 41 条规定：“由于国家机关和国家工作人员侵犯公民权利而受到损失的人，有依照法律规定取得赔偿的权利。”为贯彻宪法规定，我国《国家赔偿法》作出了具体规定。根据《国家赔偿法》的规定，有下列情形的，国家要承担赔偿责任：依照审判监督程序再审改判无罪，原判刑罚已经执行的；违法使用武器、警械造成罪犯身体伤害或死亡的；刑讯逼供或者以殴打等暴力行为或者唆使他人以殴打等暴力行为造成罪犯身体伤害或死亡的。司法部颁布的《司法行政机关行政赔偿、刑事赔偿办法》对罪犯取得国家赔偿的权利进一步作出了明确的规定，根据该办法规定，监狱机关及其工作人员有下列情形的，国家要承担赔偿责任：刑讯逼供或者体罚虐待罪犯，造成身体伤害或者死亡的；殴打或者唆使、纵容他人殴打罪犯，造成严重后果的；侮辱罪犯造成严重后果的；其他违法行为造成罪犯身体伤害或者死亡的。

（5）信仰宗教的权利。我国《宪法》第 36 条规定："中华人民共和国公民有宗教信仰自由。"罪犯作为我国公民同样有宗教信仰的自由，我国允许信教的罪犯在在押期间保持原有的宗教信仰，监狱机关不得强制罪犯信仰宗教或者不信仰宗教，不得歧视信仰宗教的罪犯和不信仰宗教的罪犯。监狱保护正常的宗教活动，当然罪犯也不得利用宗教进行破坏监狱安全与秩序、妨碍教育改造的活动。

（6）受教育的权利。受教育的权利，是人的全面发展的重要前提，也是公民的一项宪法权利。我国《监狱法》以专章规定了罪犯的教育改造问题，确定了教育改造的原则和方法，并具体规定了监狱对罪犯进行思想教育、文化教育和职业技术教育等内容。《监狱法》第 62 条规定："监狱应当对罪犯进行法制、道德、形势、政策、前途等内容的思想教育。"《监狱法》第 63 条规定："监狱应当根据不同情况，对罪犯进行扫盲教育、初等教育和初级中等教育，经考试合格的，由教育部门发给相应的学业证书。"《监狱法》第 64 条规定："监狱应当根据监狱生产和罪犯释放后就业的需要，对罪犯进行职业技术教育，经考核合格的，由劳动部门发给相应的技术等级证书。”这些规定表明罪犯在监狱服刑期间享有受教育的权利。

（二）刑事法确认和保障的权利

（1）对生效判决不服的申诉权。罪犯对于生效的判决不服享有申诉的权利。我国《监狱法》第21条规定：“罪犯对于生效的判决不服的，可以提出申诉。对于罪犯的申诉，人民检察院或者人民法院应当及时处理。”《监狱法》第23条规定：“罪犯的申诉、控告、检举材料、监狱应当及时转递，不得扣压。”《监狱法》第24条规定：“监狱在执行刑罚过程中，根据罪犯的申诉，认为判决可能有错误的，应当提请人民检察院或者人民法院处理，人民检察院或者人民法院应当自收到监狱提请处理意见书之日起六个月内将处理结果通知监狱。”

（2）罪犯在服刑期间被指控又犯新罪或者被追诉漏罪时享有刑事实体法和程序法上的一系列权利。罪犯在服刑期间被指控又犯新罪或者被追诉漏罪时依法享有与其诉讼地位相适应的辩护权、上诉权、申请回避权、申请鉴定权等一系列权利。如罪犯享有与其他公民同等的辩护权利，他们有权为自己辩护，也有权委托辩护人或者诉讼代理人为自己辩护。罪犯有申请回避的权利，有权申请侦查人员、检察人员、书记员、鉴定人、翻译人员回避，对驳回申请回避的决定有权申请复议。罪犯对法院一审判决不服有提起上诉的权利等。

（3）依法获得减刑的权利。罪犯有依法获得减刑的权利。根据我国《刑法》第78条规定，被判处管制、拘役、有期徒刑、无期徒刑的犯罪分子，在执行期间，如果认真遵守监规，接受教育改造，确有悔改表现的，或者有立功表现的，可以减刑；有下列重大立功表现之一的，应当减刑。根据我国《监狱法》第29条规定，被判处无期徒刑、有期徒刑的罪犯，在服刑期间确有悔改或者立功表现的，根据监狱考核的结果，可以减刑。在服刑期间有阻止他人重大犯罪活动的、检举监狱内外重大犯罪活动，经查证属实的等重大立功表现之一的，应当减刑。

（4）依法获得假释的权利。罪犯有依法获得假释的权利。我国《刑法》第 81 条规定："被判处有期徒刑的犯罪分子，执行原判刑期二分之一以上，被判处无期徒刑的犯罪分子，实际执行十年以上，如果认真遵守监规，接受教育改造，确有悔改表现，假释后不致再危害社会的，可以假释。如果有特殊情况，经最高人民法院核准，可以不受上述执行刑期的限制。"我国《监狱法》第 31 条规定："被判处死刑缓期二年执行的罪犯，在死刑缓期执行期间，符合法律规定的减为无期徒刑、有期徒刑条件的，二年期满时，所在监狱应当及时提出减刑建议，报经省、自治区、直辖市监狱管理机关审核后，提请高级人民法院裁定。"我国《监狱法》第 32 条规定："被判处无期徒刑、有期徒刑的罪犯，符合法律规定的假释条件的，由监狱根据考核结果向人民法院提出假释建议，人民法院应当自收到假释建议书之日起一个月内予以审核裁定；案情复杂或者情况特殊的，可以延长一个月。假释裁定的副本应当抄送人民检察院。"我国《监狱法》第 33 条还规定："人民法院裁定假释的，监狱应当按期假释并发给假释证明书。"

（5）依法获得监外执行的权利。罪犯有依法获得监外执行的权利。根据我国《刑事诉讼法》第 254 条规定，对于被判处有期徒刑或者拘役的罪犯，有严重疾病需要保外就医的或者是怀孕或者正在哺乳自己婴儿的妇女的，可以暂予监外执行。同时还规定，对于罪犯确有严重疾病，必须保外就医的，由省级人民政府指定的医院开具证明文件，依照法律规定的程序审批。根据我国《监狱法》第 25 条规定，对于被判处无期徒刑、有期徒刑在监内服刑的罪犯，符合刑事诉讼法规定的监外执行条件的，可以暂予监外执行。

（6）依法获得按期释放的权利。我国《监狱法》第 35 条规定：“罪犯服刑期满，监狱应当按期释放并发给释放证明书。”这说明罪犯享有服刑期满按期得到释放的权利，监狱必须按期释放罪犯，不得超期关押或者延期释放。

（三）行政法确认和保障的权利

（1）女犯享有由女性人民警察检查和管理的权利。根据我国《监狱法》第 18 条规定，女犯享有由女性人民警察检查的权利。根据我国《监狱法》第 40 条规定，女犯享有由女性人民警察直接管理的权利。

（2）女犯享有与男犯分押分管的权利。根据我国《监狱法》第 39 条规定，女犯享有与男犯实行分开关押和管理，照顾其生理、心理特点的权利。为了保证女犯的特殊权利，目前我国各省、自治区、直辖市都建立了专门的女子监狱或者监区。

（3）依法获得奖励的权利。根据我国《监狱法》第 57 条第 1 款规定，罪犯有下列情形之一的，监狱可以给予表扬、物质奖励或者记功：罪犯遵守监规纪律，努力学习，积极劳动，有认罪服法表现的；阻止违法犯罪活动的；超额完成生产任务的；节约原材料或者爱护公物，有成绩的；进行技术革新或者传授生产技术，有一定成效的；在防止或者消除灾害事故中作出一定贡献的；对国家和社会有其他贡献的。

（4）对司法行政机关作出的关于行政赔偿、刑事赔偿决定不服的行政复议权。根据司法部颁布的《司法行政机关行政复议应诉工作规定》第 5 条规定，罪犯对司法行政机关作出的关于行政赔偿、刑事赔偿决定不服的，可以向司法行政机关申请行政复议。

（5）获得劳动报酬、劳动保护和伤亡补偿的权利。我国《监狱法》第 72 条规定：“监狱对参加劳动的罪犯，应当按照有关规定给予报酬并执行国家有关劳动保护的规定。”《监狱法》第 73 条规定：“罪犯在劳动中致伤、致残或者死亡的，由监狱参照国家劳动保险的有关规定处理。”司法部于 2001 年颁布了《罪犯工伤补偿办法》，具体规定了监狱罪犯在劳动中致伤、致残或者死亡时的补偿办法。

（6）休息权。罪犯在监狱服刑期间依法享有休息的权利。监狱必须合理安排罪犯的起居、劳动、学习和各种其他活动的时间，保证罪犯的睡眠时间和休息时间。我国《监狱法》第 71 条规定：“监狱对罪犯的劳动时间，参照国家有关劳动工时的规定执行；在季节性生产等特殊情况下，可以调整劳动时间。罪犯有在法定节日和休息日休息的权利。”为保障罪犯的休息权，司法部于 1995 年印发了《关于罪犯劳动工时的规定》，具体规定了罪犯的劳动工时。

（7）通信权。我国《监狱法》第 47 条规定：“罪犯在服刑期间可以与他人通信，但是来往信件应当经过监狱检查。监狱发现有碍罪犯改造内容的信件，可以扣留。罪犯写给监狱的上级机关和司法机关的信件，不受检查。”

（8）会见权和离监探亲的权利。我国《监狱法》第 48 条规定：“罪犯在监狱服刑期间，按照规定，可以会见亲属、监护人。”离监探亲是会见的一种特殊形式，根据我国《监狱法》第 57 条第 2 款规定，被判处有期徒刑的罪犯有前款所列情形之一，执行原判刑期二分之一以上，在服刑期间一贯表现好，离开监狱不致再危害社会的，监狱可以根据情况准其离监探亲。

（9）刑满释放人员依法获得安置救济的权利。根据我国《监狱法》第 37 条规定：“对刑满释放人员，当地人民政府帮助其安置生活。刑满释放人员丧失劳动能力又无法定赡养人、扶养人和基本生活来源的，由当地人民政府予以救济。”

（四）民事法确认和保障的权利

（1）人身权利。①生命权。生命权是公民行使各项权利的前提条件，罪犯在监狱服刑期间，其人身自由虽然被依法剥夺，但其生命权仍然受法律保护。我国《监狱法》第7条规定，罪犯的人身安全不受侵犯。我国《刑法》有关侵犯公民人身权利的规定，同样适用于在监狱中服刑的罪犯。对于非法杀害或者伤害罪犯的犯罪行为，要依法追究行为人的刑事责任。另外，罪犯的合法权利受到非法侵害时，也应当依法享有正当防卫和紧急避险的权利。②健康权。我国监狱保障罪犯的身心健康，提供有利于罪犯身心健康的物质条件。我国《监狱法》的第四章第五节从衣着被服、食物供给、居住条件、医疗保健等方面作了专门规定。《监狱法》第50条规定，罪犯的生活标准按实物量计算，由国家规定；《监狱法》第51条规定，罪犯的被服由监狱统一配发。《监狱法》第53条规定，罪犯居住的监舍应当坚固、通风、透光、清洁、保暖；《监狱法》第54条规定，监狱应当设立医疗机构和生活、卫生设施，建立罪犯生活、卫生制度。罪犯的医疗保健列入监狱所在地区的卫生、防疫计划。为了保障罪犯的生命健康权利，我国《监狱法》第14条规定，监狱的人民警察不得“刑讯逼供或者体罚、虐待罪犯”，不得“殴打或者纵容他人殴打罪犯”。③人格权。人格权是人身权的重要组成部分，是公民作为人的起码权利。我国《宪法》第38条规定：“中华人民共和国公民的人格尊严不受侵犯，禁止用任何方法对公民进行侮辱、诽谤和诬告陷害。”罪犯虽然因犯罪被判处刑罚，但其人格权并未被剥夺。因此罪犯享有人格尊严不受侵犯、姓名权、肖像权、名誉权、荣誉权等一般人格权和具体人格权。我国《监狱法》第7条所规定的“罪犯的人格不受侮辱”，第14条所规定的监狱的人民警察不得“侮辱罪犯的人格”，都体现了对罪犯人格权的保护。④身份权。罪犯在服刑期间，他们对于家庭成员的亲权、对于配偶的婚姻权等受到法律的保护，例如罪犯可通过委托的方式行使其监护权。

（2）财产权利。① 罪犯的合法财产不受侵犯。根据我国《监狱法》第7条的规定，罪犯的“合法财产”不受侵犯。因此罪犯在监狱服刑期间，其合法财产受到法律保护，并对其合法财产享有收益、处分等权利，但罪犯在监狱服刑期间对财产权的行使受到一定的限制。②保护罪犯服刑前的合法财产。罪犯在服刑前的合法财产，如储蓄、房屋、家具等，他人不得侵占和使用。③保护罪犯入监时携带的合法财物的所有权。罪犯在入监时携带的合法财物的所有权受到保护。④罪犯享有其他合法财产权利。如罪犯在服刑期间享有对其他合法财产的所有权；罪犯在服刑期间有接受他人赠与的合法财产的权利；罪犯合法的债权受法律保护等。

（3）罪犯合法的继承权受法律保护。罪犯在服刑期间依法享有继承权，任何人不得非法剥夺或者限制罪犯的继承权。

（4）罪犯依法享有知识产权。知识产权是民事权利之一，是指民事主体对其创造性的智力劳动成果依法所享有的专有权利，具有财产权和人身权的双重性。被剥夺政治权利的罪犯依法不享有知识产权的相关权利内容，如被剥夺政治权利的罪犯由于不再享有宪法所规定的“言论、出版”的自由，因而其著作权受到一定的限制。但未被剥夺政治权利的罪犯并不丧失对其智力成果所应享有的权利，可依法享有专利权、商标权、著作权等知识产权。

（五）罪犯依法享有的其他权利

我国《监狱法》第67条规定：“监狱应当组织罪犯开展适

当的体育活动和文化娱乐活动。”根据该规定，罪犯在监狱服刑期间享有参加适当的体育活动和文化娱乐活动的权利。我国《监狱法》还规定了一些特定罪犯所享有的特殊权利，如《监狱法》规定了少数民族罪犯所享有的一些特殊权利，根据《监狱法》第52条的规定，对少数民族罪犯的特殊生活习惯，应当予以照顾。我国《监狱法》第六章还以专章规定了对未成年犯的教育改造问题，实践中我国设立了单独的未成年犯管教所以保障未成年犯的特殊权利。

第三章

罪犯权利实现的理论基础

一、罪犯权利制约监狱行刑权力理论

（一）权利制约权力的一般理论

所谓公共权力，是指在公共管理的过程中，由政府官员及其相关部门掌握并行使的，用以处理公共事务、维护公共秩序、增进公共利益的权力。从本源上讲，公共权力来源于人民。公民权利指作为一个国家的公民所享有的公民资格和与公民资格相关的一系列政治、经济和文化权利。公民权利是基于公民身份而取得的。公共权力和公民权利是人类社会同时存在的两种重要的社会现象，二者相互依存、相互制约、相互转化。权力虽然来源于权利，但权力一旦产生就具有了独立性，甚至从形式上而言权力要比权利强大得多，国家权力处于明显的优势，如果不对其加以适当控制，极易造成权力滥用并必然导致对权利的侵害。从权力的运行性质看，权力天然就具有异化和腐败的可能性，而权力异化与权力腐败的最主要体现就是权力的运行结果对权利造成的侵害。法国思想家孟德斯鸠说："一切有权力的人都容易滥用权力，这是万古不易的一条经验。有权力的人使用权力一直遇到有界限的地方才休止……要防止滥用权力，就必须用权力制约权力。”〔1〕夏勇教授指出，人类生活的最大公害恰恰出自公共权力的专横和腐败，公共权力的专横与腐败又出自公共权力不受约束或约束不力。〔2〕这些论述充分说明，要使公共权力真正为公众服务，必须对公共权力进行制约。这一点，古今中外许多思想家、政治家都发表了很多有价值的看法，他们提出了许多约束权力的观点，其中具有代表性的有道德制约论、权力制约（用权力制约权力）论、法律制约论等。然而，中外学者通过对权力运作的实证考察，已越来越清楚地认识到仅靠上述几种机制是很难从根本上制约权力的。托克维尔在其《论美国的民主》一书中曾提及美国之所以能持久地保护民主，除了权力制约权力以外，公民权利是起了很大的作用的。〔3〕在提倡以权利为本位、以权利为时代特征的今天，运用权利这个本源性的武器，对公共权力进行有效制约显得更加重要。所以说，权利不仅是被保护的，而且也是从外部限制权力的重要力量。

（二）罪犯权利制约监狱行刑权力的理论

监狱的行刑监管权力与罪犯权利的关系是公共权力和公民权利的关系在监狱行刑中的具体表现。二者的关系具体表现为：一方面，国家行刑权和监管权力是罪犯权利保障的最重要的力量，不仅罪犯权利的实现需要监管权力来加以维持，而且罪犯权利救济的途径也主要通过国家监管权力来进行。在一定意义上，国家行刑权和监管权力俨然成了罪犯权利的保障者和守护神。没有国家行刑权和监管权力的强制性保障，罪犯权利保障

〔1〕［法］孟德斯鸠：《论法的精神》（上册），张雁深译，商务印书馆1961年版，第154页。

〔2〕夏勇：《朝夕问道》，上海三联书店2004年版，第85页。

〔3〕［法］托克维尔：《论美国民主》，董果良译，商务印书馆1997年版，第360页。

就会成为一句空话；另一方面，行刑权和监管权力也是侵害罪犯合法权利的最主要来源。国家权力的扩张性与侵略性决定了行刑权和监管权力出现异化的种种表现，监狱及监管人员违反监狱法及其他相关法律的规定，对罪犯的合法权利进行限制和剥夺，如对罪犯实施刑讯逼供、殴打虐待、强迫过量劳动、限制和剥夺其会见权和申诉权等违法行为。罪犯为了保持自己所享有的权利，在国家行刑权和监管权力对其进行侵犯的时候必然要保持一种本能的反抗，以最大可能地维护自己的合法权利。所以，为了防止国家行刑权和监管权力的膨胀而造成对罪犯权利的侵害，必须对国家行刑权和监管权力的行使予以严格的限制。

1. 通过立法设定罪犯权利和监管权力的边界，用法律制约监管权力。无论是罪犯权利还是监管权力，都不能游离于法律之外。首先，将罪犯权利在法律中明文加以规定，使罪犯权利成为法定的权利而不是任意的权利，从国家立法上保护罪犯权利。其次，为从源头上避免对罪犯权利的侵犯，对监管权力必须通过立法设定。具体包括监管权力授予法定和监管权力范围法定。一方面，监管权力必须通过法律的授予才能行使，这就要求监管权力的来源合法和监管权力的取得形式合法。监管权力的来源合法解决的是监管权力的本质问题。监管权力的取得形式合法解决的是监管权力的取得途径问题，即必须由法律予以确认和规定，是监管权力取得的唯一途径；另一方面，监管权力行使的范围应由法律明确规定。法律应当尽可能地规定监狱机关可以在何种情况、以何种手段、在何等自由空间之内行使何种权力。监狱机关在行使权力时都必须有法定依据，在法律的授权范围内行使，没有法律依据的权力行为应是无效的，是对罪犯权利的侵犯，造成损害的还要承担法律赔偿责任。即使监管机关享有制定特别规则、对罪犯附加义务的权力，那也只能在法律规定的大前提下制定特别规则、设定特别义务。监狱制定的特别规则，也不得与现有法律、法规等相抵触。立法机关制定的法律、法规和行政机关及其部门制定的行政法规、行政规章等要尽可能对监管权力的行使、监督、救济等进行细化规定，只有这样，监狱的监管权力才能在一定程度上以“良法”为依据，保障罪犯权利不受侵犯。

2. 运用程序控制监管权力。监管权力法定化仅是从“静态”的制度设置上控制监管权力，对监管权力的运行过程进行程序控制非常必要。程序规定了权力行使者必须遵守的步骤与方法，限制其恣意行事，可以有效地防止权力滥用、遏制权力异化。所以，监管权力的良性运行必须有科学、合理的运行程序，以排除权力运行过程中出现的主观任意性。这里，笔者主要谈正当程序和法定程序。

正当程序是基于公平、正义等自然准则，无论法律有无明确规定都应当遵守的程序。正当程序是约束所有国家机关权力行使活动过程的根本原则，其意指公共权力的行使应当遵循最低限度的程序要求。在监狱行刑活动中引入正当程序，运用正当程序控制监管权力，使监狱的行刑行为能够基于公平、正义的理念作出，实现最低限度的合理和科学。正当程序一般适用于无法律直接规定、监狱自由裁量权较大的自治行为。比如，罪犯因违纪被监狱给予禁闭等处罚，这对本身处于弱势地位的罪犯来讲是一件很大的事情，甚至会影响他的整个改造过程，基于正当原则，其理所当然应享有对此处罚提出申辩或异议、请求监狱减轻或取消处罚的决定等权利。法定程序与正当程序并非等同，它是法律规范确定的程序，是指法定的明确化、具体化的正当程序。这是程序原则所包含的极其重要的一个内容，也是通过法律程序控制国家权力的核心所在。程序控权的表现形式是多种多样的，如听证程序制度、公示程序制度、回避程序制度、辩论程序制度等。在监狱管理中，监狱机关也具有很多的自由裁量权，尤其应当遵循法定程序。比如，监狱对罪犯进行禁闭必须遵循《监狱法》和其他法规、规章的规定。行刑法治意味着监狱的行为都必须遵守预先确定和宣布的规则——这些规则使人们能够比较准确地预见监狱在给定条件下将如何使用其强制力。将法定程序引入监管权力关系，能够使程序法治的触角直接延伸至监管关系内部，使监管关系真正受到程序正义阳光的普照。比如，如果监狱通过举行听证会，可以弥补监狱处罚在程序意义上的不足，更重要的是为拟被处罚的罪犯提供了一条权利救济的渠道，将有助于实现监管权力和罪犯权利之间的平衡。

3. 赋予罪犯广泛的参与性权利，实现权利对权力的规范。赋予罪犯广泛的参与性权利，使其能够有效地参与监狱管理，充分发挥其主体效能，这是防止监管权力滥用的常规途径。因为罪犯在监狱管理方面享有的参与性权利实际上就是对监管权力的直接限制，也就意味着监狱行刑活动中监管权力的行使在程序方面受到严格的制约。监管权力不能逾越它的界限而侵入罪犯的权利领域。这样，罪犯的权利对于监狱滥用权力起着一种阻碍与制约的作用。但是权利所起到的这种制约作用，是一种消极的制约作用，也就是说，罪犯的权利作为一种标识，提醒监狱注意不要逾越权力的法定界限。罪犯享有的权利越充分，对监管权力的规范就越全面。因此基于权利制约权力理论，应当赋予罪犯广泛的参与性权利。

从我国《监狱法》的现行规定来看，罪犯因行刑主体地位的缺失所享有的参与性权利亦有所欠缺，监狱制定涉及罪犯权利的一些规定罪犯没有参与，监狱给予罪犯警告、记过或者禁闭等行政处罚时，罪犯也缺乏申辩或辩解的机会。这样使得罪犯根本无法通过权利制约监管权力。

4. 赋予罪犯广泛的救济性权利，实现权利与权力的制约平衡。在赋予罪犯充分的参与性权利的同时，还应当赋予他们足够的救济性权利，使罪犯能够通过申诉、控告、申请复议复核等救济性权利的行使，对监管权力的滥用产生积极的制约作用。从某种意义上，这种救济性权利也可以称为对抗性的权利。也就是说，当监狱逾越权力的法定界限、滥用权力或有不当行为时，这些权利可以保证罪犯做出一些积极的对抗，通过上级机关或中立的第三方的审查或审理，使监狱机关纠正错误或不当行为。如果没有救济权利，那么不仅罪犯权利在监狱行刑中无法得到实现，而且各种侵权问题也无法得到解决，罪犯权利保障也就无从谈起。罪犯权利救济主要包括司法救济、行政救济和国家赔偿等救济方式。

二、监狱行刑人道化理论

监禁行刑必然意味着对罪犯的自由及相关权利的剥夺和限制，造成罪犯的痛苦，从而实现刑罚的惩罚性，然而“如何把这种痛苦控制在人的尊严所能接受的限度之内，这就是刑法的人道性”。[1]监狱行刑人道化就是要把罪犯当人看，无条件地保障和满足其基本需求；就是要把罪犯作为监狱行刑法律关系的主体而不仅仅是管教对象，充分尊重罪犯人格尊严，激发其主观能动性，发动罪犯参与行刑过程，尽量创造条件给予罪犯某种形式的处遇或自由，有利于其最终回归社会，从而体现行刑

---

〔1〕 陈兴良:《刑法的价值构造》，中国人民大学出版社1998年版，第430页。

人道性。陈兴良教授就此指出："所谓行刑人道化，是指将罪犯视为具有权利、义务的人，而不是消极地接受改造的被动客体，强调对罪犯人权的尊重和保护，改善罪犯的处遇。不仅承认犯人的权利，更重要的是为犯人行使权利创造条件，克服犯人完全消极服从带来的副作用。只有这样，才能够使犯人的主观能动性不致丧失，从而取得良好的行刑效果。"〔1〕

事实上，究其根本，监狱行刑人道化是国家不断调整和灵活运用刑事政策惩罚和预防犯罪的直接结果，是宽严相济的刑事司法政策在监狱行刑中的具体实现，并非刑罚进化的结果。在现代法治国家，刑罚规范的健全和严密是监狱行刑人道化的根本保障。

（一）辨识监狱行刑人道化——刑罚进化论

刑罚进化论认为刑罚的发展是从血腥、野蛮和苛厉逐渐走向人道、文明和轻缓。这是当前流传甚广、颇有影响的刑罚理论，但也是大可质疑的。有的学者为了论证刑罚进化论观点，对刑罚运用的时代进行了划分，他们认为，刑罚的产生是以国家权力的形成为前提的，因而，刑罚虽可推原于复仇，但其性质中具有政治因素，不同于作为单纯私力反动的复仇，所以，复仇只是刑罚的前身。自从私力救济公权化后，刑罚获得了国家制度的完整意义。于是，刑罚进入了循序渐进的威吓时代、博爱时代和科学时代。这是一种受所谓的历史进化论影响的、没有多少根据的臆想，或者说只是看到了一些表面现象。

根据一般的见解，威吓时代的刑罚否定了复仇，国家取代了血缘部落，国家享有了被害人的复仇权和赔偿权。复仇时代被害人复仇的恣意，此时成为国家认罪科刑的恣意。个人是有

〔1〕 陈兴良：《本体刑法学》，商务印书馆2001年版，第704页。

义务而无权利，国家恣意峻刑以威吓犯人之恣意的侵害或复仇，使之服从国家命令，成为此一时期的特点。此时期的刑罚制度较诸复仇时代的刑罚制度，不仅更为公正，而且更为确定，因而完成了由主观到客观的过程。刑罚客观化成为威吓时代的历史成果，民事责任和刑事责任的分化得以完成。但刑罚仍然属于本能的、反射性的东西。

博爱时代的刑罚否定了威吓时代的刑罚，其特点在于抑压国家的恣意与残酷，自由刑等成为否定恣意和残酷的方法和表现，保障自由和人权成为根本。此一时期的刑罚是天赋人权的实现、自然法论的产物、个人自觉的结果。因而，对意思自由的认识成为这个时代刑罚和刑罚理论的骨干。

科学时代的刑罚否定了博爱时代的刑罚，从威吓、博爱两阶段间的关联看，科学时代的刑罚实为否定之否定。这个时期的刑罚改变了以前单纯注重保护个人自由的理念，兼带保护团体，是对威吓时代刑罚的一种回归和升华，属于自觉的、有意识的东西。科学时代的刑罚观主张特别防卫主义，认为刑罚之于犯罪并非目的，改善犯人，使其重新回归社会生活才是它的目的。[1]

行刑的人道化似乎是刑罚进化到现代具有的基本特征，但是，究其实质，行刑人道化与国家治理社会的要求相一致，也与法治社会刑罚规范的要求相一致，本质上是刑罚规范内的行刑人道化。简言之，为有效达到控制犯罪即惩罚和预防犯罪的目的，国家必然愿意选择行刑人道化作为最佳手段。因为“刑事政策的决策者和执行者应当理智并创造性地运用权力选择、适用适当的策略、战略、手段、措施等，以确保刑事政策之直

〔1〕 周光权：“刑罚进化论”，载《法制与社会发展》2004年第3期。

接目的和根本目的的实现”。在此过程中，政策的调整是随时可能发生的，刑罚也完全可以说是“瞬息万变”，处于动态过程中，刑罚轻轻重重、重重轻轻，何时是“进化”，何时是“蜕化”，殊难界定。所以，不是刑罚进化了，而是国家更善于治理，从而获得了更多的主动权。

综上所述，监狱行刑人道化是刑事政策不断调整和灵活运用的直接结果，是宽严相济的刑事司法政策在监狱行刑中的具体实现。因此，监狱行刑越来越人道乃是国家有效地实现惩罚和预防犯罪目的的手段之一，是国家为了更好地追求社会治理的艺术，并非刑罚进化的结果。

（二）探究监狱行刑人道化——刑罚目的论

刑罚目的就是国家制定、裁量、执行刑罚所追求的效果。就当前来看，有关刑罚目的的观点主要有报应论、预防论、矫正论。人道化作为现代监狱行刑的一种重要原则和内容，在不同的刑罚目的论视角下的内涵各异。

报应论认为，罪犯之所以承担刑事责任，是由于其可以自由选择不为犯罪行为，而其竟然蔑视法律的规定实施了犯罪行为。基于此，认为刑罚的内在属性就是惩罚，罪犯的主要服刑内容就是接受惩罚，以使伤害的正义得以恢复。一般预防论认为，犯罪是人自由意志选择行为的结果，所以对罪犯进行惩罚不是单纯为了正义而惩罚，而是为了预防更多的人犯罪而进行威慑。报应论坚持罪刑相当，对罪犯的惩罚难免失之严苛；一般预防论尽管也坚持罪刑相当，但是由于其追求最大的威慑效果，理论本身包含着暴虐倾向。特别预防论主张采取适当的方式剥夺罪犯的再犯罪能力，由于过于强调剥夺犯罪能力，在人身危险性预测存在失误的情况下，更倾向于严厉地惩罚以剥夺罪犯的再犯罪能力。因此，对报应论、预防论立场上的监狱行刑人道化而言，其主要的内容就是避免过于严苛的惩罚、禁止酷刑——其实质就是宽容。而矫正论则不同，矫正论认为刑罚的目的在于矫正、教育、改造罪犯的罪犯人格，促使罪犯再社会化，主张监狱行刑人道化的主要内容不仅应当禁止酷刑，更应当在此基础上追求进一步的积极的人道化的内容——尊重和保障罪犯权利。

我国监狱目的综合了报应论、预防论和矫正论的内容，是综合的刑罚目的论。具体来讲，惩罚是报应论与一般预防论的必然要求；改造是个别预防论的应有之义，监狱行刑的最终目标是“将罪犯改造成为守法公民”。因此，惩罚和改造是我国监狱行刑的一体两面。惩罚是刑罚的内在属性，监狱行刑必然要对罪犯的自由及其相关的一些权利进行剥夺或限制，从而实现刑罚的基本功能——报应，进而维护社会的公平正义、保障社会的安全稳定。改造是现代刑罚文明发展的必然诉求，监狱行刑应当对罪犯实施再社会化的重塑，从而实现刑罚的根本目的——矫正，进而促进社会的长治久安。监狱行刑要想在实现惩罚罪犯的同时实现将罪犯改造成为守法公民的目标，就必须将人道化作为监狱行刑工作的基本理念并付诸实践。

事实上，由于我国长期以来重刑主义的法律文化传统和现阶段社会犯罪多发、重新犯罪率不断升高的严峻现实，所以有些观点将我国监狱行刑目的的理论根据曲解为报应论和威慑论，认为罪犯要为其选择的犯罪行为承担刑事责任，以恢复受到伤害的社会正义，并且为了预防罪犯重新犯罪和社会上其他人犯罪而进行威慑，监狱行刑应当严苛，所以认为监狱行刑人道化所提倡的尊重、宽容就可能与监狱行刑的目的相冲突，会引起部分民众和受害人的愤怒与不满、降低监狱行刑的威慑功能、影响民众与犯罪作斗争的积极性。在以往底线安全观指导下的我国监狱行刑实践中，监狱安全成为政府和公众关注的焦点，行刑人道化在绝对保障安全的要求下变得乏力，监狱在剥夺罪犯人身自由之外，在生产劳动、教育改造和日常管理中大量使用强制手段，除了仅仅在罪犯吃饱、穿暖、不随意体罚和虐待方面给予人道处遇，还没有真正形成监狱行刑人道化的理念和实践。

（三）实现监狱行刑人道化——刑罚规范论

刑罚规范体系的严密、协调、高效是实现监狱行刑人道化的根本保障。刑罚规范论是指在刑罚的制定、适用、执行诸环节形成效力等级高低有序、规范内容协调统一、功能作用有机互补、实践操作可行便宜的法律规范体系，从而保障刑罚高效运行、实现刑罚目的。监狱行刑人道化不是刑罚进化的结果，不是刑罚发展的必然规律使然，不会自然而然地形成，也不能依赖于监狱仅仅依靠政策和行刑经验去实现。事实上，刑罚的基本属性是惩罚、制裁、报应。刑罚是人道还是苛厉往往取决于其能否有效地保护社会利益的标准，并直接反映为刑罚规范导引功能的强弱。如果刑罚规范的导引功能强，那么国家在预防犯罪手段的选择上对刑罚威慑功能的依赖程度就可以相对降低，行刑就更为宽宥、人道；反之，国家在防控犯罪的手段上对刑罚威慑功能的依赖性就提高，行刑就更为苛刻、严厉。而现代民主法制是以维护社会公平正义、保护公民权利为己任，其重要使命就是限制国家统治的暴政、反对各种非人道的统治方式或专政手段。因此，在现代法治国家，监狱行刑人道化运作和实现必须依赖和受制于良好的刑罚规范。

就我国而言，当前的刑罚规范建设严重滞后，由于缺乏相关法律的支撑，导致监狱行刑人道化探索难以取得实质性进展。在我国监狱行刑实践中仍存在较为普遍的依照经验和政策进行监狱管理和监狱执法的现象。在这种情况下，监狱行刑人道化直接要求和反映的监狱执法人性化举措难以较好实现，甚至被人恶意利用，所以遭到质疑和批判。一是监狱部分人性化执法措施，如罪犯同居会见，在稳定罪犯改造情绪、维系家庭和谐和促进罪犯积极改造方面作用明显，但由于缺乏相应的法律支撑，不仅推广扩大难，而且在适用对象、程序、审批主体、间隔期限等方面各地规定各异，实际造成执法的不平等性，损害了监狱执法权威；二是少数监狱民警甚至执法软弱，因害怕罪犯投诉而迁就、放纵了罪犯的某些违反监规监纪的行为或放松了对罪犯的改造；三是由于多数人性化执法措施在现行法律法规当中并无明文规定，而执法活动本身又是一个实践过程，人为操作的因素很多，尺度很难掌握，稍有懈怠就可能被那些善于钻法律空子的人利用，也更会给那些手中握有权力的人留下进行非法活动的空间，而“人性化执法”也有可能成为某些执法者牟取私利的旗号，可能以各种不同的冠冕堂皇的理由给予某些人“人性化”的对待，而给予另一些人不那么“人性化”的对待，甚至是非人性的对待，有可能演变成“人情化执法”，滋生监狱执法腐败。

未来一个时期，监狱行刑人道化将由表面向深入转变，由随意向规范转变，由零散向系统转变。重视行刑制度法制化建设是新中国监狱工作的一个传统，这为监狱工作的发展提供了制度保障。尤其是《监狱法》的颁布实施，使我们行刑制度逐步走上法制化的轨道。然而，必须注意的是：一是制度建设滞后。原行刑制度大多是计划经济的产物，不少内容已明显不适应市场经济发展的新形势，甚至与现行的基本法存在矛盾与冲突，这就给包括监狱行刑人道化在内的监狱制度的执行带来障碍；二是制度建设残缺。现行行刑法制不配套，不仅与《监狱法》配套的法规至今未出台，而且与监狱体制日常管理直接相关的制度还没有列上议程；三是制度建设中“人道化”内容薄弱。尽管《监狱法》中对罪犯权利作了较为充分的规定，但总体上说还不够突出，应当按照“人道化”的要求，对罪犯权利专门立法，对其权利行使、保护、救济应有精确、细密、完整的规定，这是罪犯权利主体的法治体现。这项工作应早日提上议程，将监狱行刑“人道化”纳入法治轨道，改变罪犯改造“人性化”是是非非的格局。

三、监狱行刑法治化理论

行刑法治化是指一切行刑活动、行刑行为应严守法律设置的标准，符合法的应然精神与价值，保证行刑的各个方面达到法治化要求的状态。行刑法治化不仅是对现实行刑行为提出的法治要求，而且也是就行刑的发展趋势所做的一个定位，或者说是行刑自身发展的一个目标和趋势。

（一）行刑法治是一项具体法治

法治应有宏观法治、中观法治和微观法治（具体法治）之分。从宏观法治看，建设社会主义法治国家作为一个总体目标，是由众多要素和环节构成的整体，是一个复杂的系统。而宏观法治是要落实到微观法治（具体法治）中才具有现实性。在我国法治建设中，“离开具体的法治，那种宏大而高扬的法治只不过是引起空气振动的口号而已”。[1]相对于建设法治国家这一宏观法治而言，行刑法治只是国家刑事法治（中观法治）下的一个微观法治（具体法治）。虽然行刑法治是微观法治，但它十分重要，因为在行刑中，国家权力与公民权利之间的冲突十分明

〔1〕 贺卫方：“走向具体法治”，载《现代法学》2002 年第 1 期。

显和集中，一国行刑法治的状况往往体现着该国人权保障的水平。我们研究行刑法治，既须考虑法治建设的整体性、系统性，从而把行刑法治置于国家法治的整体框架下加以设计和推进；更须根据行刑活动的特性和面临的突出问题，对行刑理念、行刑程序、行刑行为等开展具体、深入的研究，从而为监狱行刑制度建设和监狱行刑改革提供理论支持和路径指引。

（二）行刑法治的核心是“法律控制行刑”

“运用法律控制行刑权”，其基本含义是依法行刑，即一切行刑行为必须依法进行。依法行刑应成为监狱机关及其工作人员的自觉行动和惯常行为方式，形成一种行刑权来源于法律且受控于法律，彻底摆脱人治模式下的专横、武断与恣意，使罪犯权利得到有效保障的秩序状态。

（三）行刑法治化是目标、过程和结果的统一

首先，行刑法治化是一种预期目标。行刑法治化并不是行刑现代化科学化的手段，而是预期目标，是监狱工作发展的基本方向。行刑法治化的本质是从根本上改变人治结构与功能，确立一种新的价值标准及运作机制。这种新的价值标准和运作机制的确立需要一个漫长的过程，是一种价值目标趋向。正如法治是人类的永恒追求，实现行刑法治化，运用法律有效控制行刑权，切实保障公民权利与自由，充分实现公平、正义、和谐、文明、秩序等价值，是实现行刑现代化不可或缺的重要机制和重要目标之一。

其次，行刑法治化是一个历史过程和未来趋势，体现为行刑理念、行刑制度和行刑实践三者逐渐由非法治化走向法治化的发展进程。行刑法治化的提出不是权宜之计，而是在依法治国的基础上逐步形成的，是一个漫长的过程。行刑法治化的实现往往与一国的政治、经济、社会发展水平相适应，与国家法

治的整体发展相协调，通常要经历一个相当长的历史时期才能日臻完善，不可能一蹴而就。同时，行刑法治从理论到实践，也需要一个反复的认识过程。

最后，行刑法治化还是一种实践状态和结果。这种结果，就是确立了法治型行刑，最终形成法治理念深入人心、法律制度较为完备、行刑行为最大化合乎法律、行刑权既严格受控又积极保障罪犯权利的良好状态。[1]

四、监狱行刑社会化理论

行刑社会化不仅仅包括行刑民主化内容，它还与行刑科学化、人道化在内容上存在许多交叉：行刑社会化是行刑民主化的反映，它将行刑主体从单一的监狱管理者延伸到社会更多的人员，让他们参与其中进行辅助帮教工作，增加了行刑的社会透明度和实际监管效果；行刑社会化也是科学化的体现，能够使监狱管理者更加科学地采取多种措施矫正罪犯；它还是行刑人道化的体现，通过放宽对罪犯自由的限制，有利于实现行刑的人道化。

（一）行刑社会化的含义

社会化有两种不同的含义：一种是指普遍；一种是指“教化”，指个人参与社会生活，通过互动学习获得适应社会所需的知识、技能和规范的过程，是一个自然人向社会人转变的过程。

行刑社会化，是指监狱行刑机关与社会各方面的积极力量合作，采取多种方式促进监狱内服刑罪犯与社会进行正常的交流活动，或者让社会组织在监狱之外相对独立地承担一定的罪犯矫正工作，并且接受社会各界参与的矫正与改造活动，实践

[1] 刘恒志：《行刑法治与罪犯人权保障机理研究》，法律出版社2010年版，第113~116页。

正常社会生活的基本观念，以便服刑罪犯在刑满释放后能顺利回归社会。[1]它使得社会各主体要分担一部分行刑任务，这必然会导致行刑权利的普遍化和分散化，形成合作分工、互相监督的工作机制，为罪犯改造创造良好的环境，也把行刑工作转化为社会工作的一部分，体现了行刑民主性和开放透明性。行刑社会化可以促进罪犯更好地回归社会，它是在否定报应刑的基础上提出的一种新的行刑策略，是教育刑的产物。

在我国当前行刑实践中，行刑社会化程度明显偏低，监狱行刑中的孤立、保守、封闭的倾向严重，管制、缓刑、假释等适用率极低且在执行上处于混乱、失控局面。这些问题严重制约着刑罚功能的有效发挥，导致刑罚适用上的高成本、低效益。注重刑罚效益，是缓解监狱行刑悖论、提高行刑效能和改造质量的一个有效出路，监狱行刑社会化代表着世界监狱行刑发展的方向，符合刑罚政策现代化的要求，因而也是我国行刑制度科学化、民主化改革的重要内容。

监狱内行刑社会化，主要是指在监禁过程中，通过监狱等刑罚执行机构的执行活动和采取各种与社会保持更多接触的方式，而使罪犯学习社会知识、能力和规范，塑造罪犯符合社会正常生活的信念和人格，最终促成罪犯回归社会的过程。监狱行刑社会化的要旨在于强调刑罚执行与社会紧密联系，运用社会力量参与改造罪犯，使罪犯成功地社会化和再社会化。需要指出的是，社会力量参与对罪犯的改造和矫正，并不是要取代行刑司法机关，分散司法机关的行刑权。行刑社会化的理念主要体现为行刑机构、罪犯和社会三者之间的互动过程："行刑机构通过对罪犯执行刑罚，力求实现惩罚罪犯、改造罪犯、保卫

---

〔1〕 廖斌：《监禁刑现代化研究》，法律出版社 2008 年版，第 359 页。

社会的目的；由普通民众、各类社团和社区组成的社会，通过配合行刑机构的专门工作，参与对罪犯的监督改造，接纳罪犯以合格公民的身份重返社会；罪犯则在接受惩罚和改造的过程中，根据行刑的环境状况和社会对罪犯的态度及反应而不断调整自己的心态和行为，对行刑工作及社会施加某种影响。"[1]行刑社会化的目的是通过监禁刑的开放化执行，既要实现惩罚罪犯、改造罪犯，又要力图弱化因监禁的封闭性而产生的弊端，使罪犯能正常回归社会。监狱行刑社会化的理念源自矫正的目的，在监禁单纯成为报应或威慑的工具时，是不需要考虑监狱行刑社会化的，而矫正作为近代教育刑主义的内核所在，与监禁刑的形式在本质上存在矛盾。一方面，监禁刑要求剥夺受刑人的自由，用高墙电网将其与社会隔离；另一方面，教育刑主义认为，犯罪是罪犯社会化不成功的表现，因此矫正要求刑罚的目的在于矫正罪犯，促使罪犯再社会化，但是监禁却使受刑人与社会分离，这样显然不能成功地促使受刑人再社会化。监禁刑的弊端导致学者要求尽量回避监禁刑，采用非监禁措施；但是非监禁措施主要针对轻微罪犯，监禁刑目前不可能在刑罚体系中清除，因此既要达到矫正的目的，又要保留监禁刑，就必须进行监狱行刑社会化的改革。

（二）行刑社会化的根据

监狱行刑社会化的根据就是监禁刑执行的目的与监禁刑本身的缺陷之间的矛盾。现代化的监禁刑在执行过程中应当着力追求成功矫正罪犯，但是，监禁刑在执行的过程中又存在一系列问题，尤其是所谓的“监狱化”弊端又直接与监禁刑执行的目的相背离。解决的适当途径就是追求行刑社会化——既强调

---

〔1〕储槐植等：《刑法机制》，法律出版社2004年版，第222页。

监禁刑本身的价值，尤其是矫正罪犯的价值，又对监禁刑的执行作出某种调整，以降低监禁刑执行过程中出现的各种负面效应。

1. 监狱行刑的目的。监禁刑的价值不仅在于报应，而且也在于一般预防和个别预防。但是，在监禁刑的执行阶段，尤其要强调监禁刑的个别预防中的矫正目的。传统的监狱行刑目的，主要是为了通过惩罚罪犯达到报应的正义或者威慑社会上的潜在罪犯。但是，随着目的刑主义和教育刑主义的发达，监狱行刑目的向以教育、矫正罪犯为主转变。19 世纪后 25 年间，主要资本主义国家都确立了现代监禁意义上的教育矫正思想——“再社会化的刑罚应当注重社会教育”。[1]

尽管以美国为代表的一些国家近年来有些学者极力否定监禁的矫正效果，监禁开始重视惩罚，似乎有向惩罚模式回归的迹象。但是，这只是一些国家对矫正过分重视而忽略惩罚的一种正常变化。李斯特早就批评了过分重视矫正思想将会对全民的法律意识及国家的生存造成灾难性的影响。监禁开始重视惩罚才是真正回到矫正思想应有的道路之上，给予矫正应有的地位，抬高或贬低都是不科学的。之所以要矫正罪犯，是认为罪犯犯罪是因为其反社会意识与外界不良影响综合作用的结果，矫正就是让罪犯重新树立正确的人生观、道德观等与社会主流文化相适应的意识，或者矫正罪犯犯罪的某些人类学因素，如心理或道德疾病。要让罪犯“重新社会化”，自然应当强调监狱行刑社会化，然而封闭的、与社会隔绝的监狱环境如何再社会化，这的确存在一个难以回避的悖论。

但是，也必须注意，矫正不是监禁刑的唯一目的，报应、

---

〔1〕［德］弗兰茨·冯·李斯特：《德国刑法教科书》，徐久生译，法律出版社 2000 年版，第 21 页。

威慑都是刑罚目的体系的重要组成部分。行刑社会化有可能牺牲社会公正和守法公民的人权，这涉及刑罚的目的效益和行刑公正问题。罪犯毕竟是危害了社会的人，如果行刑过程过分社会化，罪犯所受到的惩罚未达到一定程度，则会伤害社会公众的情感和公正观念，损害被害人的感情。所以监禁刑的惩罚性是不能被忽视的，而行刑社会化是一个与整个社会互动的过程，它必须要适应于一定时期的社会政治、经济形势和人们的观念，离开这个现实则达不到所希望的效果。行刑社会化的目的在于防止监禁所带来的种种弊端，但这种手段是以不违背社会正义为前提的。现代化的监禁刑，在价值多元化的社会中，其执行目的绝对不能仅仅局限于教育、报应或者预防的某一方面，而应当综合考虑、审慎协调各种目的之间的冲突。由此，监禁刑的目的应当是一个多元化的综合体系，在执行阶段，尤其强调在综合论的背景下，突出监狱的矫正功能。在这样的前提下，监狱既需要维护传统的刑罚色彩，突出对罪犯的惩罚性以满足社会普通民众的正当报应需要；同时，也应当在现代刑事政策科学的指导下，充分发挥执法主体与受刑主体的主观能动性，特别地强调监狱对罪犯的矫正与保护功能。而监狱要维护传统的刑罚形象，就必须仍然坚持监狱行刑的自有特征；监狱行刑要追求自身能动的矫正目的，就必须解决监狱行刑封闭性与罪犯再社会化之间的悖论。折中的结果，就是倡导监狱行刑社会化——监禁刑仍然严格地存在；但是监禁刑执行的封闭性将根据犯罪人的不同情况而有不同程度的松动。

2. 监禁刑在行刑中的负面效应。监禁刑本身具有强大的生命力，对于实现刑罚的价值具有不可替代的作用，但这并不说明监禁刑本身及其执行没有缺陷。监禁刑执行需要现代化，就需要我们直面监禁刑的缺陷，反思既有的监禁刑执行体制、执行方法、执行机制所产生的一系列负面效应，从而将监禁刑的价值发挥到最大。

监禁刑在行刑中主要出现的问题就是所谓的“监狱化”弊端。监狱的本质，在于剥夺罪犯的人身自由，将其安置于封闭的环境之中，使其脱离原来的犯罪亚文化圈并予以矫正。但是监狱剥夺罪犯的人身自由对于罪犯的再社会化来说又是一个矛盾：社会化和再社会化显然只能在社会环境中才能完成，单纯的监禁显然无助于罪犯的再社会化，在监禁刑行刑改革时，应当防止服刑罪犯监狱化的后果。所谓监狱化，首先由美国学者克莱默提出，它是指罪犯从进入监狱开始至出狱为止，逐渐适应监狱习惯、生活和环境以致被同化，从而导致个人思想和行为方式以及价值观改变的过程。克莱默认为，监狱生活对服刑人员而言是一个逐渐适应监狱亚文化的过程。[1]罪犯生活在监狱中，其物质和精神生活利益遭受巨大剥夺，为了适应监狱生活的漫长生涯，他们必然会形成一种新的生活习惯，融入监狱的团体亚文化中。我国台湾地区学者张甘妹认为：“监狱内之生活与外面自由社会完全不同，系由曾犯各种罪行的多数罪犯及若干监狱行政管理人员组成，为一种非正常的社会。在此，往往形成一种独特的亚文化，促成受刑人之监狱化，使其再社会化更加困难。监狱化的不良作用主要表现在：监狱内之拘禁生活，受刑人无自主性，使受刑人逐渐丧失独立性、自尊心及责任感；与多数罪犯之接触，促成犯罪知识与技巧之相互学习，并受监狱亚文化之同化，使受刑人道德感退化，丧失羞耻心；与社会隔离之监禁生活、受刑人的烙印等使受刑人意识到被社会排斥、孤立及社会地位之贬抑而丧失自尊心，促成自卑与自

〔1〕 陈晓明：“监狱化：问题与对策”，载《犯罪与改造研究》2003 年第 5 期。

甘堕落。”[1]罪犯在犯罪时是给人一种危险的或凶暴的“强者”形象，但当他们被判处刑罚投入监狱的时候，高墙、电网、铁门等戒备森严的监狱设施将罪犯从心灵和行动上与外界隔离了，失去人身自由的犯罪人又转化为一个弱者，其言行与生存都不得不依赖行刑人员的监管与保护，在此种环境下，要想使罪犯能在刑满释放时就适应社会，那么监狱行刑社会化就必须提前进行。

此外，监狱行刑尽管必然会也应当给罪犯带来因为利益剥夺造成的痛苦，以便达到震慑犯罪、遏制虞犯并形成对罪犯严厉的道德谴责。但是这种痛苦不应当过分扩大，监狱行刑的目的不仅仅是一般预防，而更多应当注重对罪犯的矫正，但是不人道的、过分严厉的刑罚将使罪犯的自愿改造意识与悔罪意识降低，并在内心深处形成抗拒改造的动机。监狱行刑的不人道性主要表现在：剥夺罪犯的人身自由，而这种隔离导致感情联系的丧失，造成了孤独与厌烦，很容易把它看成是痛苦的剥夺或挫折。然而，加剧这种监禁痛苦的事实是，对罪犯的监禁代表了自由社会对罪犯的一种深思熟虑的道德上的抛弃。剥夺异性关系，导致罪犯性心理的畸形发展和性格扭曲，也会使性驱力由于不能及时释放而不断积累，最终以破坏性的方式宣泄出来，导致个人进行严重暴力犯罪行为。剥夺人的自主性，使得他们的生活沉闷乏味，社会适应能力下降，导致出狱后容易重新走上犯罪道路或自我毁灭；使罪犯丧失安全感，罪犯与大量危险的罪犯生活在一起，四周充满了暴力、威胁、猜忌、欺诈，导致罪犯产生各种心理恐慌并容易形成敏感易受惊吓的性格；

---

〔1〕 张甘妹：《刑事政策》，三民书局1978年版，第282页。

使罪犯难以拥有基本的物质生活条件。[1]

3. 行刑社会化有利于降低行刑成本，提高行刑效率。成本是为了获取最大化收益的支出或代价。为追求监禁刑的惩罚与改造效果，选择不同的行刑方式会对行刑资源的占用产生较大的差别和付出相应的代价，也会引起社会和国家的关注，这是立法、司法以及行刑者都要考虑的问题。因为行刑资源是有限的，而惩罚犯罪与改造罪犯，所采取的行刑方式必须要有度的衡量，即要有一个社会承受度，也就是所谓的成本，它包括社会成本与经济成本，二者都需要进行测算，确保以最低的行刑成本支出，获得最大的行刑效益。监禁刑行刑社会化，从经济成本角度可以降低封闭式监禁出现的大量人力物力的投入，如监管人员数量的不足、监管经费紧张、监狱基础设施的不够完善等问题。从社会成本角度看，则是长远的降低犯罪改造成本的有效方式，它有助于改善罪犯的人格障碍，防止犯罪人重新犯罪，提高其再社会化的复归能力，对国家法治文明建设以及构建和谐社会的影响是不可估量的。效率指从一个给定的投入量中获得最大的产出，即以最少的资源消耗取得同样多的效果，或以同样的资源消耗取得更大的效果。所谓刑罚效率，薛瑞麟教授认为，是指刑罚动态适用产生的结果与刑法目的之间的契合程度。如果刑罚动态适用所产生的结果与刑法目的之间具有重合性关系或者契合程度较大，那么，我们就有理由说刑罚的效益好或者比较好，反之亦然。[2]刑罚动态适用所产生的结果，实际上是刑罚的实效，它包括刑罚的实际结果和运行状态，而

---

〔1〕 吴宗宪：《非监禁刑研究》，中国人民公安大学出版社 2003 年版，第 90~95 页。

〔2〕 薛瑞麟："论刑罚效益的概念"，载《中央政法管理干部学院学报》1995 年第 4 期。

刑罚的目的则是立法者主观上预先确定的，通过适用刑罚所希望达到的结果。可以看出，刑罚的效率包括国家刑罚成本静态投入所获得的收益，又包括国家刑罚成本动态适用所获得的效果。它包含着刑罚经济效益和社会效益两部分。监禁刑行刑社会化通过个别预防和刑罚个别化的做法，使监禁刑有效地服务于社会，通过监狱外部的专家和社会帮教人士到监狱对罪犯进行精神疗法、感化教育、家庭服务、社会帮教等多样化手段对罪犯进行矫正，从而降低或消除他们的人身危险性，达到使之重返社会和更好地防卫社会的目的。

“从某种意义上讲，行刑社会化就意味着行刑民主化，而行刑民主化就是法律民主化的表现形式之一。”〔1〕在社会从一元化结构向多元化结构转化时，民主意识加强，国家政治权力开始收缩，公民及其群体开始凸显其独立地位和活动空间。在刑罚执行领域，单靠国家的强制力量来控制犯罪和改造罪犯已不能适应社会发展的需要，现代化的刑罚执行既需要国家强制机关的刚性，也需要社会力量的柔性，以体现刑罚执行效果与目的的一致性。社会的各类民间团体、志愿者和各类利益团体会根据国家、社会、受害人乃至罪犯及其家属的需要，愿意以极高的热情配合行刑机关帮助罪犯完成再社会化的过程，也能为预防刑罚执行中滋生的腐败起到很好的民主监督作用。监狱管理在传统的管理经验模式下，往往表现为一种神秘而又高度封闭的独立管理系统，监狱内部就像一个独立的小社会，缺乏外部力量的渗透与监督，这会使得监狱行刑权容易被滥用，产生个人或集体性腐败，服刑罪犯的权利也难以得到保障，行刑社会化有助于增强行刑管理的透明化和公开化，增强社会对监狱管

〔1〕 冯卫国：“论行刑社会化的价值基础”，载《山东公安专科学校学报》2004年第3期。

理者的民主监督与行刑权的规范行使，最终使罪犯的刑罚落到实处，同时又保障罪犯合法权益的实现。这也是行刑社会化所表现出的民主化之义。行刑中强调民主价值，是基于司法公正、保障人权的需要。〔1〕

五、监狱行刑个别化理论

监狱行刑个别化是行刑科学化的重要内容，其含义是指监狱行刑过程中，针对罪犯个体差异情况，有针对性地采取惩罚、改造和处遇措施，以更好地实现行刑目的、提升行刑效果。现代自由刑问世以来，由于自由刑的行刑着力点在于一种看不见、摸不着、但可以感觉得到的人身自由，行刑就是对人身自由的剥夺与限制。人身自由可以时日来度量，〔2〕也可以用处遇来表现。因此，剥夺或限制人身自由就可以计量、设计。自由刑时代的行刑个别化主要表现为法定刑罚数量的可变性、行刑过程中可感觉痛苦与处遇的差别性，〔3〕而其核心就是对罪犯权利义务的处遇个别化。

罪犯行刑个别化主要内容就是指针对罪犯的矫治与处遇方案的个别化，制订主要根据罪犯的人身危险性与其他个人情况的罪犯矫治与处遇方案，具体内容主要包括：教育个别化、劳动个别化、保护辅导个别化。

（一）教育个别化

现代监狱制度一般都强调对罪犯的教育，教育不仅可以提高罪犯的文化素质，而且可以充实罪犯的心灵、防止其心灵的

〔1〕 廖斌：《监禁刑现代化研究》，法律出版社 2008 年版，第 369 页。

〔2〕 翟中东：《刑罚个别化研究》，中国人民公安大学出版社 2001 年版，第 177 页。

〔3〕 胡配军："科学化语境中的行刑个别化"，载《江苏警官学院学报》2008 年第 4 期。

空虚，还可以通过集体学习以重塑罪犯的群体适应性。但是教育个别化与一般笼统的罪犯教育不同，教育个别化是在罪犯教育方案的基础之上，突出罪犯的个人需要，针对罪犯的个性特征制订适当的教育方案。教育与监管不同，监管只能做到分类处遇，而教育完全可以在分类教育的基础之上进一步制订个别化的教育处遇方案。教育个别化可以从如下角度来考虑：

1. 文化教育。关于罪犯文化教育的个别化，需要关注以下几个问题。首先，根据调查，罪犯的文化水平普遍比较低，但是随着所谓白领犯罪的增加，罪犯的文化水平开始呈现出多层次性。其次，罪犯的文化水平低下有多方面的原因：一方面，罪犯的文化水平低下可能是由于其经济条件造成的；另一方面，不少罪犯尤其是青少年罪犯文化水平比较低是由于罪犯在学校教育中的失败而不是经济原因造成的。再次，罪犯的文化教育需要考虑罪犯不同的需要而有不同的侧重点，泛泛的无区分的文化教育对于不同的罪犯难以发挥理想的效果。例如，目前不少监狱都在搞自学考试教育、学历层次教育等工作，但是这些工作实际上都只能针对极少数罪犯。客观地说，罪犯在正常的学校教育环境中都可能难以提高其文化水平，在监狱中指望能够通过监狱教育提高文化水平可能并不能实现倡导者的理想。所以必须明确：监狱文化教育的目的与社会文化教育的目的不同，后者主要在于培养真正的学习型人才，而前者的目的主要在于培养其基本的文化素质以避免在出狱后为社会所离弃，促进其重返社会。同时，监狱文化教育还具有某种程度的心理矫治、人格规训功能。因此，监狱文化教育应因人施教，对于渴望学习的未成年罪犯，可以根据罪犯的自身需要来考虑给予其学历性的文化教育；对于难以接受学历性文化教育的未成年罪犯，可以根据其自身的兴趣爱好，给予不同的应用性的职业文化教育；对于文化素质低的成年罪犯（如来自农村的文盲罪犯）应当主要给予其识字教育等基本文化教育；对于文化素质相对较高的成年罪犯，文化教育可以根据其愿望决定是否给予其文化教育的处遇形式。在罪犯教育活动中，应当而且能够根据其个人特点予以重点、形式不同的教育。

2. 法制教育。法制教育在监狱教育中占有重要地位。同时也必须明确，监狱法制教育的目的主要不是培养专门的法律人才，而是促使其成为守法公民，因此监狱法制教育的内容应当重点放在法律意识教育和法制思想教育。监狱法制教育同样应当实行罪犯教育的个别化：首先，对于那些所谓的“法盲型”罪犯，应当重点给予法制教育；其次，对于罪犯的法制教育，应当从罪犯的职业、工作、文化水平等基本个人特性出发。法制教育不能够毫无分别地施加于所有罪犯，而应当考虑罪犯的职业背景。现代法律纷繁复杂，不可能在监狱法制教育中完全体现，而应当根据罪犯的职业背景，对其重点进行某方面的法制教育。例如，对于城市进城务工罪犯应当着重给予《治安管理处罚法》《刑法》中常见犯罪涉及的法律以及民工劳动权益保障方面法律的教育；对于实施商业犯罪的罪犯，则应当重点给予特定经济法规方面的教育。

3. 思想道德教育。思想道德教育在监狱文化教育中是个突出的重点，但是在思想道德多元化的社会大背景下，目前的监狱思想道德教育似乎还没有来得及适应。就笔者在监狱中的调查见闻来看，监狱中的思想政治教育仍然停留在一些空洞的说教层面，而没有迅速调整策略。笔者认为，思想道德教育也应当个别化，对于不同年龄、不同文化素质、不同职业、不同地域、不同性别、不同人身危险性的罪犯，教育的方式与内容都应当有所差别。例如，对一个文盲罪犯讲高大上的政治理论和口号显然是不适当的，要求其接受社会主义道德理论教育也是不适当的，而应当采取生动活泼的事实教育，邀请监外人士访谈等贴近生活的、贴近罪犯的方式进行。

4. 劳动技术教育。劳动技术教育是罪犯教育的重点。相当多的罪犯，尤其是传统的自然犯犯罪的原因在很大程度上都与其在社会中的就业情况有关，尤其是对于那些中长刑期罪犯来说，较长时期内脱离现实社会，其出狱后的生存能力可能会大大降低。因此针对罪犯的不同特点，给予不同内容的劳动技术教育既是提高罪犯生存能力的有效手段，又是增强罪犯改造信心、形成重返社会意识的重要手段，但是劳动技术教育同样必须根据罪犯的个人情况采取个别化的方式。例如，对于从事农业工作的农民来说，提供农业技术教育；对于文化水平比较低下的罪犯来说，提供如垒墙、制砖等文化含量低的劳动技术教育等。

监狱教育的内容多种多样，文化教育、法制教育、思想道德教育、劳动技术教育各有不同的教育方式和教育内容，在选择这些具体的教育方式与内容的时候，都必须充分考虑在押罪犯的特点，考虑在押罪犯出狱后的社会适应能力。

（二）劳动个别化

各国法律几乎都规定了罪犯应当参加不同形式的劳动以改造其犯罪人格，并且在考虑罪犯具体特征的基础上规定了不同的劳动方式与劳动内容。

1. 不同年龄的罪犯的劳动个别化。不同年龄的罪犯，其劳动处遇应当个别化。对于未成年罪犯来说，应当主要（但并不是仅仅）给予较轻的劳动处遇；对于成年罪犯来说，可以给予较重的劳动处遇；对于老年罪犯来说，应当只给予较轻的劳动处遇甚至不给予劳动处遇。未成年人的心理尚未发育成熟，因此主要不是为了提供和锻炼劳动技术而是希望能够通过某种形式的劳动改造其犯罪人格，因此未成年罪犯的劳动处遇应当采取多种多样的方式，如到社区参加清洁工作、为福利院做义工等能够培养善良人格的劳动。当然对于某些一贯懒散、游手好闲的未成年罪犯，也可以要求其参加一些如筑路、筛砂等比较重的体力活（当然以不损害其身体健康为前提），培养其对生活的正确认识；对于成年罪犯，劳动的方式应当主要考虑能够锻炼其劳动技术，为其出狱后的生活培养一定的谋生技能，并通过劳动赚取一定的工资以赔偿被害人的损失或者为自己积累出狱后的资金；对于老年罪犯来说，劳动应当主要以轻松、打发时光的手工活为主。因为其人格已经形成，不可能再有什么样的矫正，精力与健康都不允许给予其过多的劳动处遇。

2. 不同刑期的罪犯的劳动个别化。不同刑期的罪犯劳动也应当个别化。不同刑期的罪犯有不同的服刑心理，短期刑罪犯因为服刑时间不长，对于生活还充满希望，抗拒劳动的心理也不强烈；中期刑罪犯因为服刑时间较长，尽管已经习惯监狱环境，但是由于渴望提前出狱的愿望强烈，因此也还能够比较积极地参加劳动；长期刑罪犯由于服刑时间长，容易产生悲观失望情绪，抗拒劳动或者麻木地劳动。而且这些不同刑期的罪犯因其原本不同的人格特征而具有不同的人身危险性，所以对于这些不同刑期的罪犯，应当给予不同形式、不同内容、不同监管级别的劳动处遇。

3. 不同职业的罪犯的劳动个别化。罪犯劳动不是从罪犯身上赚取廉价劳动力，而是希望通过劳动改造罪犯的人格；罪犯劳动也不是一味地折磨罪犯，而是希望通过劳动培养罪犯一定的劳动技能使其能重新回归社会。因此劳动处遇的具体形式与内容必须充分考虑罪犯的职业特点，尽量与罪犯原有的职业背景相适应。例如，原来从事文化教育工作的罪犯可以吸收他担任罪犯文化教育的教学工作；原来从事职业技术教育的罪犯可以吸收他担任罪犯的职业技术教育工作；原来从事娱乐业的罪犯可以吸收他担任监狱文化娱乐活动的创作与表演工作；原来从事建筑工作的罪犯可以让他参与监狱中与建筑相关的劳动；原来从事计算机软件开发工作的罪犯可以让他参与建设监狱的罪犯信息管理系统等。给予与罪犯原来职业背景相适应的劳动处遇，能够在一定程度上减轻罪犯的焦虑、满足罪犯的荣誉感，还能够提高罪犯的劳动价值，调动罪犯参与改造的积极性。

4. 不同人格的罪犯的劳动个别化。监狱劳动还应当按照罪犯的人格给予个别化的处遇。前文已经谈到，监狱劳动本身不是目的，促使罪犯的犯罪心理结构瓦解，重塑罪犯的正常社会心理结构才是最终目的。因此，监狱劳动除了满足前述要求之外，还需要尤为注意罪犯不同的人格。当然，适当地给予某些罪犯体验不同类型的劳动处遇，也是有必要的。例如，对于某些游手好闲的罪犯，给予其诸如筑路、制砖等劳动处遇；对于某些具有较高文化素养的罪犯，给予其高强度的体力劳动处遇；对于某些实施暴力犯罪的罪犯，给予其参加社会救助机构、照顾残疾人的劳动处遇；对于某些一贯养尊处优的罪犯，给予其参加社区清洁劳动处遇等。尤其是在参加监狱劳动之前，或者一段时间之后，这些转换罪犯身份、能力与视角的劳动处遇可能对罪犯的犯罪心理结构带来一定的冲击，为日后的改造工作打下基础。

（三）保护辅导个别化

监狱不仅应当有严格的行刑处遇，还应当有充分的人文关怀。罪犯在监狱中服刑，本人和家庭都可能面临巨大的现实和心理冲击，以致出现人格的再度扭曲。保护辅导就是为调适罪犯的心理变化、帮助罪犯解决实际问题而由监狱机关专人从事的体现人文关怀的处遇。许多学者都讨论到罪犯心理矫治个别化的问题，但是罪犯在监狱中遇到的问题不仅是心理问题，还有许多其他问题。比如，家庭危机、罪犯之间的人际关系处理、学习上遇到的困难、人生的困惑等，这些问题有些属于心理障碍，需要专门的心理矫治，但是心理矫治尚不能完全涵括解决罪犯实际问题的工作，因此宜将其称为保护辅导个别化。[1]

---

〔1〕 廖斌：《监禁刑现代化研究》，法律出版社 2008 年版，第 323~325 页。

第二部分

PART 2

历史与现实

第四章

监狱行刑理念与罪犯权利保障的历史嬗变

正如陈兴良先生在阐述法律文化时所言："文化，包括法律文化的承续性，是一个不争的事实，任何一种文化，都不是突如其来的，而是在先前文化的基础上演化而来的。"[1]就像人权并不是从人类一开始出现就有一样，在整个中外监狱制度发展史上，罪犯的权利得到确认和保障是一个渐进的过程。因此，探讨罪犯权利必须探寻其历史踪迹、梳理其发展脉络、探究其客观规律，方可知其然，更知其所以然。

罪犯权利的历史发展寓于刑罚的历史发展之中。从刑罚的历史发展趋势看，刑罚经历了从血腥、野蛮和苛厉逐渐走向人道、文明和轻缓，而罪犯权利也经历了从无到有、从恩惠到支配、从特许到法定且权利范围不断扩展的一个漫长过程。罪犯人权作为人权的特殊形态，其发展受到一个国家历史和传统习俗的影响，更受到社会经济文化发展水平的制约。研讨罪犯权利必须着眼于特定的历史时期，特定的国家或者地区的经济条件和文化环境之中。

一、威吓报应时期（18世纪中期前）：罪犯权利的探索

人类社会经历了一个由低级阶段向高级阶段发展的自然历

〔1〕 陈兴良：《刑法的启蒙》，法律出版社1998年版，第261页。

史过程。国家和法律也是发展到一定历史阶段才出现的。自从有了人、有了国家和法律，便有了犯罪。无论是西方国家还是东方国家，早期的刑罚对犯罪人都是极其残酷的。法国人马丁·莫内斯蒂埃在其《人类死刑大观》一书中，描述了西方国家历史上数十种死刑执行方法，如动物咬死、活埋、活剥、木桩刑、断头台等，被其称为“极刑人类学”；我国包振远、马季凡编著的《中国历代酷刑实录》一书中，也描述了中国历史上诸如凌迟、车裂、炮烙、烹煮、火焚等数十种死刑执行方法。这些都表明了早期的刑罚追求的是报应和威慑。然而，实践证明，报应和威慑并不能够有效打击和防范犯罪，随着人类社会的发展，这种刑罚理论的被替代是历史的必然。

梳理刑罚发展史，无论在哪个历史时期，不难发现，古今中外不乏有一些仁人志士为法治的进程做着不懈的努力，而在行刑制度发展变革的历史进程中，也总能发现罪犯权利保护的一些做法。先不去探究这些做法是否可以冠之以权利，但其在罪犯权利保障发展史上的作用是不可忽视的。

（一）原始社会：中国的“皋陶造狱”

在原始社会，人与人之间的社会关系主要通过道德规范、宗教规范特别是习惯来调整。氏族习惯是人们在长期的共同生产和生活中逐渐形成和演化而来的，历经世代相传，成为氏族成员内在需要和外在自觉的行为模式或行为惯性。这些社会规范是由生产力极端低下所决定的，与当时的社会结构和社会关系相适应，维持了原始社会的生产和生活秩序。这些规范主要涉及公共管理、婚姻家庭、财产继承、渔猎耕种、产品分配、血族复仇等方面，如严禁氏族内通婚、相互帮助、实行血族复仇、组织渔猎、采集和原始农业生产、平均分配产品、共同举行宗教仪式、参加氏族公共事务的讨论和管理等。在原始社会，由于复仇习俗的深远影响，残酷野蛮的身体刑、生命刑成为长期流行的刑罚方法，监禁刑并没有形成一个独立的刑种，所以也就谈不上被监禁人的权利。

中国的五帝时期，国家的有些职能和机构形态已经具备，出现了监狱雏形。最早的监狱形态源于原始人类阻碍野兽逃跑和关养牲畜所使用的丛棘和牢。〔1〕在中国原始社会后期出现了“皋陶造狱、画地为牢”〔2〕之说。夏朝初期，皋陶担任士师，负责诉讼和管理犯人，他主张“罚弗其嗣，赏延于世，宥过无大，刑故无小，罚疑唯轻，功疑唯重”〔3〕，闪耀着朴素的辩证法光辉的刑狱思想，对于当代的法律工作者来讲，也具有较高的参考价值。皋陶在掌管司法时，“画地为牢”，使之成为最初监管犯罪之人的囚禁场所。我国第一部《狱典》就由皋陶制定，归纳了偷窃、抢劫、奸淫、杀人等多项犯罪的轻重，分别给予不同的量刑。从此，“皋陶造狱，画地为牢”正式流传下来。皋陶造了监狱，就成了监狱的始祖，被奉为“狱神”。〔4〕在皋陶的立法和执法思想中，可以看到“罪刑法定、疑罪从无”等罪犯权利保护的影子，但就当时的历史时期看，并没有权利概念，仅仅是德治的一种效果。

---

〔1〕 杨习梅主编：《中国监狱史》，中国民主法制出版社 2009 年版，第 17 页。

〔2〕 西汉史游著的《急就章》说：“皋陶造狱法律存。”隋《广韵》上载：“狱，皋陶所造。”皋陶（gāo yáo），偃姓，封地今安徽六安，古代汉族传说中的人物。皋陶是与尧、舜、禹齐名的“上古四圣”之一。

〔3〕 译文：一个人犯了罪，不应该株连他的后嗣子孙；如果赏功，就应该世代不遗。对于过失犯罪的，即使严重一点也应该从宽处理；对于故意犯罪，他们也要从严追究；对于犯罪事实有不清楚的，处断一定要从轻；对有功于国的人，虽事实有可疑处也应该从优赏赐。

〔4〕 潘君明：《中国历代监狱大观》，法律出版社 2003 年版，第 16 页。

（二）奴隶社会：监牢[1]的出现

马克思主义认为，监狱是人类社会发展到一定历史阶段，并随着私有制的出现，在阶级社会中特有的产物。随着生产力的不断发展，私有制的出现逐渐代替了原始社会的公有制，生产关系发生了重大变化，国家制度终于代替了原始社会的氏族制度，法律代替了原始社会的规范习惯，这是社会发展的必然结果。随着阶级、国家的出现，监狱与犯罪这对孪生兄弟便产生了。

奴隶社会促进了社会生产力的巨大发展，是历史的一大进步。但同时，奴隶制度也是一个最野蛮的制度，从奴隶制生产关系的特点和广大奴隶的遭遇就可以很明显地说明这一点。在奴隶社会时期，整个社会除了特权阶层奴隶主享有完整的权利外，遵纪守法的奴隶连人都算不上，被监禁的罪犯就更无权利可言。在当时，刑罚和拘禁只是意味着屈辱、折磨和威吓；囚犯则只是刑罚的被动承受者和侮辱的对象，他们不具有任何权利主体资格，不享有任何法定权利。与囚犯的这一“地位”相对应的，是野蛮黑暗的狱政、极端恶劣的监狱生活环境、繁重的劳役、疾病或死亡的威胁。上述状况，是由当时社会的物质生产条件和文化发展水平还十分低下以及人权观念的极端落后所决定的。两千多年前，罗马是奴隶制社会，罗马人征服别的国家后就把当地的居民变成奴隶。在古罗马，我们可以从其“监狱只应用作拘禁，不能用作刑罚”[2]的原则中窥见一点罪犯权利的模糊影子，但这也只是推测而已。

与西方社会一样，在中国漫长的奴隶社会和封建社会时期，

---

〔1〕 这里称之为监牢，主要是为了和现代监狱的区分。奴隶社会的监牢仅是囚禁的场所，而不是近现代意义的监狱。

〔2〕 李贵方：《自由刑比较研究》，吉林人民出版社1992年版，第9页。

报应和威吓是刑罚的基本特征，现代意义上的罪犯权利是不可能存在的。夏商和西周的春秋时期，绵延中国数个世纪，在刑罚制度上表现为残忍性和以肉刑为主的刑罚体系，除墨、劓、剕、宫和大辟五种正刑外，其他残忍的身体刑和生命刑也常施用，如夏朝的膑刑、商朝的醢刑、脯刑、炮烙、剖心等。这些刑罚根本上就是把罪犯当作折磨的对象。我国春秋时期监狱称作囹圄或狴犴，狱墙镶有狴犴图像的苏三监狱仍较完好的保留于我国山西省洪洞县境内。狴犴是传说中的猛兽，显然含有威吓、镇压之意。

（三）封建社会：囚犯待遇的改善

封建制度出现在中国商周时期和西欧中世纪，是以贵族统治阶层层层分封，占有土地和农民（或农奴）等财富为基础的社会制度。这一时期各国的监狱普遍建立起来，监狱制度也有了很大的发展，这时的监狱是封建君主专制统治下的监狱。欧洲的文艺复兴是历史上第一次资产阶级思想解放运动，以其为基础的启蒙运动产生了霍布斯、洛克等一大批思想家，发展起“自然权利”“社会契约”“人民主权”以及“三权分立”等理论。人权观念的产生和发展使得囚犯的待遇有所改善。我国历经秦、汉、三国两晋南北朝、隋、唐、五代十国、宋辽金元、明清，封建制监狱及其管理制度逐步发展、完善，形成了独具特色的中国古代监狱制度体系。虽然罪犯依旧处于黑暗的牢狱之中，权利保障方面没有明显的进展，但在儒家“德主刑辅”思想的影响下，统治阶级采取了某些有利于罪犯的做法，这在残酷的刑罚史中体现出了一些进化。

1. 欧洲的文艺复兴。西欧的中世纪是“黑暗的时代”。司法专横，充斥着火刑、绞刑等野蛮的刑罚方法，惩罚、报复的刑罚思想弥漫着整个监狱文化。对于当时的监狱，法国著名思想家、后现代主义大师米歇尔·福柯在他的经典代表作《关于阿蒂加监狱的对话》中对当时的监狱作了深刻的描述。福柯指出，法国的阿蒂加监狱，像是迪士尼乐园里的堡垒，它的观察哨有如用枪眼伪装起来的中世纪塔楼，而后边则是一架巨型机器。监狱好比是一台冷漠的机器，罪犯在监狱里好比关在“兽笼”。在整个野蛮的监狱文化中，偶尔也透出人性的光芒。[1]

从14世纪到16世纪，文艺复兴运动兴起于意大利，而后扩展到欧洲各国，成为人类文明发展史上一个伟大的转折。它是新文化，是当时社会的新政治、新经济要求的反映，是新兴的资产阶级在思想和文化领域里的反封建斗争。这一运动冲破了封建专制和宗教神学思想对人的束缚，推动了欧洲文化思想领域的繁荣，其以“人性”反对“神性”，用“人权”反对“神权”，也推动了政治学说的发展。文艺复兴推动了自然科学与人文科学的发展，同时也使得人的尊严和人的需要得到了肯定，广泛唤起了人们对理性的崇拜，并提出了权利的概念。恩格斯曾高度评价“文艺复兴”在历史上的进步作用。他在《自然辩证法》的导言中写道：“这是一次人类从来没有经历过的最伟大的、进步的变革，是一个需要巨人而且产生了巨人——在思维能力、热情和性格方面，在多才多艺和学识渊博方面的巨人的时代。”

文艺复兴运动也使得同一时期监狱囚犯待遇有所改善。16世纪后期，在西欧一些国家出现了近代自由刑以及作为自由刑执行场所的现代监狱的雏形，对于男女囚犯、成年囚犯与未成年囚犯开始实行分类。这一变化是一个历史性进步，同时也标志着囚犯权利开始受到关注。但是，此时还谈不上对囚犯权利

[1] 杨帆：“我国监狱服刑人员权利研究”，武汉大学2012年博士学位论文。

的肯定，其待遇和权利状况与中世纪以前相比并无多大改变。

2. 中国的恤刑悯囚和刑制改革。在两千多年的中国封建社会中，刑罚同大多数国家一样秉承报复、惩罚的理念，而监狱则是阶级统治、阶级压迫的工具。公元前 221 年，秦国灭掉了其他诸侯国，建立起了统一的封建专制主义中央集权统治。秦始皇在对全国的统治中，将法家思想推向了极端。商鞅说，“权者，君之所独制也”，认为君主的地位至高无上，掌握着绝对的权力，所以，法家思想也成为秦王朝建立后治国治狱的指导思想，制定了一套极为严酷的刑罚制度，试图“以刑去刑”“以杀止杀”，最终达到消灭犯罪的目的，其结果却造成蒙罪者众多，铸成了囹圄成市、天下愁怨而导致秦王朝速亡的结局。《盐铁论》中曾有记载：“秦时劓鼻盈累，断足盈车，举河以西，不足受天下之徒。”可见秦施刑之滥，监狱几乎成了残酷的代名词，令人望而生畏、胆战心惊。

西汉时期，孔子创立的儒家理论学说最终成为中国整个封建王朝治国的基础理论，以野蛮、残忍的肉刑为代表的刑罚逐渐被替代和废止。西汉统治者吸取秦朝的教训，汉朝从高祖开始，在“天下苦秦酷法久矣”的社会历史条件下，提出了“宽缓刑狱”这一狱政思想并发布了许多相关的狱政诏令，其中有许多诏令体现了恤刑悯囚。在百家争鸣中，董仲舒宣扬的儒家学说被汉武帝认可推行，成为我国封建王朝以儒家思想治国、立法和治狱的开始。其反映在治狱上的主要观点就是“德主刑辅”，即治理国家要以德教礼义为主，刑事惩罚为辅。

（1）恤刑悯囚对罪犯权利的保护体现在：①颂系制度，即矜恤老幼残疾人犯，不加戴桎梏。汉景帝后元元年（公元前 143 年）下诏：“高年老长，人所尊敬也；鳏寡不属逮者，人所怜也。其著令：年八十以上，八岁以下，师、侏儒当鞠系者，颂系之。”[1]汉宣帝、东汉光武帝时期都有同样诏令，颂系诏令所宽容的对象，都是一些幼弱、耄耋、盲人乐师和侏儒等老弱残疾，不致危及封建统治者。②孕妇缓刑措施，即女犯怀孕未产，准予颂系，产后依法行刑。景帝后元三年（公元前 141 年）下诏：“孕者未乳，当鞠系者，颂系。”③禁止笞掠瘐死系囚的规定。即禁止在监狱中对尚未定罪的犯人笞掠过当或虐待，防止犯人因饥寒死在狱中，监狱官吏和狱卒如有违制要追究刑事责任。据《汉书·宣帝纪》载，汉宣帝地节四年诏曰：“令郡国岁上系囚、以掠笞若瘐死者，所坐名、县、爵、里，丞相御史课殿最以闻。”④妇女犯罪在监禁上的优待措施。考虑到妇女本身的特殊情况，对妇女罪犯在监禁上别有优待。汉平帝元始四年诏：“妇女非身犯法，及男子八十以上七岁以下非坐不道，诏所名捕，皆不得系。”[2]这是说凡不是妇女自身犯法，及虽属从坐，但非属不道罪及诏所名捕者，都不要加以拘系。⑤“听妻入狱”，对于死罪系囚娶妻无子，允许其妻入狱，妊身有子，再行行刑，这是儒家“无后为大”的封建伦理道德观念在监狱管理制度上的反映。《太平御览》引《东观政记》载，东汉“鲍昱为泚阳长，县人赵坚杀人系狱，其母诣昱，自言年七十余，唯有一子，适新娶，今系狱当死，长无种类，涕泣求哀。昱怜其言，令将妻入狱解止宿，遂妊身有子”。这种制度后被各代狱制所沿袭，明清时期写入刑律。从东汉初年产生到清末民初消亡，“听妻入狱”制度在我国有近两千年的发展史。⑥“纵囚归家约期还”，是指古代监狱在某些特殊情况下，允许系囚暂时回家，但必须按照约定期限返回监狱的规定，以此标榜皇帝“恩赐”和“悯囚”，体现“皇恩浩荡”，借以缓和阶级矛盾。东汉

[1]《后汉书·刑法志》。

[2]《汉书·平帝纪》。

光武帝建武年初，虞延为官金吾府，任细阳令时，每年至伏腊之时，即遣所系囚徒各使归家，囚徒感其恩德，皆应期而还。又东汉和帝永元年间，戴封升任中山相时，当时各县有罪囚四百余人，辞状已定，即将行刑。戴封有哀怜之意，皆允许回家一次，“与克期日，皆无违者”。〔1〕此外，汉还有赦、大赦、特赦等制度，如东汉灵帝熹平三年，二月己巳，曾大赦天下，令“天下系囚罪未决，入缣赎”，〔2〕即对全国系囚中的未决犯一律改判为赎刑。汉以后，赦免制度被历代所继承。

受西汉恤刑悯囚制度的影响，颂系录囚等悯囚制度在各朝代皆有沿袭又有一些扩展。唐朝的统治集团以“宽仁”为标榜，又比较重视依法治国，因此，对悯囚制度作了更严格和周密的规定，据《狱官令》载:“囚有疾病，主司陈牒，请给医药救疗”，对囚犯的生活卫生、饮食等生活处遇方面首开先河。西夏的悯囚制度比较完备，除录囚、冤案复审、死刑复奏外，还建立了较为系统的取保释放制度，在一定程度上体现了人道关怀色彩。提牢制度始于元朝、明清时臻于完备，即提牢官员定期巡视监狱，察看狱情，点视狱囚，监督各项监狱制度的实施，考查监狱吏卒用法得失。明清时即有禁止凌虐犯人的规定，如狱卒受罪人仇家贿赂二谋杀在狱犯人者，以谋杀论罪；还有留养承嗣的规定，犯死罪的狱囚，如父母、祖父母年老又无人奉养，经会审可以“存留养亲”。

（2）刑制改革。西汉文、景帝时，实行轻徭薄赋、与民休息的政策，为西汉的刑制改革创造了有利条件。刑制改革的主要内容是：①以徒刑、笞刑及死刑来取代肉刑；②逐步改减笞数。景帝元年下诏，把笞五百改为笞三百，笞三百改为笞二百。

〔1〕《后汉书·戴封传》。

〔2〕《汉书·灵帝纪》。

景帝中元六年又下诏，进一步把笞三百减为笞二百，笞二百减为笞一百；③改革劳役期限，减轻劳役强度。并规定犯人服某种等级的徒刑时，在年限上服过五分之三或三分之二时，在苦役强度及对自由的限制上要逐渐放宽。文景二帝的刑罚改革在中国刑罚史上具有重要的历史意义。此次改革使中国刑罚史上存在二千年的肉刑在法律上基本为其他刑罚取代，顺应了历史发展的潮流，是中国古代刑罚由野蛮残酷阶段向文明人道阶段过渡的重要标志。改革后的汉朝刑罚，除死刑外，主要是劳役刑和笞刑，并为以后隋唐时期笞、杖、徒、流、死等封建制五刑刑罚体系的确立奠定了坚实的基础。这无疑是符合刑罚发展规律的、带有进步意义的改革。

中国率先进入封建社会，中国封建统治者很早就讲究“仁政”，主张明德慎罚、礼法并用等思想，在“重德”思想的影响下，统治阶级采取了一些有利于罪犯的做法，颇有些罪犯权利保障的味道，这在残酷的刑罚史中体现出一定的进化。但实际上，在宗法等级森严的封建专制社会统治下，罪犯没有法定的权利主体地位，并不能产生真正意义上的权利概念，悯囚恤刑仅仅是统治者的一种统治手段而已。

二、矫正教育时期（18 世纪末至 20 世纪初）：罪犯权利的萌芽

经过 17、18 世纪的英法资产阶级革命和 18 世纪后半期的工业革命，资本主义制度在西欧最终确立。随着资本主义制度的确立，到了 18 世纪，以自由刑为中心的刑罚体系以及作为自由刑执行场所的近现代监狱，在西欧以及美国正式确立，系统的监狱立法活动从此开始，监狱立法开始走向法典化的道路，专门的监狱法典在各国陆续诞生。正是在这一时期，刑罚变得越

来越有节制，“肉体痛苦不再是刑罚的一个构成因素”。[1]也正是从这一时期开始，罪犯的待遇和权利状况才开始受到关注。

（一）18 世纪末至 20 世纪初的权利运动

自由资本主义制度的最终确立，使劳动者成为自由人，在“等价交换”的原则下，形成了一种与奴隶制关系和封建制关系迥然不同的至少是形式上的“自由”“平等”关系，从而为人权观念的发展提供了政治、经济基础。17 至 18 世纪的欧洲思想启蒙运动，是继文艺复兴后的又一次反封建的思想解放运动，其核心思想是“理性崇拜”，高扬“自由、平等、民主”和“天赋人权”“主权在民”的旗帜，猛烈抨击封建特权和基督教神学。从这时开始，人权在法律上得到了肯定，保护人权成为资本主义国家的一个宪法性原则。1640 年和 1689 年英国分别颁布《人身保护令》和《权利法案》，对保护人权予以了肯定。1776 年美国发表《独立宣言》，开宗明义地宣告“人人生而平等，上帝赋予他们包括生存权、自由权和追求幸福的权利等不可转让的权利”。美国 1787 年《宪法》对此予以了确认。1789 年法国制宪议会发布《人权与公民权利宣言》，明确宣布“在权利方面，人们生来是而且始终是自由平等的”“法律面前人人平等”。这成为 1791 年法国《宪法》的一项原则。保护人权成为这个时代的主旋律。

在启蒙运动的推动下，18 世纪末在欧洲掀起了刑罚改革和监狱改良运动，并且波及美国。上述运动的直接后果是资产阶级刑罚以及监狱的观念、制度和理论的诞生与确立，从而倡导在刑罚适用以及监狱行刑中的人道之风。代表人物是意大利的贝卡利亚（1738~1794 年）和英国的边沁（1748~1832 年）等

〔1〕［法］米歇尔·福柯：《规训与惩罚》，刘北成、杨远婴译，三联书店 2003 年版，第 11 页。

人。贝卡利亚在其1764年出版的《论犯罪与刑罚》一书中，提出了罪刑法定、罪刑相适应和罪责自负等著名刑法原则，并且认为刑罚的目的在于威慑和预防犯罪，而不是惩罚罪犯，刑罚应当宽和适度。边沁在其1789年出版的《道德与立法原理》一书中，基于功利主义，同样提出了上述观点，并且认为过于苛刻的刑罚是无效的和邪恶的。此外，边沁还是监狱改良的积极倡导者和实践者。

监狱改良运动是刑罚改革运动的重要组成部分。它的最初着眼点是改善监狱物质条件和减少监狱职员的腐败以及罪犯之间的传习教唆，但是后来迅速延伸到改进管理和矫正罪犯的方法这一层面。在监狱改良方面作出贡献最大的，首推英国的约翰·霍华德（1726~1790年）。他长期致力于改善囚犯待遇和改良监狱状况的慈善活动。1774年他向国会提交了一份调查报告，呼吁国家改善监狱状况。在他的努力下，国会通过了两项有关狱政的法案，即《犯人释放法》和《犯人健康法》。1777年霍华德还出版了《英格兰及威尔士的监狱状况》一书，提出了具体的监狱改良建议。受英国监狱改良运动的影响，18世纪末美国也掀起了监狱改良运动，并且于19世纪30年代产生了独居制和沉默制两种新的监禁方式，取代了先前混乱的关押方式。经过18世纪末的刑罚改革和监狱改良运动，近现代自由刑制度和监狱制度在西方国家得以确立，从此，监禁不再意味着折磨和苦役，而仅仅意味着对人身自由的剥夺。监狱建筑及狱内环境有所改观，各种矫正手段代替了对罪犯的报复和惩罚手段，总之，从18世纪末19世纪初开始，罪犯的待遇以及权利状况，较之17世纪以前有了一定程度的改善。

但是，在18世纪末到19世纪中期以前，由于刑事古典学派的理论占据支配地位，并且深刻影响着欧美国家的刑事立法和司法实践，监狱工作并未引起应有的重视，罪犯待遇和权利状况仍未得到实质性的改善，甚至19世纪末（1871年），美国联邦最高法院仍然在其所作出的一份判决书中将罪犯的法律地位定格为“国家的奴隶”[1]。罪犯一旦被判刑入狱，就意味着“法律上的死亡”，不再享有法定权利。到了19世纪末20世纪初，刑事人类学派和社会学派的教育刑论取代了刑事古典学派的理论而占据支配地位。这种理论认为，刑罚的目的在于矫正（教育）犯罪人，而不是威慑或报应；犯罪人就像病人，为了“对症下药”，对犯罪人应当实行刑罚个别化以及行刑个别化。在这种模式下，监狱行刑被提到了较之刑罚适用更为重要的地位，罪犯的待遇也随之有了较大的改善。

（二）从报复到矫正的转变——1870年美国监狱大会《原则宣言》的历史贡献[2]

美国独立战争取得胜利以后，联邦政府基于自由、民主和人道的理念开始着手建立新型监狱和推行监狱改革。在这一背景下，宾夕法尼亚模式监狱和奥本模式监狱分别登上历史舞台。减少死刑、废除身体刑，取而代之以拘禁刑的刑事司法改革运动是一个历史的进步。但是“到了19世纪20年代，随着拘禁刑发展而设立的众多监狱，无论在狱内管理方面还是在监狱经济运营方面，都面临失败，单单沦为惩罚、暴动、传播恶习的场所……但现实中监狱却沦为了对受刑人实施残酷虐待和进行经济榨取的场所，引起了社会各方面的批判。”[3]于是旨在进一

---

〔1〕［美］查德·霍金斯、杰弗里·P. 阿尔伯特：《美国监狱制度——刑罚与正义》，孙晓雳、林遐译，中国人民公安大学出版社1991年版，第441页。

〔2〕高德胜、贾晓旭：“从报复到矫正的历史经典——1870年美国监狱大会《原则宣言》的考据”，载《社会科学战线》2016年第5期。

〔3〕王云海：《监狱行刑的法理》，中国人民大学出版社2010年版，第97~99页。

步实施监狱改革的第一届美国监狱大会于1870年在辛辛那提召开，24个州的130位代表共同签署了划时代的纲领性文件《原则宣言》。

1.《原则宣言》的主要内容。《原则宣言》共计37条，是参会专家学者、一线狱政工作者思想汇总的精华。“刑罚是因罪犯的罪行而产生的，其目的是改造该罪犯。”至于罪犯狱中的处遇，“是针对现在的罪犯而非其以往的罪行，所以处遇最大的目标是对罪犯进行道德重塑……而不是对他进行报复性的折磨”。宣言的开篇这样直接明确了刑罚的根本目的和监狱的主要价值目标。

罪犯改造是宣言的主体内容，占据了宣言三分之二的篇幅。具体又可以划分为三个方面，即罪犯改造的手段、改造的理念、改造的方式。（1）罪犯改造的手段。宗教是最重要的改造手段，教育是罪犯改造的首要手段；（2）罪犯改造的理念。包括在预防犯罪的社会组织中开展培养劳动观念来抑制犯罪；犯罪的管控要从源头和个案两个方面人手；基于自由是公民的天赋人权，因此，任何一个遭到国家错误监禁的人都应该得到国家赔偿；对于精神不健全者的刑事责任的认定要慎重、明确和人道；社会对于犯罪的发生负有不可推卸的责任。社会应当努力改变环境、防止犯罪的发生。社会成员也负有防止犯罪发生的义务，否则被犯罪侵害的可能就会发生在自己头上；（3）罪犯改造的方式。分为狱内改造和社会改造两种形式，宣言主要是针对狱内改造给出了建议和思路。对罪犯进行记分改造，划分层次管理；强调奖励和希望在罪犯的改造上比惩罚更有效；鼓励罪犯通过自己的努力来改变在监狱中的命运；决定推广不确定刑应当取代绝对刑；提出监狱的改造与规定须深入罪犯的内心；认为监狱改造应该改变罪犯与法律之间的对抗。对他们不是抛弃而是关爱，不是仅仅令其遭受痛苦而是培养其美德；最大限度地培养罪犯的自尊是最好的改造政策；而把贬低他们的人格作为惩罚的一部分却是最坏的策略；在监狱管理中要依靠道德力量改造罪犯，因为暴力管制之下产生的是好的罪犯，而道德教化培养出的是好的公民；总结认为劳动是重要的改造方式，它不仅可以帮助改造，而且会培养罪犯勤劳和诚实的美德；概述爱尔兰监狱体制中的精华——将犯人按等级划分处遇制度和缓刑制度引进美国监狱改造；明确提出短期刑对未成年人罪犯是有害的，刑期应当与罪犯改造的需要相匹配；关于国家对罪犯要进行系统的改造和帮助。在对他们进行完监狱内改造后，还有义务继续帮助他们融入社会。对罪犯的系统改造时，国家、社会和其他社会成员负有共同的义务。

2.《原则宣言》的历史贡献。大会的组织者高举人道主义的旗帜，奠定了宣言人道化、社会化的改革基调。首先在根本指导思想上以人道主义为指针，人道主义的理念是贯穿整个宣言的主线和灵魂，渗透于宣言的各个部分。

一是尊崇改造而非惩罚的理念。改造是宣言的中心和主题，是人道主义理念的具体化。这一理念体现在：刑罚是基于罪犯的行为而发动的，是以改造罪犯为特定目的；既然罪犯在狱中的处遇是指向罪犯而非其罪行……所以监狱规制的最高目的是改造，他而非故意对他进行刻意的报复性惩罚；为了对罪犯实现改造，狱政工作人员应该相信罪犯可以被改造而且坚信这一目标；具体来说，改造是一个需要时间的工作，刑期的长短要以保证罪犯改造完成为标准。二是尊重人的主体性的理念。无论是什么样的改造模式都必须通过改造对象的主体性转化才能变成现实。在参加大会的刑罚学者和狱政改革者的影响和推动之下，美国历史上的第二次刑罚改革运动就此开始。大会通过的《原则宣言》所倡导的“医疗改造”方案主导了美国一个世纪的犯罪人矫正工作。在宣言所确立的原则基础之上，以埃尔米拉教养院为代表的新型监狱也在全美建立起来。

1870 年的全美监狱大会及其《原则宣言》代表了美国刑事发展的一个新的高度，同时也是世界刑罚发展史上的一个重要阶段。从“报复”到“矫正”，刑罚理念的根本变革为罪犯权利的保护奠定了根本基础。

（三）中国清末的监狱改良

从一定程度上讲，封建社会的监狱总是与黑暗和暴虐联系在一起的。1840 年的鸦片战争是中国近代史的开端，是中国步入半封建半殖民地社会的标志性事件。随着西方列强的入侵，外国在华“领事裁判权”“公审公廨”“观审制度”的设立使中国的司法主权丧失了独立的地位。同时，西方先进的学术思想也大量输入封建的中国，清政府迫于内忧外患的压力，决定对司法制度进行全方位改革，中国传统意义上的监狱也开始了从西方监狱元素强制渗透到中国主动自觉吸收的进化历程。

清末的中国社会，处在一个急剧震荡的历史时期。为了适应变化了的经济、政治关系以及国际形势发展的需要，缓和国内日益紧张的社会矛盾和社会冲突，清政府开始“仿行宪政”，推行为期十年、以官制改革为先导的全方位改革[1]。1906 年，清廷对传统的司法行政机关进行改革，将刑部改为法部；同时还进行了诉讼审判制度的改革，如司法独立原则的确立、开始区分民事和刑事诉讼案件、律师制度的建立。监狱制度作为一个国家司法制度的重要组成部分，随着清政府对司法制度全方位的改革，中国监狱制度也拉开了近代化演变的序幕。同时，

〔1〕 张从容：“析 1910 年法院编制法”，载《暨南学报》2003 年第 1 期。

伴随着国门的打开，一些思想家、官员去国外考察了西方监狱，也深感到中国监狱体制的落后。同治九年（1870 年）王韬参观了英国的贝德福监狱，留下了百余字的记录，“居舍既洁净，食物亦精美”“狱囚按时操作，无有懈容”“七日一次，有牧师来宣讲，悉心化导之”，并感叹道，“狱囚住此中，真福地哉!”〔1〕最早提出监狱改良的是清末诗人黄遵宪，他 1887 年出使日本，回国后写成《日本杂事诗》，记载了日本明治维新后的监狱状况：牢狱清洁，饮食起居均有常度，病者或给予酒浆……〔2〕两相对比之后所形成的反差，在给国人以极大震动的同时，也促成了改良监狱思想的萌生，要求改良监狱的呼声渐趋强烈。

对清末监狱改良作出重要贡献的两位代表人物即张之洞和沈家本。张之洞为晚清名臣、清代洋务派代表人物。1901 年，张之洞给刘坤一、袁世凯等 18 位封疆大吏的公开电文中，明确提出，欲救清朝于危亡，变法为紧要事。他主张修改旧律，制定新法，改变不合时宜的传统法政制度。他与两江总督刘坤一联名上了三道《江楚会奏变法折》，提出以“整顿中法”“吸收西法”为中心的一套改革方案，提出了“恤刑狱”“结民心”改良法制的建议。其实，早在清末修律正式开始之前，张之洞就主张“择西学之可以补我阙者用之，西政之可以起吾疾者取之”，他认为这样做是“有其益而无其害”。他同袁世凯一起保举沈家本、伍廷芳为修律大臣。

推动清政府进行监狱制度改革的是近代法学家沈家本。沈家本的《狱考》等著述，阐明了其监狱改良思想，即监狱的良莠是检验一个国家文明与野蛮、进步与落后的标尺；监狱应随自由刑的发展采用自由刑的规制；监狱的宗旨是感化人、非苦

〔1〕 杨习梅主编：《中国监狱史》，中国民主法制出版社 2009 年版，第 157 页。

〔2〕 杨习梅主编：《中国监狱史》，中国民主法制出版社 2009 年版，第 163 页。

人辱人；对少年罪犯改用惩治教育；要储备管理人才，培养监狱官吏。[1]1907年4月11日，沈家本上奏的《实行改良监狱宜注意四事折》，从改建新式监狱、养成监狱官吏、颁布监狱规制、编辑监狱统计等四个方面提出了操作性很强的监狱改革方案，可谓是中国监狱制度走向近代化的里程碑。

1910年，沈家本主持起草的《大清监狱律草案》制成，共14章，241条，分总则和分则。第一章总则，确定了监狱的种类，即徒刑监、拘留场、留置所。还规定了监狱的监督权和在监人的待遇等内容。第二章至第十四章为分则，其内容主要包括收监、拘禁、戒护、作业、教诲及教育、给养、卫生及医疗、出生及死亡、接见及书信、赏罚、领置、特赦减刑及暂释和假释等各种规定。该《草案》催生了中国近代监狱行刑理念，在一定程度上提高了监狱管理水平，也为现代文明监狱的建设奠定了基础。主要体现在：一是实行分类监禁制度。男犯、女犯、成年犯、未成年犯等分别设监，分类管理。例如，京师模范监狱共分前、中、后三区，前区有看守教诲所、病监、幼年监、运动场所等；中区有中央事务所、典狱室、会议室、课员室、戒具室、阅览室、囚人接见室等；后区是正式监房区。监狱内还附设有囚犯作业的工场、伙房、浴室、尸室。[2]二是建立以感化主义为宗旨的教诲教育制度。《草案》规定：在监者一周一般要接受二十四小时教育，十天至少接受一次教诲。三是建立“人道主义”的基本人权保障制度。监狱构造及卫生设施不能损害在监人健康，监狱应设浴室、医务所等基本设施。同时，完善医疗卫生制度，保持监狱清洁。《草案》还赋予了受刑人不服监狱处理的身份权、拒绝监狱虐待权、要求正常生活水准待遇

[1] 梁民立主编：《中国监狱简史》，群众出版社1994年版，第275页。

[2] 薛梅卿主编：《中国监狱史》，法律出版社1986年版，第212页。

权、定期接见与通信权、请求奖赏权等各项主要权利。[1]四是建立了监狱官吏的选拔任用制度。清政府多次派大臣赴日本学习监狱学，为清末新监狱长的选任和民国狱制改良奠定了人才根基。《实行改良监狱宜注意四事折》等文书中就监狱官吏的培养、任用等作了阐释。开办了监狱学校，毕业学生成绩优良者按等录用。清末对典狱长、司狱官的任用要求从严从高，实行管理培训和实地练习并重，培训合格后方能获得文凭，工作期间获得"精勤证书"才可以有依级提升的资格。[2]《大清监狱律草案》是中近代法制史上监狱立法的第一次尝试，它打破了中国传统的诸法合体的形式，使监狱法成为独立法典。虽然它未及颁布实行即因清政府被推翻而搁置，但其在行刑观念上的影响却依旧存在。

清末监狱改良可谓是我国罪犯权利的萌芽，沈家本的人权思想的体现就是很好的印证。沈家本受儒家传统仁政思想和西方人权思想的双重影响，他主持修订的中国法制史上第一部近现代意义上的刑事法典《大清新刑律草案》在同保守势力的斗争中，将西方现代人道主义精神引入，从更定刑名、酌减死罪、死刑唯一、删除比附、惩治教育等五个方面集中体现了人权思想，这些也是对罪刑法定、罪刑相适应以及刑罚人道主义原则等现代刑法精神的体现，也较为鲜明地表现了对罪犯权利的保护。沈家本是我国近代法制史上最重要的法学家之一，其推动法律朝着人道主义方向发展，是我国法制现代化的奠基人。他改革中国旧监狱的主张，冲击了数千年旧的狱政思想和旧的狱制，揭开了中国监狱改良和关注罪犯权利的序幕。

---

〔1〕 王勇："浅论清末的监狱改良"，山东大学2005年硕士学位论文。

〔2〕 龚春英："论清末监狱管理人才的培养"，载《泉州师范学院学报》2011年第1期。

清末修律使中国的监狱立法和行刑实践出现了前所未有的变化，而作为受刑人的罪犯的权利开始受到思想上、立法上和行刑实践上的关注。新式监狱的建立，在客观上保障了罪犯的权利。

三、20世纪中期以来：罪犯权利的发展

20世纪30年代至40年代的第二次世界大战历时六年，参战国多达61个，约17亿人口卷入了战争，这场战争使世界各国人民经历了一场空前的浩劫，数千年的世界文明几乎毁于一旦。战争所激发的人们对于世界和平的追求和渴望成为和平运动的永恒动力。联合国是在第二次世界大战的硝烟中酝酿并着手建立的，是战时盟国互助合作和战后各国人民和平要求的产物。

实际上，罪犯权利真正受到重视、获得法律上的确认是在第二次世界大战之后。二战以后，各国的人权事业无论是理论研究还是实践发展都有了良好的基础，罪犯各项具体权利被写进本国宪法或其他基本法律中。罪犯的待遇不再是被动的听凭狱政官员的“特许”“恩准”，逐渐由“特许权利”向“法定权利”转变。主要体现在以下三个方面：

第一，联合国制定了保护罪犯权利的国际公约或规则。第二次世界大战结束以后，人权问题不仅在各国内部普遍得到重视，而且成为整个国际社会共同关注的一个国际政治和法律问题。《联合国宪章》宣布：“决心要保全后世以免遭到我们这一代人类两度经历的惨不堪言的战况，重申基本人权、人格尊严和价值及男女平等权利和各大小国平等的信念。”这又是在全球范围内人权思想的进一步升华。联合国以及一些区域性的国际人权保护组织或机构如欧洲理事会、美洲国家组织、非洲统一组织以及欧洲人权委员会、欧洲人权法院等陆续成立，1950年

12 月联合国大会决定每 5 年召开一届联合国预防犯罪和罪犯待遇大会。这些国际组织和机构通过了一些有关人权保护的国际公约或规则，如《联合国宪章》（1945 年），联合国大会通过的《世界人权宣言》（1948 年）、《经济、社会和文化公约》《公民权利和政治权利公约》两个人权公约（1966 年），欧洲理事会通过的《保护人权及基本自由公约》（以下简称《欧洲人权公约》（1950 年）等，这些国际公约或规则中均有关于保护囚犯权利的规定。尤为重要的是，联合国的有关机构和会议还制定了若干保护囚犯权利的专门性规约，如《囚犯待遇最低限度标准规则》（1955 年）以及《切实执行〈囚犯待遇最低限度标准规则〉的程序》（1984 年）、《保护所有遭受任何形式拘留或监禁的人的原则》（1988 年）、《囚犯待遇基本原则》（1990 年）、《关于外籍囚犯待遇的建议》（1985 年）等。

第二，世界各国的行刑理念以及行刑制度越来越关注罪犯权利。二次大战以后，新旧刑罚理论盛衰交替，折中合流，影响所至，给当代世界范围特别是西方各国的监狱行刑理念和行刑制度带来了极大的变化，着重宣扬行刑合理化与刑罚执行教育化、进一步强调行刑人道化和个别化、推行行刑民主化和社会化，广泛采用和大力推进累进处遇制度和开放式处遇办法。联合国公约和规则对于各国罪犯权利保护的发展进程也起到了非常大的推动作用，各国先后分别形成了罪犯权利保障的体系，联合国关于囚犯权利保护的内容，在各国的法律中得到了不同程度的采纳和体现。

第三，“犯人联合会”在西方国家陆续出现，为罪犯群体争得了更多的权利。犯人联合会是犯人为维护自身权益而结成的组织。它于 1966 年初出现于北欧国家瑞典，随后，在挪威、芬兰、丹麦、英国、美国以及欧洲大陆国家也相继出现。这种组织虽然在有的国家不被官方承认（例如，英国内务大臣便拒绝承认），但是，它的出现本身就表明罪犯的法律地位较之以前已经发生了重大变化。一个客观事实是，自它出现之后，在西方国家，罪犯获得了更多的寻求法律帮助和在惩戒听证会上进行陈述的机会或权利，从而使得对某些权利如通信权、会见权等的行使，不再仅仅取决于狱政官员的“特许”或“优待”。

第四，罪犯可以通过诉讼程序救济权利。在20世纪60年代以前，西方国家的法院对监狱工作一向持不干涉态度，犯人的待遇如何，完全凭狱政官员的“特许”或“恩准”，因而具有极大的任意性和专断性。从20世纪60年代至70年代起，情况发生了变化，英美等西方国家的法院开始对监狱工作施加干预。这一变化的实际意义在于：在法院看来，罪犯已不再是“国家的奴隶”，被判刑入狱并不意味着“法律上的死亡”；对于罪犯来说，他们可以通过正当诉讼程序请求法院维护自己的权利，从而使得自己的权利逐渐由“特许权利”向“法定权利”转变。〔1〕

美国1942年的“斯金娜诉俄克拉荷马州”案件，诉讼争议的焦点是俄克拉荷马州施行的对惯犯实施强制绝育的法律规定，其具体内容包含对判处三次盗窃罪的罪犯施行绝育手术。此案中法官们的意见宣示了生育权属于宪法位阶的一项基本权利，政府在没有合理理由时不能干涉生育自由，最终否决强制绝育的法律无效。英国罪犯科克·迪克逊于2001年向法庭提交申请，希望人工授精能够使已近绝育年龄的妻子生育孩子，遭到了拒绝。但是夫妻俩并未气馁，在其后经历了英国高等法院于2003年9月5日再次驳回诉讼请求、2003年10月13日欧洲人权法院不予受理、英国上诉法院2004年9月30日拒绝和2006

〔1〕 刘恒志：《行刑法治与罪犯人权保障机理研究》，法律出版社2010年版，第203~204页。

年4月18日欧洲人权法院第四审判庭受理败诉后，最终于2007年1月10日在欧洲人权法院大审判庭赢得了胜利。这两例案件，强有力地证明了罪犯权利发展的速度和广度，比较普遍的是监狱矫正理念指导下的行刑法治改革为罪犯权利的实现提供了越来越多的保障，罪犯权利内容不断扩展，即使是和人身自由密切相关的、实现难度较大的生育权也逐渐成为很多国家关注保障的一项重要权利。

四、新中国罪犯权利保障法制历程

在中国共产党领导下创建的新型监狱制度，翻开了中国监狱制度史上罪犯权利保障制度建立和发展的辉煌篇章。1927年至1949年的22年间，是新中国罪犯权利保障制度的萌芽时期；新中国建立后，我国建立起一套民主的国家机构和制度，颁布了保障公民权利的宪法，并且对监狱工作中如何保障罪犯合法权利逐步形成了一系列的法律、法规制度；1978年12月召开的中国共产党十一届三中全会，果断地提出了加强社会主义民主和健全社会主义法制的任务，开启了我国社会主义人权保障的新时期。尤其是中共中央提出将依法保护人权写入宪法的建议并于2004年3月召开的十届全国人大二次会议成功通过。“尊重和保护人权”被写进宪法，再到2012年再次被写入《刑事诉讼法》，标志着我国人权保障进程的巨大发展，罪犯权利保障制度作为国家人权保障的重要组成部分也出现了质的飞跃。我国民国时期狱政专家孙雄曾言：“欲知其国文明之程度，视其狱制之良否，可决也。”英国首相丘吉尔也曾说过：“社会民众对于犯罪与犯罪人处遇之态度，乃为对任何国度文明最佳之试金石。”[1]

---

〔1〕林茂荣、杨士隆：《犯罪矫正原理与实务》，五南图书出版公司1997年版，第47页。

梳理我国近一个世纪以来的罪犯权利保障历程，可以说取得了一定成绩，尤其是改革开放以来，罪犯权利保障工作取得长足进步。2004年罪犯在服刑期间结婚权利的法制确认，夫妻同居会见的尝试，2018年春节期间311所监狱的999名罪犯离监探亲[1]，罪犯劳动报酬从无到有并逐渐提高，“底线安全观”向“治本安全观”的转变，我们不难看出，在全面依法治国的时代背景下，罪犯权利保障从封闭走向开放、从恩惠走向支配、从哗众走向包容，社会公众的关注度也不断提高，这些对未来我国罪犯权利保障事业的发展都提供了良好的土壤。

（一）罪犯权利保障制度的积淀

1927年至1949年，中国共产党领导革命人民擎起反对帝国主义、封建主义和官僚资本主义大旗，进行了艰苦卓绝的斗争，先后开辟了革命根据地和解放区，建立了与国民党政府监狱的本质截然不同的新型监所体系，也就是中国新民主主义革命时期的监所体系，与此同时，包括罪犯权利保障制度在内的监所制度也逐步建立起来。

1. 树立了新型的狱政工作指导思想和工作方针。在当时两种统区、两种政权并存的特殊历史条件下，监所建设和改革以及罪犯政权保障工作，自始至终遵循并贯彻了马克思主义毛泽东思想，树立了“把罪犯作为无产阶级改造社会、改造全人类这一伟大历史使命的一部分来完成”的狱政思想，与以往视罪犯为罪奴、视罪犯为非人的观点截然不同，毛泽东关于改造罪犯思想的基本观点是“把罪犯当人看”，承认人的价值和良知，承认罪犯通过改造有自新的可能。在这一狱政思想的指导下，

[1] 环球时报网：“司法部长张军谈999名罪犯春节回家探亲”，载https://m.huanqiu.com/r/MV8wXzExNjM4NzU2XzIxMjZfMTUyMDA3MDA2MA==，2018年3月7日访问。

初建的工农兵政府确定了崭新的狱政指导方针和根本原则。一是对犯人（判处死刑者除外）采取感化主义教育，把其改造成为“不再违反苏维埃法令”的守法公民；二是坚决废除肉刑，纠正刑讯逼供不良制度和现象；三是严禁一切不人道待遇、实行革命的人道主义；四是强调犯人的劳动改造实行给出路的政策。

2. 根据狱政思想方针和原则，制定了新民主主义时期的一系列罪犯权利保障制度。20 世纪 20 年代末，先后有几个革命政权制定了包含人权保障条款内容的施政纲领，其中有代表性的是 1927 年上海第 3 次武装起义中由上海市民代表政府制定的《上海特别市临时政府政纲草案》、广州起义中颁发的《广州苏维埃宣告》以及红色政权建立初期由湘鄂赣边区革命委员会制定的《革命纲领》，这些纲领开始了用法律确认并保障人权的最初尝试。其中《湘鄂赣边区革命委员会革命纲领》中有关于战俘罪犯的专门规定：要优待投诚来归的敌军士兵和俘虏士兵。20 世纪 30 年代有《中华苏维埃共和国宪法大纲》《中华苏维埃共和国劳动感化院暂行章程》等，最具代表性的是《中华苏维埃共和国宪法大纲》，除明确规定了中华苏维埃共和国的国家性质、经济制度外，对公民的权利义务也作了详尽的阐述。20 世纪 40 年代的抗日民主政权时期和解放战争期间，各抗日民主根据地和解放区极其重视保障人民民主权利，在其《施政纲领》的指导下专门颁布了保障人民权利的法规，如 1940 年 11 月《山东省人权保障条例》，1941 年 11 月《冀鲁豫边区保障人权权利暂行条例》、1942 年《陕甘宁边区保障人权、财权条例》、《陕甘宁边区高等法院监狱管理规则》、1942 年《渤海区人权保障条例执行细则》，1942 年 11 月《晋西北保障人权条例》、关于废除肉刑的《第六号训令》《华北人民政府为清理已决及未决犯的训令》等。这些保障人权的专门法规，不仅规定了人民享有的民主权利，而且规定了切实保障这些权利的措施，其中关于罪犯权利保障的重要措施和制度有：尊重犯人人格，保护其法律地位，对犯人不准实行侮辱、殴打、刑讯逼供或强迫自首；其个人财物非经判决不得没收，也不得随意调换和任意损坏；搜索扣押之财物、赃物，除依法裁判批准没收外，其他物品应及时发还原失主，不得任意扣留或滥权处理；对监所之犯人要进行严格管束，施以政治教育及个别感化，期其觉悟前非，改过迁善；其违反看守规则者，应施以必要之处罚；只在有逃跑之虞时，可施以戒具；犯人生活，从粮食、菜金到学习、卫生等权利，应按规定标准执行，不得加以任何克扣与虐待；病重时，应尽量治疗或准其保外就医；一般犯人经过批准，可接见亲友；判决死刑犯人，已逾上诉期限而不上诉者，在华北等根据地须经主任公署批准，若无主任公署之地区，得经专员公署之批准，方可执行；在陕甘宁边区须经边区政府审核批准，方可执行；但在战争紧急情况下，应向群众布其罪状及判决理由；死刑执行一概用枪决，严禁施以残酷野蛮行为；还规定“公务人员违反人权条例，从严治罪”。[1]

（二）罪犯权利保障制度的创建（1949年~1978年）

1949年10月，新中国成立后，随着社会主义改造的逐步开展实施、社会主义政治、经济、法律等制度的建立和发展、社会主义民主和法制水平的提高，监狱法制建设的步伐也不断加快，相应地，社会主义罪犯权利保障制度在这一时期也初步建立起来。

1. 社会主义制度在中国的确立是罪犯权利保障制度的根本

---

〔1〕 韩德培主编：《人权理论与实践》，武汉大学出版社1995年版，第163页。

政治保障。毛泽东指出："我们的监狱不是过去的监狱，我们的监狱是学校，也是工厂，或者是农场。"这种新型的社会主义监狱模式，与过去一切剥削阶级国家监狱从本质上区别开来，决定着我们的监狱对罪犯不是单纯的实施惩罚，而是在依法惩罚监管的条件下，着重教育、挽救和改造。而且中国共产党作为马列主义的执政党，其最终目的就是解放全人类，实现共产主义。因此，只有共产党人才有改造人的博大胸怀，才会真正把罪犯当人看待，才有能力把罪犯改造成为拥护社会主义的守法公民。新中国建立以来，中国共产党在不断总结改造罪犯工作实践的过程中，制定了一系列符合实际，切实可行、行之有效的方针政策。主要有"改造与生产相结合""改造第一，生产第二"的工作方针；"惩办与宽大相结合""阶级斗争与人道主义相结合""惩罚管制与思想改造相结合""劳动生产与政治、文化、技术教育相结合""严格管理与感化、教育、挽救相结合"以及"区别对待""给出路"等政策。这些方针、政策从根本上理顺了监狱机关的各种工作关系，形成了保障罪犯权利的合力，保证了监狱工作始终沿着罪犯权利保障的轨道发展。

2. 新中国成立后，在废除剥削制度、建立社会主义公有制的条件下，中国共产党创造性地继承和发展了新中国成立前监所生产积累的经验，建立了罪犯劳动改造制度，为罪犯权利保障提供了较强的经济基础。新中国成立之初，百废待兴，但国民党留下了一堆"烂摊子"，如经济遭受的严重破坏，财政十分困难，国家拿不出更多的钱大规模地修建原有旧监狱和新建监狱。但为了捍卫人民民主政权，维护社会治安开展的清匪除霸、镇压反革命的运动中又捕判了一大批罪犯。面对罪犯数量猛增，关押场所严重不足的紧迫形势，中央于 1951 年 5 月召开第三次全国公安会议，决定"立即着手组织劳动改造工作"。随后开始了大规模地组建劳动改造场所工作，相继建立了一大批农场、工厂、矿山，在很短时期内解决了关押场所紧张和罪犯吃饭问题。随着监狱生产的不断发展，到1953年底，全国投入生产的罪犯基本实现自给自足，解决了罪犯生存和生活所需的经费，同时各劳改单位的条件也在不断改善，为改造罪犯和保障罪犯权利的实现奠定了一定的物质基础。

3. 陆续制定了关于监狱工作的法律、法规，初步改变了原有的以政策代法的现象，使罪犯权利保障工作初步走上了法制化的轨道。新中国建立之初的监狱工作主要是在党的路线、方针、政策和一些原则的指引下进行，取得了很大的成就，但也受到了诸多干扰和影响，出现了许多偏差，甚至出现了一些严重侵害罪犯生命健康权利等基本生存发展权的事件，如鹰厦铁路建设和湖北四湖排水工程中由于强迫罪犯超长时期、超体力劳动出现的一些罪犯生病、死亡事件的发生。在总结经验、纠正偏差的基础上，1954年9月，政务院颁布了《中华人民共和国劳改条例》确定了“惩罚管制与思想改造相结合、劳动生产与政治教育相结合”的方针，公开宣示对犯人“严禁虐待、肉刑”，重申了要依法保障罪犯的合法权利，充分显示观念的先进和管理的文明和人道；1955年3月，公安部劳改局扩充机构，增设生活卫生处，加强对罪犯生活卫生的监督管理工作。1956年5月22日召开的全国管教工作座谈会，制定了《犯人生活供给标准》《犯人劳动生产的物质奖励试行办法》和《关于今后犯人刑满释放安置就业中几个问题的意见（草案）》，这样罪犯的生活卫生权、劳动权、刑满就业权的保障就有了具体的法律依据。1956年8月，国务院发出《关于判处过徒刑被管制人员是否允许应聘问题的通知》，就保障刑满释放人员的就业权作出了规定。1956年9月14日最高人民检察院、最高人民法院、司法部、公安部联合发出《关于处理老、弱、病、残犯人的联合指示》；同年 10 月 29 日，四部门又对《联合指示》中的保外就医问题作了补充通知。这样既充分保障了罪犯中老弱病残犯的合法权利，又有利于他们安心改造；1956 年 9 月 24 日，根据中央的指示精神，公安部、财政部将《犯人生活供给标准》重新修订，将标准适当提高，一定程度上改善了罪犯的生活处遇。1957 年 1 月，公安部、教育部发出《关于建立少年犯管教所的联合通知》，拟在上海、天津等 9 个城市新建或改建 9 个大的少管所。同年 4 月 11 日就少管所建立附属工厂等问题，制发了几点补充意见，从而加强了对于少年犯的教育改造，相对改善了少年犯的处遇环境，提高了对少年犯合法权利的保障水平。1957 年 1 月 24 日卫生部、公安部作出《关于加强对劳改单位卫生工作领导的联合指导》，罪犯卫生工作完全纳入了国家卫生防疫计划；同年 1 月 29 日，公安部制定《关于对犯人使用戒具的规定》；同年 12 月 29 日又下发了《关于对罪犯使用戒具问题的补充通知》，规范了监狱工作中对罪犯使用警戒具的行为。1960 年 12 月，公安部批转十一局《关于抓好劳改单位生活的十项措施》，并于一年后，即 1961 年 12 月召开劳改单位生活卫生工作座谈会，总结《十项措施》的执行情况，并作出了关于加强劳改单位生活卫生工作的指示，要求各劳改单位重视并抓好罪犯生活卫生工作。1962 年，在总结新中国劳改工作经验的基础上，公安部制定了《劳动改造管教队工作细则（试行草案）》印发各地普遍试行，促进了监狱各项工作的条理化、制度化和规范化，极大地促进了监狱执法管理水平的提高，为罪犯权利保障建立了更为良好的外部执法环境。1964 年 4 月 8 日，最高人民检察院、公安部发出的《关于在劳改单位设置专门检察机构的联合通知》进一步加强了对监狱执法工作的检察监督力度，使改造罪犯检察工作能够经常化、制度化，是罪犯权利保障的重要制度和措施。以上这些法律法规，对于新中国成立后监狱执法水平的提高起到了不可低估的作用，初步构建了罪犯权利法律保障制度体系。

（三）罪犯权利保障制度的深入发展（1978 年至 20 世纪末）

“十年文化大革命”践踏了宪法和法律，严重干扰和影响了我国整个社会政治、经济、文化教育等方面的正常发展，监狱事业也遭受了极大的挫折。为了保证社会稳定，公安部于 1966 年 10 月 14 日发出《关于文化大革命期间劳改单位暂停释放犯罪分子的通知》指出“原则上暂停释放回籍”。这严重侵害了罪犯的合法权利，加之劳改场所数量减少，罪犯生活卫生实际水平下降，罪犯权利保障工作遭到了严重破坏。但是，由于新型监狱体系、指导思想、根本性质和方向没有改变，新中国成立后 17 年监狱工作经验的积累，更在十一届三中全会以后党的正确基本路线、基本原则指引下，党和政府领导全国人民克服了重重困难，完成了恢复整顿拨乱反正的转折，决定加强社会主义民主和法制建设，为监狱工作的发展和罪犯权利保障制度的完善创造了有利的环境。十一届三中全会以后，进一步细化《劳动改造条例》的立法活动和规章办法频繁出台，1994 年新中国立法史上第一部正规的监狱法典——《中华人民共和国监狱法》公布，之后相关的监狱法规文件 30 余件又陆续制定。因此，我国监狱工作彻底改变了法制不健全，以政策代法的状况，走上了依法治监的全面法制轨道上来，罪犯权利保障制度建设也取得了全面的发展和完善。

1. 社会主义民主法制建设不断加强，为罪犯合法权利的实现提供了政治制度保障。邓小平同志在充分总结新中国成立以后的经验教训时强调：为了保障人民民主，维护公民的权利，

“必须加强法制，必须使民主制度化、法律化，使这种制度和法律不因领导人的改变而改变，不因领导人注意力的改变而改变”[1]。党的十一届三中全会公报中指出:“为了保障人民民主，必须加强社会主义法制，使民主制度化、法律化，使这种制度和法律具有稳定性，连续性和极大的权威，做到有法可依、有法必依、执法必严、违法必究。”随后，我国陆续颁布了1982年《宪法》《刑法》《刑事诉讼法》。在这个形势下，我国监狱系统也组织民警深入学习十一届三中全会以来有关文件，学习《宪法》《刑法》《刑事诉讼法》等有关法律，深刻领会中央制定的基本路线和重大政策调整的意义，基本清除了“左”的思想，改变了对罪犯只重惩罚、忽视教育改造的错误做法，增强了法制观念、政策观念、改善了监管工作，提高了罪犯权利保障工作水平。1988年10月我国加入《禁止酷刑和其他残忍不人道或有辱人格的待遇或处罚公约》；1991年11月国务院新闻办公室公布的《中国人权的状况》白皮书和1992年8月5日公布的《中国改造罪犯的状况》白皮书介绍了中国改造罪犯和保护罪犯权利的实际状况以及取得的伟大成就，同时也显示出了党和政府对人权，尤其是罪犯权利工作的高度重视；1998年，党的十五大提出“依法治国，建设社会主义法治国家”的主张，后于1999年3月在九届人大二次会议上通过并写进《宪法》；2003年6月13日，司法部发布了《监狱教育改造工作规定》（司法部第79号部长令）。该规定对监狱的入监教育、个别教育、思想文化技术教育、监区文化建设、社会帮教、心理矫治、评选罪犯改造积极分子、出监教育等作了详细规定。这进一步细化了监狱教育改造工作，明确了罪犯的多项权利。2003年7

[1] 《邓小平文选》（第2卷），人民出版社1983年版，第293页。

月 10 日，最高人民法院、最高人民检察院、公安部、司法部联合发布了《关于开展社区矫正试点工作的通知》，确定在北京、天津、上海、江苏、浙江和山东等省（市）进行社区矫正的试点工作，对于其中五类矫正对象（被判处管制的、被宣告缓刑的、被暂予监外执行的、被裁定假释的、被剥夺政治权利，并在社会上服刑的）可以放在社区内服刑。2004 年 3 月 14 日“国家尊重和保障人权”的修法建议在十届人大二次会议通过并首次写进《宪法》；2004 年 3 月 30 日，国务院新闻办公室发布了《2003 年中国人权事业的新进展》白皮书，向国际社会展示了中国人权事业，包括罪犯权利保障工作取得的新的伟大成就。这一切为罪犯权利保障制度的完善和发展提供了有利的政治环境前提。

2. 改革开放以后，我国经济持续快速发展，生产力水平有了很大提高，国家财政实力明显加强，为监狱工作和罪犯权利保障工作提供了坚强的经济基础。1980 年起国家开始实行“包干管理”的监狱财政保障体制，一定程度上激活了监狱企业的活力，推动了监狱生产的发展。但随着市场经济体制改革的不断深入，监狱生产遇到了前所未有的困难，大部分监狱背上了沉重的监狱经费的负担，严重影响了改造罪犯工作和罪犯生活处遇水平，甚至扭曲了“改造第一、生产第二”的监狱工作方针，把监狱生产放在了第一位，严重损害了罪犯的合法权益。为了保障监狱工作的顺利进行，切实保证罪犯权利保障制度的经济基础，中共中央、国务院进一步决定将监狱经费和狱政建设投资全部列入国家预算，由中央和地方按事权划分和实行“收支两条线”的原则进行保障。其中除规定监狱工作必需的经费外，还专门对罪犯生活费和改造经费作了规定。罪犯生活费是指保障罪犯身体健康所需的基本生活经费，主要包括伙食费、被服费、医疗费、保健费、零用钱等经费，其标准按实物量计算、遵循吃饱、穿暖、有病得到治疗的原则，由司法部和财政部制定标准列入财政预算，并且每年视情况相应增加。罪犯改造经费是指罪犯改造过程中所需的用于监管、教育和劳动改造经费，主要包括罪犯的教育费、特殊学校基建配套费、罪犯医院基建设施投资、罪犯文体活动费，刑满释放补助费等一切服务于罪犯改造的经费，标准由司法部和财政部商定，并且逐年有所增长。监狱工作经费由财政全额保障的监狱经费财政保障体制的建立，为改善监管条件和提高罪犯生活处遇水平提供了重要的物质保障。

3. 我国初步建成的社会主义法律体系是罪犯权利保障制度的核心，是罪犯权利保障体系的根基。一国罪犯权利的享有程度和实现程度，首先取决于该国立法对罪犯权利的保障程度。我国宪法、监狱法、刑法、民法、行政法等法律的制定对罪犯权利保障有着重要的作用。我国《宪法》规定：“中华人民共和国公民在法律面前人人平等。”也就是说，任何公民不能由于不公正的原因而影响其作为权利主体的法律地位，限制其享有权利的种类和范围。当然，罪犯作为特殊的公民主体，在实现其权利的程度上受到各种具体条件的限制和影响。我国《监狱法》等法律的立法，把尽可能减轻或清除这种限制作为重要的立法原则，依法保障罪犯合法权利，并尽可能地创造条件最大程度地实现其权利。这些权利涵盖选举权和申诉控告权等政治权利，人格尊严和通信自由等人身权利，财产保护和劳动休息等经济社会权利，文化教育权利，依法获得减刑、假释、暂予监所执行和如期释放的权利以及少数民族、妇女、未成年罪犯的特殊权利等方面。

（四）21 世纪罪犯权利保障的机遇与前瞻

进入 21 世纪以来，坚持依法治国，进一步推进深化改革，监狱系统以人为本、科学发展的治狱理念逐步完善，监狱管理更加科学化、人性化、文明化，一批信息化、高科技的监管设施逐步到位，监狱规范化、精细化管理制度体系逐渐形成，警察队伍职业化水平也大幅提高，监狱的现代化、文明化程度得到空前提升。

继2004年“国家尊重和保障人权”入宪以来，罪犯权利法制建设又取得了新的进展。2011年2月28日《刑法修正案（八）》将“社区矫正”明确规定在法条中，同时取消了13个非暴力经济犯罪的死刑设置，并对未成年犯和老年犯在前科消灭和刑罚裁量上也有一些特殊的从宽规定。总体而言，这次修改更加强调了对公民权利和罪犯权利的保障。2012年1月17日，最高人民法院公布了《关于办理减刑、假释案件具体应用法律若干问题的规定》，对罪犯减刑、假释条件，人民法院审理减刑、假释案件应当一律予以公示，应当开庭审理的减刑、假释案件等内容作了明确规定，进一步保障了罪犯的减刑、假释等相关权利。2012年3月14日，十一届全国人大第五次会议把“尊重和保障人权”和“不得强迫任何人证实自己有罪”写入最新修订的《刑事诉讼法》，同时对证据制度、辩护制度和强制措施等进行了规范，并对未成年人刑事案件等规定了特别程序。这些规定对于保障犯罪人更广泛、更深入的权利提供了重要法律依据。此外，截至目前，我国已经签署并批准了包括《公民权利和政治权利国际公约》在内的多个涉及保障罪犯权利的国际公约，而这些国际公约今后都要在我国生效并施行。当下，国际公约中的有些条文甚至已经成为国内制定法的一部分，这必将会促进我国罪犯权利保障工作取得长足的发展和更大的进步。

2010年，司法部转发福建、湖北、广东、重庆四省制定的罪犯劳动报酬管理规范，并要求尚未出台的省份尽快制定相关规定。之后安徽、广西、上海等省份相继颁布实施。罪犯的报酬权利正在逐步得到保护，报酬标准也不断提高。

十八大以来，党中央高度重视精神文明建设，着眼于“四个全面”的战略布局，为监狱的法治化建设提出了新的要求，司法行政改革工作取得全面进展。特别是监狱工作不断取得新进步，监狱内部管理和执法水平不断得到提升，监狱保持持续安全稳定，主要安全指标连创历史最好水平。坚持把教育改造罪犯作为监狱工作的中心任务，创新教育改造内容和方式方法，罪犯教育改造质量不断提高。严格刑罚执行，认真贯彻落实中央政法委文件精神，严格执行减刑、假释、暂予监外执行的各项规章制度，部署开展专项整治，对罪犯减刑、假释、暂予监外执行工作情况进行全面倒查，严肃查处纠正执法中的不规范、不严格甚至徇私枉法等问题。罪犯服刑的地点不仅在大墙之内，还有一部分在社区。我国社区矫正工作经过 2003 年试点、2005 年扩大试点和 2009 年全面试行阶段后，2014 年全面推进。2013 年以来累计接收社区服刑人员 189.6 万人，累计解除 174.5 万人，现有社区服刑人员突破 70 万人，社区服刑人员矫正期间重新犯罪率一直处于 0.2%左右的较低水平。[1]

2018 年 1 月 24 日召开的全国司法厅（局）长会议提出，要全面深化、落实治本安全观。这是贯彻落实习近平总书记总体国家安全观、推进平安中国建设的必由之路，是监狱刑罚执行工作义不容辞的责任和最高目标。具体说来，“治本安全观”包括真正落实全额保障要求，实现监企分开；提高监狱“警囚

〔1〕“深入推进司法行政改革以优异成绩迎接党的十九大胜利召开——访司法部副部长熊选国”，载 http://www.gov.cn/xinwen/2017-03/06/content_5174113.htm#allContent，2017 年 6 月 7 日访问。

比”，改善民警队伍知识结构，提升民警教育改造本领；以思想文化教育和心灵亲情感化为切入点，综合运用教育、劳动、管理等手段，有序推进在更为开放环境下实施教育改造，努力将罪犯改造成为守法公民。司法部时任党组书记、部长张军强调：“治本安全观绝不仅仅只适用于监狱工作，包括戒毒、社区矫正在内的整个司法行政工作，都有一个从底线安全观向治本安全观转变的问题。”新时代司法行政各项工作，都要围绕“治本”转变思想观念、改进工作作风、提升工作水平。〔1〕

2018 年春节期间，共有 27 个省（区、市）311 所监狱批准 999 名罪犯离监探亲，截至 2 月 20 日，已全部安全顺利返回监狱，收到良好效果。离监探亲是践行国家总体安全观下的监狱治本安全观的生动实践。“让社会的温暖透进高墙，让法度和温度有机融合，有利于感化改造服刑人员，达到监狱与社会共同教育的目标。”

我们应该看到：如同建设民主和法制一样，健全和发展罪犯权利保障制度将是一个长期的过程，它需要我们不懈的努力。同时，我们也应当相信，随着“依法治国”与“国家尊重和保障人权”被写入宪法、全面依法治国和全面深化改革的推进，我国法制建设和依法治国水平将进一步提高，罪犯权利保障制度也将进一步完善和发展。

〔1〕 司法部：“深化落实治本安全观 提升工作水平”，载 http://news.sina.com.cn/sf/publicity/sfxz/2018-01-24/doc-ifyqwiqk3096934.shtml，2018 年 2 月 5 日访问。

第五章

罪犯权利意识变迁的社会学研究

所谓权利意识就是指人们对于一切权利的认知、理解和态度，是人们对于实现其权利方式的选择，以及当其权利受到损害时，以何种手段予以补救的一种心理反应。具体说来，它包含三个层次的内容：一是公民认识和理解依法享有的权利及其价值；二是公民掌握如何有效行使与捍卫这些权利的方式；三是公民自觉地行使公民权利的行为规约于法律规范之中，以免损害其他主体的合法权利。

历史发展中，罪犯权利状况不断改善，源于监狱行刑理念和监狱体制的不断变革，亦源于罪犯权利运动的胜利。罪犯权利意识不仅关乎罪犯权利的实现结果，也关乎行刑目的的实现以及社会的长治久安。

一、问题缘起："规则"分析与"主位"视角

权利与义务对称，是与义务相辅相成的一对矛盾关系，是现代政治及法学的核心概念。在社会学看来，权利与义务代表的是人与人之间所构成的各种各样的社会关系，这种关系维系着人类社会的生存与发展。罪犯是因实施了危害社会的行为而受到刑罚处罚的犯罪人，在执行刑罚期间，其法律地位也出现了相应的变化。但只要其具有公民身份，公民地位尚未丧失，就享有作为特殊社会群体应有的权利，因此，罪犯权利实现的

问题日益成为社会各界关注的焦点。

关于罪犯权利的研究，大致可分为拓展权利空间和促进权利实现两大类。拓展罪犯权利空间主要是对权利的范围进行研究，如保护罪犯的婚姻权〔1〕、保障罪犯的出版著作权〔2〕、宗教信仰权〔3〕等方面来不断完善罪犯权利的内容。促进罪犯权利实现的相关研究主要集中在制度的因素，如有的研究者认为，完善服刑人的诉冤机制和建立完备的监狱巡视制度〔4〕可以保障罪犯权利的实现。还有研究者从完善立法角度认为，应当通过完善监狱法制，使罪犯的权利成为法定权利。〔5〕以上研究从不同视角对罪犯的权利问题进行了探讨，具有一定的创新性和合理性。这些视角有一个共同的特点，即研究者都是从“规则”出发来分析权利问题，而缺乏一种“主位”的视角，即上述研究过多地强调权利研究的“客观性”，忽视了罪犯权利研究的“主观性”（权利意识），从而使得研究结论的针对性和解释力相对较弱。因此，需要突破“规则”分析的局限性，立足“主位”视角，从罪犯的权利意识出发研究罪犯权利的实现问题。

美国著名结构语言学家派克（K. L. Pike）引申出主位研究（emic approach）和客位研究（etic approach）两个概念，并指出这两个概念对语言以外的其他文化现象的研究也具有十分重要的意义。〔6〕受派克的影响，美国文化人类学家哈里斯（M. Harris）

〔1〕 闵敢：“罪犯婚姻权的缺损与保护”，载《社会科学辑刊》2009年第2期。

〔2〕 冯卫国、李健：“服刑人权利保障的不足及其完善”，载《理论探索》2012年第2期。

〔3〕 曾凡燕：“我国罪犯权利的现状与反思”，载《甘肃政法学院学报》2006年第3期。

〔4〕 冯卫国、李健：“服刑人权利保障的不足及其完善”，载《理论探索》2012年第2期。

〔5〕 闵敢：“罪犯婚姻权的缺损与保护”，载《社会科学辑刊》2009年第2期。

〔6〕 庄孔韶：《人类学通论》，山西教育出版社2003年版，第9页。

认为，研究者可以从两个不同的角度（即事件参加者本人和旁观者的角度）去观察人们的思想和行为，从而作出科学、客观的评价。[1]事件参加者的角度就是指站在被研究对象的立场去分析和研究问题；而旁观者的角度则是从“他者”的立场来分析问题。一般而言，研究者站在不同的立场研究问题，得出的结论也是不同的。简言之，从主位视角出发研究事物，更容易理解研究对象所包含的特殊意义；从客位视角出发研究事物，更多的是与自身比较去理解事物，即“他者”的眼光。总之，研究者只有从主位立场去考察，才能理解和最大限度地接近被研究对象的真实状况。因此，关于罪犯权利的探讨，不能仅靠外部的“规则”来探讨其权利的空间或范围，更应考虑罪犯的主体权利意识，以此来促进罪犯权利的实现。

二、权利意识：“恩惠”与“支配”

从宏观的社会结构来看，改革开放之前的社会强调集体、忽视个人，社会成员均被固化在一定的社会位置上，社会的整合程度极高，呈现出国家与社会一体化的特征，国家对社会成员具有很强的动员能力，可以把这种社会称为“总体性社会”。[2]在这种总体性社会结构下，社会推崇的价值理念是国家和集体本位而非个人本位，国家垄断着社会的物质和精神资源，国家利益代表着社会个体的利益。监狱是国家司法领域权力机构的重要组成部分，代表着国家和人民行使刑罚执行权，其总体性特征势必凸显。就传统的监狱与罪犯关系而言，由于受监

〔1〕［美］马文·哈里斯：《文化人类学》，李培茱等译，东方出版社 1988 年版，第 15~18 页。

〔2〕孙立平：《现代化与社会转型》，北京大学出版社 2005 年版，第 157~175 页。

狱本位价值理念的影响，罪犯作为刑罚处罚或被改造的对象处于从属地位，而监狱作为刑罚执行机关处于主体地位，二者之间是一种不平等的主从关系。福柯从“知识-权力”的角度对监狱的规训权力进行了细微的描述，也正是监狱通过干预肉体的训练和监视手段实现了对罪犯的微观控制。“德意志军事家沃尔豪森于17世纪论述了作为一种规训艺术的严格纪律。规训权利的主要功能是训练，而不是挑选和征用，更确切地说，是为了更好地挑选和征用而训练，规训造就个人。这是一种谦恭而多疑的权力，是一种精心算计的、持久的运作机制。”〔1〕监狱的微观控制塑造了一种渐进的、连续的、不易察觉的规训文化，使罪犯在监狱场域中处于一种从属地位。在这种主从关系中，除了按规定部分享有的权利外，罪犯基本上没有可以主张未被剥夺但被限制的权利，如出版权。罪犯出版权未被剥夺，但由于监狱管理的特殊性，在刑罚执行的实践中罪犯的作品是被限制出版的。如果罪犯以实现权利作为其合理而恰当的理由来对抗作为主体的监狱，就被视为一种“扰乱秩序的僭越行为”，势必会受到更加严厉的“报应”，如监狱利用牢头狱霸对罪犯进行施压，打骂体罚罪犯等。监狱微观的处罚制度，其中涉及时间（迟到、缺席、中断）、活动（心不在焉、疏忽、缺乏热情）、行为（失礼、不服从）、言语（聊天、傲慢）、肉体（不规范的体态、不整洁）、性（不道德、不庄重）等方面，惩罚几乎是无处不在，即使是最微小的违规行为。〔2〕在这种不平等的主从关系中，当罪犯因为某种行为符合监狱的要求时，他们就会被给

---

〔1〕［法］米歇尔·福柯：《规训与惩罚》，刘北成、杨远婴译，三联书店1999年版，第193页。

〔2〕［法］米歇尔·福柯：《规训与惩罚》，刘北成、杨远婴译，三联书店1999年版，第201~202页。

予一定的关照，这时的权利才得到一定程度的实现。可以说，这种具有恩典式的“人情”关系维系着监狱与罪犯的有效结合，也逐渐培养了罪犯“恩惠”式的权利意识。

改革开放后，个体与社会的关系发生了结构性转变，监狱与罪犯的关系伴随着社会的变迁而发生了重大变化。传统的监狱与罪犯之间的主从关系渐趋式微，逐步向平等化发展。尤其是《监狱法》的颁布实施，标志着罪犯权利保护实现了质的飞跃，进入了法治化轨道。进入新世纪后，我国社会处于急速变迁的重要转型期。在这传统型社会向现代型社会转变过程中，社会的个体化成为当今时代的主要特征。从个体的角度来看，个体化瓦解了以往总体性要求的价值体系，导致了个体寻求自身存在的意义乃至道德理想。现代社会中的个体解放突破了传统社会的束缚和限制，使其不再遵循周而复始、如出一辙的人生轨迹和生活方式。亦可以说，现代社会给予个体的选择增加，社会成员对于自身的主体意识增强。个人的命运和机遇不再是社会以分配的方式固化，而是每一个个体通过自身的不懈努力积极塑造出来的。在追寻自我实现的过程中，个体通过不断地展示自我、超越自我。换言之，与传统社会不同，现代社会的个体更加注重自身的发展和解放，这也是人类发展进程中的进步和必然趋势。现代的个体强调主体自我权利的表达，将自己作为自由的主体。在社会个体化趋势影响下，现代监狱也积极向人道、文明、平等的向度转型，罪犯对自己的固有利益——权利也彰显出信念和热情，如一些罪犯开始向监狱表达自身利益诉求。

在传统的监狱体制下，罪犯处于从属地位。监狱通过“知识-权力”体系对罪犯进行规训，造就了罪犯的服从意识，使得罪犯的权利意识被掩盖在高压之下，监狱对罪犯的权利具有绝对的处置权，权利的实现是由监狱单方面决定，是被作为一种特别的“恩惠”式奖赏和关照，而起支配作用的不过是监狱与罪犯之间的权威服从关系。这里虽然存在“权威”服从，但绝不是罪犯对监狱处于主观的自发性的服从，而是不平等关系下的“顺从”。在传统监狱向现代监狱转型过程中，受个体化因素的影响，罪犯自然会主张自身权利的实现。从某种程度上讲，这是有伦理价值的主体性意识。日本法社会学家川岛武宜对守法精神进行了深刻的分析，他认为任何人“都具有自己固有的支配领域这一意识”，而且这被作为“自由”来认识和称呼。〔1〕换言之，个体对自身权利支配意识的产生是近代法出现的根本因素。同样，从权利的层面看，罪犯对自己固有利益进行支配应该是自由的和允许的，在这个范围内罪犯是不受他人侵犯的主体人，这种意识也可以被称为权利的“支配”意识。但在具体的司法实践中，罪犯的固有利益往往受到过多的限制而不能实现。例如，虽然《监狱法》第7条作出了“罪犯的人格不受侮辱，其人身安全、合法财产和辩护、申诉、控告、检举以及其他未被依法剥夺或者限制的权利不受侵犯”的规定，但实际上也存在着“只局限于受刑人权利的宣示，而不侧重于权利实现和保障”〔2〕的问题。如果说权利是罪犯的自由、罪犯人格的具体化的表现，那么，罪犯应享有的权利而未充分享有就意味着监狱对罪犯人格和自由的侵害。这时的权利不同于利益，而侵害权利的行为也绝不仅是受害主体的利益受到了损失。例如，一个人的东西被偷，被偷的结果决不仅限于物品的损失，而是

---

〔1〕［日］川岛武宜：《现代化与法》，王志安等译，中国政法大学出版社1994年版，第54页。

〔2〕徐显明：“从罪犯权利到受刑人人权”，载《学习与探索》2005年第3期。

其人格和自由受到了侵害。因此，罪犯对自身正当权利的“支配”意识是一种合理的取向，是权利主体性的具体体现。如果罪犯缺失这种对权利的“支配”意识，即使法律条文中对“应有”权利规定再具体，司法实践中也往往成为一种纸上的“画饼”。总之，在当前社会，罪犯权利保护的实现不仅需要从“恩惠”意识到“支配”意识的转变，更需要这种权利意识得以存在的社会基础，即独立价值和社会性存在。

三、权利建构：独立价值与社会性存在

从一定意义上讲，罪犯权利实现的程度可以说明一个国家刑罚执行的文明水准。在我国的司法实践中，由于传统的监狱本位价值理念的惯性作用，监狱的政治工具特征凸显，而刑罚执行机构的防御性和法律性却被掩盖和消解，因此，罪犯的权利实现在一定程度上受到了限制。党的十八届四中全会通过了《中共中央关于全面推进依法治国若干重大问题的决定》，这预示着进一步推进了建设法治中国目标的实现。但罪犯权利的实现不仅应在法治意义层面上关切权利与义务关系，更应注重罪犯权利的价值和给予这一特殊社会群体权利的尊重。川岛武宜认为，近代法意识最根本的基础因素是主体性意识，并且把这种主体性意识归纳为两个层面：一是人作为自由人要具有独立性的价值，这种价值是不隶属于其他任何人而独立存在的；二是权利意识的“社会性”存在，即在社会的场域中，这种意识必须要得到其他社会成员的认可，主体与主体或群体与群体之间相互尊重这种独立的主体性。[1]换言之，权利的实现需要两个条件：一方面是个体对其本身的权利有支配意识；另一方面

〔1〕［日］川岛武宜：《现代化与法》，王志安等译，中国政法大学出版社 1994 年版，第 53 页。

是社会成员对他人的这种支配意识给予尊重和承认，同时这也是对自身权利支配意识的承认和尊重。因此，罪犯的权利建构必须要包含独立价值和社会性存在。

独立价值是个体不从属于任何其他个体或群体的意义。在法律的世界，这种独立的价值体现在权利与义务的矛盾关系中，没有无义务的权利，也没有无权利的义务。作为拥有独立价值的人，其权利意识是主张自己权利实现的价值理性，甚至会认为只有为了自身合法权利而抗争才是自身意义实现和维护社会秩序应尽的义务。如果默认侵害自身权利的行为，就可能被当作没有履行社会义务。在社会中，这种独立性价值体现在个体与个体、群体与群体之间复杂的社会关系中，社会共同体成员之间彼此互动和相互依存。个体与社会之间的社会联结依赖于个体与个体间社会关系的生成和互动。在任何一项社会行动中，独立价值的实现必须依赖其所在的社会结构，而在社会结构中个体又是独立存在的。吉登斯提出的结构二重性代替了传统社会学二元论。他在论证社会结构与行动的关系时就肯定了个体的独立性价值。因此，从上述层面来看，监狱与罪犯之间应是法律表达和实践中的平等关系，双方之间的权利和义务是相互的。在刑罚执行过程中，如果监狱有侵害罪犯权利的事实，罪犯就可以在权利意识支配下进行抗争。如罪犯享有人格不受侮辱的权利，在现实中如果出现监狱警察非法打骂体罚罪犯的现象，罪犯就可以为自己的权利而抗争。

川岛武宜所指出的“社会性存在”指的是这种权利的支配意识在社会范围得到承认和尊重，也可以把这种社会性存在称为情境关联的意识。这种情境关联的意识从本质上讲是人类的一种共同意识，而不是孤立的个体意识。在社会行动中，意识是通过行动中的连续性和反思性发生作用的，它代表着自我与他人之间的关系。在自我中存在权利的支配意识，同时对他人的这种权利支配意识给予承认和尊重。换言之，个体与个体之间皆有这种意识是权利实现的基础。权利支配意识的广泛存在，使得个体在拥有权利时便会去主张和维护，在没有权利时便会自觉遵守。监狱作为一种国家暴力机器，对罪犯的权利具有绝对的处置权。因此，罪犯的合法权利极易受到监狱的侵害。正如福田雅章所言，罪犯“处于恶劣之物质及文化条件下，被以单一权威下之规律及监视，就其24小时之全部生活，进行完全之支配，且被强制绝对之服从”。〔1〕例如，由于诸多因素的限制，尽管罪犯有宗教信仰的自由，但他们在服刑期间举行宗教仪式却是被禁止的；罪犯的夫妻同居权亦是如此。在刑罚执行的具体实践中，监狱在对罪犯权利宣示的同时，还必须尊重罪犯的权利支配意识。换言之，监狱在执行刑罚过程中必须破除传统监狱与罪犯之间的权威服从关系，尊重和承认罪犯的权利支配意识，拓宽利益诉求表达渠道，提供顺畅的利益诉求平台。约翰·肯尼迪在论及罪犯受教育权利时认为：“在考虑犯人对教育的需要时，不要问犯人受教育的权利是什么，而要问你在博爱上和道德上的义务是什么。”〔2〕博爱和道德上的义务就体现了尊重罪犯权利的意涵。这种尊重源于人的意识，是自愿的和符合期望的责任，是使人不能躲藏在中立的法律条文背后的内在驱动力。如果缺失了对罪犯权利的尊重和承认，所谓“权利”的概念就会变成立法所决定的“纸面上的规则”（卢埃林语）。因此，尊重和承认罪犯的权利支配意识，不仅是实现和维护法

---

〔1〕冯卫国、李健：“服刑人权利保障的不足及其完善”，载《理论探索》2012年第2期。

〔2〕［加］鲁辛·摩林：《论监狱教育》，李引等译，黑龙江教育出版社1990年版，第13页。

治秩序的重要内容，也是构成个体权利意识的本质特征。如果罪犯的权利遭到任意侵害，其权利支配意识得不到任何尊重和承认，那么，监狱权力对罪犯权利的剥夺性和垄断性将会凸显，现代法治社会也可能将面临无序的局面。

四、结论：罪犯权利支配意识需政府和社会的认可和尊重

我们以主位视角代替规则分析，从罪犯主体出发，对罪犯的权利意识问题进行了探讨，试图促进罪犯权利的实现。研究认为，由于总体性社会结构和监狱本位价值理念的作用，传统监狱与罪犯之间是一种权威的服从关系。监狱处于主动地位，罪犯处于从属地位，这使得罪犯个体的权利意识被掩盖在高压之下，权利的实现是由监狱单方面自由决定，是被作为一种特别的“恩惠”式奖赏和关照。伴随着社会转型，社会的个体化特征凸显，瓦解了以往总体性要求的价值体系，导致了个体寻求自身存在的意义乃至道德理想，罪犯开始主张自己的权利，权利意识实现了从“恩惠”到“支配”的转变。这种转变的实现一方面需要个体对其本身的权利有支配意识；另一方面则是社会成员对他人的这种支配意识给予尊重和承认。因此，罪犯的权利建构必须要包含独立价值和社会性存在。

需要说明的是，由于长期以来受传统监狱本位价值理念的主导，监狱与罪犯关系的转变需要一个过程。我们对二者关系的分析，无意对任何一个时期的关系状态进行褒贬，而只是把其放在不同的社会背景下进行比较分析，毕竟任一时期的社会关系与其赖以存在的社会结构都是密不可分的。监狱作为国家监禁刑罚执行机构，兼具惩罚性与恢复性双重功能，我们不能一味强调罪犯的私权而忽略了监狱刑罚执行的公权。福柯在《规训与惩罚》一书中生动而深刻地揭示了监狱通过微观的“知

识-权力”体系对罪犯的监视和控制，而新时期的监狱对罪犯的矫正方式随着社会的变迁也逐渐走向了文明化、人道化。在监管安全的高压之下，如何实现罪犯矫正和罪犯权利保护的双重目标，尚需要进一步的探讨和研究。

应当指出，主张权利的维护和实现不是罪犯独有的需求，而是当前社会背景下所有社会成员正当且合理的需要。当普通社会成员的权利受到侵害时，他们可以通过多种途径和方式来表达自身的需求和意愿，以实现和维护自身的权利。而罪犯作为事实上的弱势群体，如果缺失了权利且得不到有效的救济，就可能加大教育改造的难度，提高释放后重操旧业的可能性，进而对社会和谐构成一定的威胁。因此，按照人权保障理念的要求，监狱应该更好地保护罪犯的权利。此外，罪犯权利支配意识是以社会性因素为基础的，我们所认为的罪犯权利主张和为权利而抗争的目的在于促进社会良好秩序的形成，而绝不是一味地为了罪犯群体的利益而主张辩护。除了制度保障作为补充之外，培养罪犯权利的支配意识并得到社会其他社会成员的承认和尊重，才是实现罪犯权利保护的关键。支持和认同罪犯权利实现虽然是个人主义的范畴，但它绝不是否定他人的利己主义。因此，主张权利的自由，不能与过度维权相混淆，司法机关还要谨防罪犯在维护自身正当权利的过程中从“维权”到“谋利”的质变。总之，罪犯合法权利能否实现，不仅关系到这一特殊群体的人权问题，更关乎社会的良性运行和法治中国目标能否实现的重大问题。因此，对这一问题的关注和努力，应是政府与社会公民的共同任务。

第六章

我国罪犯权利实现的立法状况分析

罪犯权利的立法保障是罪犯权利保障体系中首要也是最基本的前提。一个国家罪犯权利的享有和实现程度，首先取决于该国立法对罪犯权利的保障程度。

一、我国监狱行刑和罪犯权利保障法制建设的时代背景

监狱法制建设是监狱机关践行全面依法治国方略、实现依法治监和提升改造质量工作目标的基础和前提。《监狱法》颁布实施以来，我国监狱法制建设取得了一定成绩，为监狱依法行刑和罪犯权利实现提供了重要的法制保障。然而，当前国际、国内刑罚执行领域发生的深刻而复杂的变革也对我国监狱法制建设提出了重大挑战。在依法治国方略深入实施，尤其是“依法治国、建设社会主义法治国家”“国家尊重和保障人权”写进《宪法》，中国特色社会主义法律体系已经形成，《刑法》《刑事诉讼法》等法律不断修订的形势下，监狱法制建设严重滞后的情形没有根本改变，既存在监狱法律体系自身的缺陷，如体系不健全、内容不精密等问题，又存在与相关法律制度的冲突，尤其是与现行刑事法律部分内容存在着明显的矛盾。显然，我国监狱法制建设的现状不仅影响了监狱依法治监和提升改造质量工作目标的实现，而且损害了刑事执行法律制度的权威、影响了罪犯权利的保障和实现。因此，必须加强新形势下的监狱

法制建设，贯彻宽严相济的刑事政策，按照治本安全观的要求，既结合当前实践情况，又适度考虑今后改革发展，努力建构由法律、行政法规、地方性法规、部门规章组成的效力等级高低有序、规范内容协调统一、功能作用有机互补的监狱法制体系，提升罪犯权利法制保障水平。

（一）世界行刑发展趋势的深刻影响

在联合国等国际组织制定并倡导的刑事司法尤其是监狱行刑与罪犯矫正的国际准则的推动下，各国大力推进行刑改革，监狱行刑发展呈现出行刑理念人道化、行刑法制精密化、行刑方式社会化、行刑手段科学化等国际性趋势和特征。

联合国相关刑事司法国际准则的生成是刑事司法制度自身演绎进化的结果，是法律发展文明化、民主化、科学化的世界性趋势的反映。联合国等国际组织制定并倡导的刑事司法尤其是监狱行刑与罪犯权利保障及处遇方面的国际准则提出了适用于现代文明社会在刑罚执行领域的最低限度公正要求，为各国普遍接受和采纳。联合国刑事司法准则既然是世界各国在刑事司法领域达成的普遍共识，必然要求各国给予普遍的尊重和执行并在法律中加以贯彻和体现。

我国监狱法制建设理应对刑罚执行改革发展的世界性潮流作出回应。借鉴域外国家矫正工作尤其是法制建设的有益经验，是我国监狱法制创新和发展的应有之义。我国对监狱法制建设的改革推进，既要参照联合国有关监狱管理和罪犯矫正的准则，又要广泛借鉴国际社会的有益经验；既要考虑世界范围内行刑制度发展的总体趋势，又要考虑我国监狱工作实践发展的现实需要。作为社会主义国家，作为联合国的重要成员，我国也应当遵守相关国际准则设定的监狱管理和罪犯处遇的最低限度标准规则，信守签署的国际公约，并将其内容转化为国内法。

（二）我国加强社会管理创新、深入推进依法治国的新要求

1. 加强社会管理创新是构建社会主义和谐社会的重要举措和基本途径，是在我国改革发展进入新阶段，面对社会利益关系纷繁复杂导致的社会矛盾多发、凸显的现状，由党中央提出的重大课题。政府作为社会管理最主要的主体，在进行社会管理创新时，主要职责就是忠实执行宪法和法律，维护法律的尊严和权威，换言之，依法行政就是最大也是最好的社会管理创新，一切体制、机制和方法上的创新都必须在宪法和法律的框架内进行。[1]监狱作为刑罚执行机关，是预防和减少犯罪、维护社会安全稳定的重要国家机关，是社会的解压器、调节阀，是构建社会主义和谐社会不可或缺的组成部分和重要力量。新中国建立以来，我国监狱工作取得了举世瞩目的成就，创造了中国特色的监狱管理和罪犯改造制度。特别是近些年来，监狱系统坚定不移地推进行刑理念和行刑方式的改革，按照监狱工作法制化、科学化、社会化的原则，先后实施了监狱体制改革、监狱布局调整、监狱信息化建设等重要举措，使罪犯脱逃率大幅度下降、顽危犯转化率和罪犯改好率保持较好水平，为维护社会安全稳定、实现社会公平正义作出了重要贡献。但是，面对罪犯总体数量持续上升、类型结构日益复杂、改造难度不断加大的严峻形势，监狱工作必须进一步改革创新，而这其中的一个重要方面就是大力推进监狱法制建设。应按照建设现代监狱制度的要求，将监狱工作提到国家政权建设的高度，提到维护社会安全稳定的高度，提到促进社会公平正义、和谐发展的

〔1〕 赵颖："社会管理创新必须以法治为基础"，载《中国纪检监察报》2011年12月9日。

高度，构建和完善监狱法律法规体系，用法律法规的形式将监狱改革成果和创新举措科学、周密、准确地定位，实现监狱管理体制、机制和罪犯改造方法的制度性创新，以进一步提高监狱管理水平和罪犯改造质量，进一步提升罪犯权利保障和实现水平。

2. 完善监狱法制体系是在依法治国新阶段行刑法治化改革发展的重要内容。近十几年来，我国大力推进社会主义法治国家建设，已经取得了法制建设的阶段性重大成果。2011 年 3 月，吴邦国同志委员长在全国人大会议上指出，具有中国特色的社会主义法律体系已经形成，今后全国人大及其常委会的立法工作任务重心将从制定法律转向修改和完善法律。事实上，在我国长期的立法实践中，法律相对原则、粗疏，必须制定与法律配套的行政法规是我国法治实践的一大特色。法律的配套规定不仅是我国法律体系的必要组成部分，而且是依法行政、依法司法的重要依据。然而，立法实践中法律的配套规定通常难以与法律同步实施或尽早出台，"立法白条"和"执法真空"的现象较为突出。据有关统计数据显示，我国法律已配套 166 项，仅占应配套总数 342 项的 48.5%；尚未配套的 176 项，占 51.5%。[1]配套法规"难产"这一隐疾不仅影响了中国特色社会主义法律体系的科学性，而且在很大程度上弱化了立法目标的全面实现和法律的有效实施，损害了法律的权威尊严和法律体系的严谨科学，影响了法治国家建设的顺利推进。

《监狱法》由第八届全国人大常委会第 11 次会议于 1994 年 12 月 29 日通过。它的颁布施行被理论界称为"监狱法制建设中

---

〔1〕 徐向华、周欣："我国法律体系形成中法律的配套立法"，载《中国法学》2010 年第 4 期。

的新里程碑”，也使工作在监狱部门的人士欢欣鼓舞，但施行数年之后，其问题和不足相继显现出来，即在“宜粗不宜细”思想的指导下制定的《监狱法》，很多规定过于原则、失于周密、操作性差。2012 年 10 月全国人大常委会对《监狱法》进行了刑事法律一致性的修正，但框架和重要内容未变，而且至今《监狱法》的配套法规尚未出台，更使得其权威性和应有的法律地位被削弱，很多条文在实际应用中被逐渐虚置化，行刑执法的主要依据是法律效力较低的部门规章和甚至不属于法律渊源的其他规范性文件。而与《监狱法》关系最为密切的《刑事诉讼法》在 1996 年进行了全面修改，2012 年又进行了新的修订；《刑法》在 1997 年全面修改后又进行了 10 次修正。作为国家根本大法和监狱行刑最高法律依据的《宪法》也于 1999 年、2004 年和 2018 年 3 次修正。从法理上讲，《监狱法》作为刑事执行法的主要组成部分，应当以《宪法》为根据，并与《刑法》和《刑事诉讼法》紧密衔接、相得益彰。然而，由于实践中《监狱法》的制定在前，《宪法》的修正以及《刑法》《刑事诉讼法》的全面修改在后，导致了《监狱法》的协调性问题突出，弱化了其立法目标的全面实现和法律的有效实施，损害了其权威尊严和法律体系的严谨科学，主要表现为在《监狱法》出台后，事实上并没有实现监狱行刑从政策性、经验化执法转向法律性、科学化执法，这是与依法行刑、实现行刑法治化不甚相符的。因此，在社会主义法律体系已经形成、依法治国进入新阶段的历史背景下，《监狱法》必须完成自身的蜕变，尽快构建和完善由法律、行政法规、地方性法规、部门规章组成的效力等级高低有序、规范内容协调统一、功能作用有机互补的监狱法制体系。

3. 加强监狱法制建设是贯彻落实“治本安全观”的必然要

求。“治本安全观”是在监狱体制改革不断深化和监狱布局调整基本完成的背景下，在肯定监狱服务大局、确保安全的成绩基础上，对监狱工作提出的新的更高的要求，高屋建瓴地指出了新时代监狱工作目标和内容应当是从“收得下、管得住、跑不了”的注重底线安全型提升至“改造好”的注重改造质量型转变。当前，监狱体制改革全面深入推进，直接关系到监狱工作的各个领域。一方面，监狱体制改革为监狱工作的科学发展创造了有利条件，随着改革目标和改革任务的深入实现，将从根本上解决原体制所引发的突出问题，有利于形成“公正、廉洁、文明、高效”的新型监狱工作机制，此时，必须将已经形成的较为系统的、经过实践检验证明正确有效的工作制度机制和经验予以法制化；另一方面，监狱体制改革也不能孤立前行，其进入全面深入实施阶段，必然需要相关立法“保驾护航”，必须保证监狱法制建设的适度前瞻性以实现制度的创新性，必须坚持以输出“合格产品”、促进罪犯顺利回归融入社会为根本落脚点，为落实“治本安全观”，实现进一步深化体制改革、优化机制运行、改进工作方法、聚焦改造内容、调整改造流程、创新评估体系、公正文明执法、保障罪犯权利等提供法律支撑，最终实现监狱改造罪犯模式的科学转型升级，为提高改造质量奠定坚实基础。

二、我国现行罪犯权利保障法制规范的统计与解析

（一）现行罪犯权利保障法制的统计

这里的统计数据是以中国人大网中国法律法规信息系统为信息检索平台，以“罪犯”为搜索关键词，对新中国成立后至2016年12月期间所有法律法规进行全文检索并综合统计所得。

我国罪犯权利保障法制规范统计一览表

统计类别 法规类别	检索记录条数	现行有效法规件数		
		罪犯权利保障专门法规件数	部分条款涉及罪犯权利保障的实体或程序性内容的法规件数	仅提及罪犯及其权利的法规件数
法律	10	0	4	6
法律解释	1	0	0	1
全国人大及其常委会决定	3	0	2	1
行政法规及国务院文件	6	0	3	3
地方性法规和规章	80	0	22	58
中央部委规章及文件	19	0	13	6
司法解释及司法机关文件	174	0	49	125
合 计	293	0	93	200

（二）相关宪法和法律规范解析

我国在罪犯人权立法保障方面，经过近半个世纪的实践，现已初步形成了以《宪法》为指导，以《监狱法》为主导，以《刑法》《刑事诉讼法》为基本，以司法部及其他部委制定的行政规章、条例、命令和各监狱规章制度为补充的不同层次的法律法规和规章制度。建立起与我国政治、经济、文化发展水平相适应的具有中国特色的罪犯人权保障法制体系。在法律层面上，我国《宪法》《刑法》《刑事诉讼法》《人民警察法》《国家赔偿法》等一系列法律都从不同角度规定了罪犯的权利，还有若干涉及罪犯权利的行政法规、部门规章等，这些都是罪犯权利保障的法律依据。2004 年，《宪法》明确将“国家尊重和保障人权”载入条文，充分展示了我国在依宪治国、依法治国道路上跨出的重要一步，这也标志着尊重和保障公民人权成为国家治国理政的基本原则和重要价值追求。当然，这里的公民人权自然也包含了罪犯的人权。

1.《宪法》相关规定。目前，我国宪法第二章明确规定了公民享有的各种基本权利，涉及的法条有 18 条，除被依法剥夺或限制的权利之外，罪犯和其他公民一样享有这些基本权利。特别是，“国家尊重和保障人权”的规定，意味着立法、执法、司法等公共权力的运作应当践行保障公民权利的基本理念。在这里，宪法规定了我国公民拥有的基本权利，其他法律法规据此具体规定了我国公民的权利。罪犯也是公民，也应享有我国公民的部分权利。宪法规定的权利只要未被依法剥夺或限制，都应当适用于罪犯。作为国家的根本大法，宪法成为罪犯人权保护最有力的依据。我们对罪犯权利的保障，从根本上讲都是以宪法的这些规定为依据展开的。所以，以上这些规定为罪犯权利的保障奠定了宪法基础。

2.《监狱法》相关规定。1994 年 12 月 27 日全国人大常委会通过了《中华人民共和国监狱法》，这是新中国第一部监狱法典。它的颁布实施是我国监狱工作法制化进程中的一件大事，具有十分重要的意义。《监狱法》将我国几十年监狱工作的成功经验加以法律化，其中最显著的特征之一就是广泛地规定了罪犯的法定权利。它既有总的纲领性规定，又有具体的规定。

2012 年修订的《监狱法》基本框架和主要内容未变，仍为 7 章 78 条，其中直接或间接涉及罪犯权利的就有 33 条，并把罪犯处于监禁状态下需要予以特别保护的权利写进了监狱法总则，即该法在总则第 7 条明确规定："罪犯的人格不受侮辱，其人身安全、合法财产和辩护、申诉、控告、检举以及其他未被依法剥夺或者限制的权利不受侵犯"。这是我国《监狱法》在总则中对罪犯权利的宣言式纲领性规定。同时，我国《监狱法》在各个章节的有关条款中规定了罪犯基本权利的具体内容，有全方位、多层次、宽领域的特征。既包括罪犯公民权利和政治权利，也包括经济、社会和文化的权利；既有法律方面的，又有社会、文化方面的；既有基础性的物质生活，又有高层次的精神生活；既有被监禁期间的权利，又有刑满释放回归社会后的权利。除此之外，监狱法还就保障罪犯申诉、控告等权利，保障罪犯生活标准，保障罪犯医疗保健和卫生、防疫等权利规定了具体的措施。法律不仅规定罪犯享有权利，还规定了实现这些权利的条件、手段和保障，并且建立了比较完善的法律监督机制。为了保障被监禁人人格尊严和人身安全等权利，监狱法明确规定了监狱人民警察不得有"刑讯逼供或体罚虐待罪犯""侮辱罪犯人格""殴打或者纵容他人殴打罪犯"等 9 种禁止性行为。并且规定，监狱人民警察如有"构成犯罪的，依法追究刑事责任；尚未构成犯罪的，应当予以行政处分"。这些规定都强化了罪犯权利的法律救济。从总体上看，我国监狱对罪犯的人权保障符合《世界人权宣言》的基本精神，也符合联合国《囚犯待遇最低限度标准规则》的基本要求，可以讲，《监狱法》是罪犯权利保障最为重要的法律依据。1995 年，《最高人民检察院关于执行监狱法有关问题的通知》明确规定：申诉、控告、检举是罪犯的权利。这些规定是对《监狱法》有关罪犯的申诉、控告、检举权利的进一步明确阐述。《通知》对罪犯权利的侵害行为的举报途径、受理的机关以及时效也作出了相对明确的规定。这为防止监狱管理者侵犯罪犯权利提供了有力的法律保障。[1]

2012 年《监狱法》的修改加大了对罪犯权利的保护力度。2012 年 10 月 26 日全国人民代表大会常务委员会通过了《关于修改〈中华人民共和国监狱法〉的决定》。这个决定共对我国 1994 年颁布的《监狱法》进行了 7 处修改。这次修改主要是为了确保新修改后的《刑事诉讼法》得到正确有效实施，保证法律规定之间衔接协调，也是为了维护国家法治统一的权威，保障社会公平正义，更加有效地保护公民权利包括监狱罪犯权利的务实举措。修改后的《监狱法》加强了对罪犯权利的保护力度，主要体现在以下四个方面：

（1）配合新修订的《刑事诉讼法》将看守所代为执行的刑罚范围从剩余刑期在 1 年以下的调整为 3 个月以下。压缩了看守所执行有期徒刑的范围，有利于保障罪犯的权利；

（2）对应衔接了新《刑事诉讼法》，将《监狱法》第 17 条修改为："罪犯被交付执行刑罚，符合本法第十六条规定的，应当予以收监。罪犯收监后，监狱应当对其进行身体检查。经检查，对于具有暂予监外执行情形的，监狱可以提出书面意见，报省级以上监狱管理机关批准"，从而在立法上扩大暂予监外执行的范围，规范了执法程序，体现了行刑人道主义原则；

（3）我国的社区矫正从 2003 年开始试点，2009 年在全国全面推行。2011 年公布的《刑法修正案（八）》和 2012 年新修改后的《刑事诉讼法》明确了社区矫正法律制度，为社区矫正工作发展提供了法律依据。2012 年 1 月，司法部会同最高人民

---

〔1〕冯建仓主编：《服刑人员权利保护研究》，中国检察出版社 2016 年版，第 38 页。

法院、最高人民检察院和公安部制定《社区矫正实施办法》，自2012年3月1日起施行。为了法律的相互衔接，《监狱法》也进行了相应的修改。例如，暂予监外执行的罪犯“由居住地公安机关执行”修改为“依法实行社区矫正，由社区矫正机构负责执行”；原关押监狱应当及时将罪犯在监内改造情况通报负责执行的机构，也由公安机关相应地改为社区矫正机构。至此，监禁刑执行和非监禁刑执行统一协调的新型刑罚执行体系初步建立起来了。2016年8月，司法部会同最高人民法院、最高人民检察院、公安部出台了《关于进一步加强社区矫正工作衔接配合管理的意见》，着力解决社区矫正调查评估、社区罪犯交付接收、社区罪犯脱漏管责任认定及处置等方面衔接配合管理中存在的问题。司法行政机关认真履行职责，依法做好对社区罪犯调查评估、交付接收等重要执法管理工作，有力地维护了刑罚的严肃性，确保了社区矫正工作持续安全稳定。2016年，全国新接收社区罪犯48万人，办理解除矫正49万人，现有社区罪犯70万人。截至2016年底，全国共成立矫正小组67.8万个，建立教育基地9353个，社区服务基地25 204个，就业基地8216个，积极开展学习教育、职业培训、社区服务、心理矫治等教育活动，为促进社区罪犯顺利回归社会、融入社会创造了条件，全国社区罪犯在矫正期间重新违法犯罪率一直保持在0.2%左右的较低水平，有效提高了社区的安全度，[1]也从根本上保障了罪犯权利的行使和实现的最大化。

（4）将《监狱法》第28条“暂予监外执行的情形消失后，刑期未满的负责执行的公安机关应当及时通知监狱收监；刑期届满的，由原关押监狱办理释放手续。罪犯在暂予监外执行期

[1] 熊选国：“2016年全国新接收社区服刑人员48万人”，载人民网 http://legal.people.com.cn/n1/2017/0308/c42510-29131754.html，2017年12月20日访问。

间死亡的，公安机关应当及时通知原关押监狱”修改为：“暂予监外执行的罪犯具有刑事诉讼法规定的应当收监的情形的，社区矫正机构应当及时通知监狱收监；刑期届满的，由原关押监狱办理释放手续。罪犯在暂予监外执行期间死亡的，社区矫正机构应当及时通知原关押监狱”，进一步明确了暂予监外执行应当将收监决定依照刑事诉讼法规定情形进行，避免了随意解释和可能对罪犯权利的侵害。

3.《刑事诉讼法》相关规定。现行的《刑事诉讼法》将保障人权作为基本目的之一，并规定了罪犯在诉讼活动中的 12 个方面的权利，并且专门设立了死刑复核程序，对被判处死刑和被判处死刑缓期二年执行的案件由最高人民法院复核，防止因事实不清、证据不充分、定性不准确、量刑不当或者程序不合法等问题发生，非法剥夺罪犯生命权，造成错案。1997 年修订的《刑法》确立了一些重要的法律原则，如“罪刑法定原则”“适用法律平等原则”和“刑罚与刑事责任相适应原则”。另外，也专门规定了“刑讯逼供罪”“虐待被监管人罪”“徇私枉法罪”“徇私舞弊减刑、假释、暂予监外执行罪”“受贿罪”“侮辱罪”“非法拘禁罪”“报复陷害罪”等，并且规定了相应的刑罚。上述规定为罪犯在监狱中再犯罪不被刑讯逼供、维护自己的合法权益，以及罪犯维护其权利提供了法律保障。在司法实践中出现极个别司法工作人员徇私舞弊、体罚虐待被监管人员构成犯罪的情形，都受到了法律的严厉追究，有效维护了罪犯的权益。

4.《国家赔偿法》相关规定。其第 2 条规定：“国家机关和国家机关工作人员违法行使职权侵犯公民、法人和其他组织的合法权益造成损害的，受害人有依照本法取得国家赔偿的权利。”根据这一规定，结合该法第 15 条、第 16 条的规定，监狱人民警察在执法过程中，如果由于违法行使职权侵犯了罪犯的合法权益造成损害的，罪犯有依照国家赔偿法取得国家赔偿的权利。监狱行使管理职权引起的赔偿主要有刑事赔偿、行政赔偿和民事赔偿。其中刑事赔偿主要是指侵犯公民生命健康权的赔偿和侵犯公民财产权的赔偿。①侵犯罪犯生命、健康权的赔偿。监狱机关及其工作人员在执法中有下列侵犯人身权情形之一的，应当予以刑事赔偿：刑讯逼供或者体罚、虐待罪犯造成身体伤害或者死亡的；殴打或者唆使他人殴打罪犯，造成严重后果的；侮辱罪犯造成严重后果的；对服刑期满的罪犯无正当理由不予释放的；违法使用武器、警械、戒具造成公民身体伤害、死亡的；其他违法行为造成罪犯身体伤害或者死亡的。②侵犯罪犯财产权的赔偿。根据《国家赔偿法》第 18 条的规定，刑事诉讼中违法行使职权侵犯公民、法人或其他组织的财产权应予赔偿的情况，是指违法对财产采取查封、扣押、冻结、追缴等措施的。监狱人民警察在处理狱内犯罪案件过程中，查封、扣押、冻结了与案件无关的财物或存款，超出法定范围查封、扣押财物或冻结存款，追缴的财物不是违禁品，不是犯罪分子用以作案的个人物品等，也应给予赔偿。

5. 其他法律相关规定。《法官法》《检察官法》和《人民警察法》详细规定了法官、检察官和警察的义务、工作原则、组织、管理、监督和法律责任。例如，《人民警察法》第 22 条规定："人民警察不得有下列行为………（四）刑讯逼供或体罚、虐待人犯；（五）非法剥夺、限制他人人身自由，非法搜查他人的身体，物品、住所或者场所………殴打他人或者唆使他人打人。"以上规定为监督执法人员的行为提供了重要的法律依据。

综上所述，在对罪犯的权利保障方面，我国政府结合本国实际，不断借鉴和吸纳发达国家的相关立法规定和联合国制定的公约和规则，已经初步确立了较为全面、有效的法律保障体系，在根本大法即《宪法》之中，确认了罪犯作为一国公民所享有的包括权利受到侵害后得到救济的基本权利；与此同时，又通过《刑法》《刑事诉讼法》《监狱法》等基本法律来更进一步细化、明确了罪犯作为公民的相应法定权利，从而使罪犯的权利保障得以较为全面确定。特别是1994年12月29日《监狱法》的颁布，更具有里程碑意义，它彻底结束了我国长期以来在罪犯权利保障领域无法可依的状况。而且，无论是在法制意义上还是在法律内容上，《监狱法》均是对以往罪犯权利保障的重大突破，从而使我国罪犯权利的保障，至少在立法上渐趋完善并逐渐接近有关国际人权公约及规则。但是，上述列举的有关法律规定，只是中国现行法律法规维护罪犯合法权益的一部分，此类规定在有关法律法规和其他规范性文件中还有不少，例如，1992年8月，国务院新闻办公室发表了《中国改造罪犯的状况》白皮书，明确宣告，罪犯享有申诉、控告、辩护、提出合理化建议等权利。白皮书以政府公告的形式将我国监狱对罪犯权利的救济昭告于天下。同时，我国各级司法机关和司法行政机关在司法实践中，也制定了不少政策性的规定、办法、制度等，更进一步细化了罪犯享有的权利受到不法侵害时应怎样予以救济，从而保障了罪犯的合法权益得到有效的维护与行使。

三、我国监狱行刑和罪犯权利保障法制的实然评析

（一）价值取向上的偏差

任何一项法律的创制都必然受制于一定的立法理念。一般认为，支配或影响法律创制的立法理念主要有两种：即国家本位主义和人权保护主义，前者立足于义务本位，强调国家利益、

社会利益的保护，个人利益只是在配合前两种利益的前提下才予以立法考虑；后者立足于权利本位，彰显个人利益，认为个人利益是国家利益、社会利益存在的基础，离开了个人利益，国家利益、社会利益就失去存在的意义。受中国传统法律文化的影响，当代中国人在观念上仍习惯于将义务凌驾于权利之上。

现行监狱行刑和罪犯权利保护法制在立法理念上存在严重的国家本位主义倾向。其直接体现为在现行监狱行刑和罪犯权利保护法制中，这种立法理念是严重行政化倾向、过于追求效率的价值取向，其中具体规定和指导监狱行刑和罪犯权利保障工作的主要是行政机关制定的规章和行政性规范文件，导致出现严重的行政化倾向，具体表现为过分注重保护社会秩序、追求监管安全的效率，出现以防卫社会、预防重新犯罪为理由无限扩张国家的行刑控制权力，容易导致运用执法自由裁量权对罪犯的权利处置过严，从而轻视或忽视刑罚公正价值和促进罪犯回归社会的刑罚根本目的。其突出表现在：①在指导思想上，政策性、行政性、实践性较强，法定性、司法性、理论性较弱，法治根基不足。从我国有关监狱行刑和罪犯权利保障制度立法的沿革来看，其规范性文件大多是法律位阶较低的部门规章、司法解释甚或政策性文件，即使基本法律对罪犯权利保护有所涉及，也是语焉不详，实体性和程序性规定均有明显缺陷；②在价值取向上，重实体轻程序。关于罪犯权利的行使和实现的法制规范大都呈现为简单的实体规范列举而忽视了程序规范保障，比如，罪犯会见、申诉等重要的权利，法律中均无明确的实现程序规定，实践中普通会见直至今日尚未出台全国统一的规范性程序要求，申诉的规范性要求也还存在程序上的诸多问题，从而成为冤假错案长期难以解决的重要实际缘由；③在罪犯的法律地位方面，义务规定多，权利规定少，对罪犯的未被剥夺和限制的合法权益缺乏必要的保护，这些都严重侵犯了罪犯的合法权益，使其行使和实现合法权利的主张欲辩无据，欲诉无门。

"从法文化学意义上说，作为文化的一部分，法律既是一种符号，一种规则，更是一种文化信息的载体，其承载着一定的价值与观念，它表达着特定的文化选择与价值定位，而这种文化选择与价值定位，从根基上决定着法律如何生长，决定着法律的发展方向与进程。"[1]对于法治理论而言，制度设计的目标之一就是保障公民的权利。公民权利本位是法治国家的核心内容。在法治国家倡导罪犯权利本位，它要求刑事立法活动所创制的监狱法律规范要符合刑罚执行机构所要实现的终极价值和人文关怀，即对罪犯人性尊严的维护。也就是说法律规范不仅要求将罪犯的权利用法律予以宣告，而且要对罪犯权利的具体内容进行界定。从权利自身的完善来看，这种应然状态下的权利向实然权利转化的途径就是通过对罪犯特有权利体系的充实完善来实现的。

（二）静态层面的体系分析

1. 监狱法制之形式缺陷所致的罪犯权利保障不力的系统解析。我国监狱法制在形式上的缺陷集中表现为法制化程度低。首先是规范形式的合法性问题。根据我国《立法法》的相关规定，部分在实践中发挥重要作用的规范监狱管理和改造罪犯工作的行政性规范文件并非我国法律渊源的内容，亟待清理整合并实现形式合法化。其中，包括司法部制定的规范形式应当为部门规章，但实为以通知等普通的公文形式印发，如《关于计

〔1〕 蔡道通："罪刑法定原则确立的观念基础"，载《法学》1997 年第 4 期。

分考核奖罚罪犯的规定》（1990 年）、《罪犯、劳教人员档案管理规定》（1994 年）、《监狱劳教人民警察政治工作条例》（1996 年）、《司法行政系统公务用枪配备管理办法》（2003 年）、《律师会见在押罪犯暂行规定》（2004 年）、《关于印发监狱人民警察六条禁令》（2006 年）等，也包括司法部监狱管理局制定的规范形式应当为部门规章但实为普通的公文性文件，如《关于监狱人民警察文明执法的规定》（2005 年）等。其次是体系结构的不完备问题。从法律渊源体系的角度分析，表现为：一是《监狱法》作为刑事执行法的主要部分，没有取得与《刑法》和《刑事诉讼法》一样的“基本法律”地位，而是“普通法律”；二是我国监狱法制体系中与监狱法配套的行政法规——《监狱法实施条例》一直未能出台，是其体系结构的最大缺陷。再次是体例结构的科学性问题。这里主要是指监狱法的体例结构缺乏科学性，不符合刑事执行原理。立法体例代表一种立法思想，体例结构上的不合理、不明确极易造成实践中的混乱。如：法的总则是规定原则内容的，并应统领分则，分则之间应当是并列关系，监狱法却将刑罚执行单列为分则一章，不符合“大刑罚执行”的法治思想。从刑罚执行的内容看，刑罚执行不能与狱政管理、教育改造等内容并列，也不属于狱政管理或教育改造，而是狱政管理、教育改造、劳动改造等活动的总称，居于上层，具有宏观性，且所列“刑罚执行”一章内容大部分是一般意义上的狱政管理内容。又如劳动改造内容，监狱法将劳动改造并入教育改造一章，意在确立“大教育改造”模式，但这种立法结构，否定了“劳动改造是我国改造罪犯三大手段之一”经验总结，没有反映出“劳动改造”在监狱工作中的重要性，没有揭示出劳动改造的性质和规律，而且，关于罪犯劳动意义、原则、性质、劳动保护、劳动报酬、工伤补偿、劳动安全等需要作出具体规定，应自成一体，“教育改造”难以包容。[1]最后是体系形式的分散性问题。当前我国监狱法制体系所包含规范性文件过于分散、零乱，尽管近年来通过编制《司法行政执法手册》《监狱工作手册》对相关规范性文件进行结集发行以便于基层执法者掌握执行，但是基本上限于罗列而缺乏制度清理，这样并不能解决前述的规范冲突问题，又不利于执法人员对监狱行刑法制体系的系统全面的了解、掌握和准确适用，直接影响执法效果和罪犯权利保障水平。

2. 我国监狱法制内容不足所致罪犯权利保障不力的逻辑解析。首先，监狱法制体系协调性差，主要表现为《监狱法》与《宪法》《刑法》《刑事诉讼法》相关规定的冲突问题，影响了监狱执法的公正和罪犯权利的保障。《监狱法》与《宪法》的冲突主要是就公民通信自由和通信秘密受法律保护，除非因国家安全或者追查犯罪的需要，仅可以由公安机关或者检察机关依法进行检查，而监狱机关被排除在外，从而使《监狱法》中就监狱对罪犯的有限信件检查权的规定出现了违宪之实。《监狱法》的某些条文同我国现行的《刑法》《刑事诉讼法》中相对应的规定存在一定的矛盾冲突，体现了监狱法立法过程中协调性不足的缺陷，致使各监狱（所）在贯彻执行监狱法的过程中遭遇到了困惑和无所适从。其实，《监狱法》作为刑事执行法的一个重要组成部分，与《刑法》（刑事实体法）、《刑事诉讼法》（刑事程序法）共同形成了我国的刑事法律体系。虽然从法律的规格和司法程序相互依存的角度来看，《监狱法》应该是相对独立的一部法律，但在法律规范（尤其是条文）方面应当与《刑

[1] 河南省监狱管理局课题组：“监狱法在实践中的问题及立法完善”，载中国监狱学会编：《回眸十年读华章——纪念监狱法施行十周年文集》，法律出版社2005年版，第296、297页。

法》《刑事诉讼法》保持一致。然而《监狱法》与《刑法》和《刑事诉讼法》一度存在一些明显抵触，这种情况直到2012年10月《监狱法》进行了刑事法律一致性修改才得以较好解决，但诸如减刑程序中检察院认为不当的，是“抗诉”还是“提出书面纠正意见”；《监狱法》与《刑事诉讼法》关于罪犯服刑期间又犯罪的处理规定不尽一致；暂予监外执行、申诉、减刑、假释等内容，三法规定不明确，或存在空缺等法制统一问题。

其次，监狱法典内容的科学性不佳，主要表现在监狱法自身的缺陷，影响了监狱行刑工作质效和罪犯权利保障水平。一是部分规范内容的缺失。一方面是部分法律规范本身残缺不全。法律规范的逻辑结构，应该包括假定条件、行为模式和法律后果三个部分。它们虽然不一定是在同一个法律条文中出现，但在一部法律或者一个法的规范性文件中，如果缺少其中任何一部分，都不能构成完整有效的规范。如《监狱法》第12条规定：“监狱设监狱长一人、副监狱长若干人，并根据实际需要设置必要的工作机构和配备其他监狱管理人员。”依照此规定，监狱的内部管理体制应该是监狱长领导下的各职能管理机构分工负责的管理体制；另一方面，因立法者对其忽视或预见性不足而导致法律空白。如对《宪法》第35条规定的罪犯特赦问题，在《监狱法》就罪犯释放的内容规定中根本没有出现；对于关押在中国监狱内的外国籍罪犯缺少相关规定，这也成了我国监狱法律规范立法上的一个盲区。二是部分规范表述不确切。法律规范的确定性意味着法律规定了一定行为与一定后果之间存在必然的因果关系，其最大意义在于实现立法的价值取向，使人们可以根据明确、具体的法律规定来设计和规划自己的行为。作为一部法典所使用的概念和词语应当十分清晰、明确，应当始终如一地保持其确定性，以便于人们准确掌握和执行。而

《监狱法》的有些概念和立法用语仍然存在含混不清的情形。例如，《监狱法》第 42 条规定："监狱发现在押罪犯脱逃，应当即时将其抓获；不能即时抓获的，应当立即通知公安机关，由公安机关负责追捕，监狱密切配合。"在这段法条的表述中，立法者使用了两个"即时"和一个"立即"的字眼。这两个词语均是用来限定动作或者行为的程度，尤其是对时间方面的限定，含义基本相同。在同一法条中使用这两个区别并不分明的词语，就客观地造成了理解上的分歧，使得《监狱法》的立法违背了讲求效率和简捷准确的基本原则。又如《监狱法》第 38 条规定："刑满释放人员依法享有与其他公民平等的权利。"从这条规定来看，法条过多地专注于对刑满释放人员权利的保障上，但忽视了客观存在的其他情形：刑满释放人员中有被剥夺政治权利的，而这些人是无法与公民享有平等的政治权利的。三是部分规范表述不简约。监狱法律规范的"简约性不足"似乎与其"完备性不足"产生了一对悖论，其实不然。监狱法律规范的简约，并不是针对法律条文的数量提出的要求。对简约的要求，主要是立足于考察法律规范的内容是否冗赘、重复。如果监狱法条文的内容重复，形成条款的浪费，则是法律规范自身的特点所不容许的。《监狱法》的简约性不足主要表现在法条的重复方面。例如，《监狱法》第 58 条第 3 款规定："罪犯在服刑期间有第一款所列行为，构成犯罪的，依法追究刑事责任。"而在第 59 条的规定中表述为："罪犯在服刑期间故意犯罪的，依法从重处罚。"其实这两项条款所规范的是一个方面的内容，就是罪犯在服刑期间犯罪的，应当依法追究其刑事责任。因此，第 58 条和第 59 条完全可以合并为一条："……罪犯在服刑期间有第 1 款所列行为，构成犯罪的，或在服刑期间故意犯罪的，依法追究刑事责任。”[1]四是监狱法制体系内不同效力层级的规范调整范围有冲突，主要是由于《监狱法》条文的粗疏、可操作性差，而且配套法规缺位，所以大量的行政部门制定的效力较低的部门规章，甚至是行政性规范文件过度侵入应当由法律或行政法规调整的范围，典型例子如仅以司法部“通知”的公文形式印发的《监狱劳教人民警察执法过错责任追究办法（试行）》（1999 年），就本应在《监狱法》中规定的有关监狱人民警察执法过错责任追究的实体性和程序性内容等予以了规定，这既不符合立法中法律、行政法规和部门规章在规定内容和功用上分工的一般法制原则，又直接损害了监狱法制的权威性，最终有碍于罪犯权利保障。

最后，罪犯法定义务与权利内容的失衡问题。在“义务主体”思想的影响下，我国监狱法律形成了“义务优先，权利其次”的逻辑思维模式。罪犯在服刑期间，过于强调罪犯应当“认真遵守监规，接受教育改造”；罪犯申诉是“不认罪服法”的表现；罪犯控告是“不服从管教”的表现，等等。以假释的撤销程序为例。根据刑事法律的规定，对于违反法律行政法规和国务院公安部门有关假释的监督管理规定而未构成新的犯罪的被假释的罪犯，公安机关可以向法院提出撤销假释的建议，由法院审核裁定。尽管该法条对假释撤销的条件以及法律后果作了明确规定，但是，刑事法律对于假释撤销程序、被假释者的诉讼权利等问题均未作出规定。依现代法治的基本观念，凡一决定涉及公民的利益被限制或者被剥夺，在作出此项决定以前，必须给将要遭受不利对待的一方以申辩的机会，即让其参

---

〔1〕 宋建国、刘军：“监狱法的价值评估与立法缺陷”，载中国监狱学会编：《回眸十年读华章——纪念监狱法施行十周年文集》，法律出版社 2005 年版，第 328～331 页。

与到决定过程中来，参与是程序正义的基本内容之一。“一个人在国家裁判机构作出对其利益有利或者不利的裁判时，应当至少能够处于一种可与裁判者就如何对待他的问题进行理性地协商的地位，即强调尊重程序参与者作为自主、负责和理性主体的地位，要求裁判机构与他一起参与裁判结果的形成过程，向他论证裁判结果的合理性和正当性，从而使他成为裁判制作过程中的协商者、对话者、辩论者和被说服者，其作为人的尊严得到充分的尊重。”[1]以此来反观我国的假释撤销问题，对于假释犯在假释期间应当遵守的义务，采取法律形式系统、具体地予以规制，但是，罪犯在撤销假释时有无申辩权、有关审查程序的建立与运行方式等问题，法律却并没有给予罪犯必要的参与权利，这违背了程序公正的最低标准。因为行刑机关既然对“适格罪犯”予以假释，那么就意味着该罪犯已经取得了一定的人身自由，尽管是附条件或受限制的自由，但毕竟是法定的自由。在此期间，倘若罪犯违反了相应的义务规范，根据法律应当撤销对该罪犯的假释。然而，撤销假释就意味着对此种现实自由的剥夺，由于事关被剥夺人的重大利益，因此，按照程序正当原则的要求，必须依照法定程序撤销假释，即赋予假释犯一定的诉讼权利，以保障假释犯的人权，实现司法公正。但是，我国刑事法对于假释撤销程序规定了被假释者除承担裁定的最终结果外，没有任何抗辩的地位和权利，完全被排除在司法程序之外。由此导致的结果是假释既可以由行刑机关赋予罪犯也可以不赋予罪犯，既可以赋予也可以任意收回，并且如果因罪犯违反条件撤销也绝对排除罪犯主动参与的程序收回，而收回在任何情况下均与被假释者的权利无关。很显然，决定是否假

[1] 陈瑞华：“程序正义论”，载《中外法学》1997 年第 2 期。

释完全是司法机关的事务，罪犯仅仅是单纯地接受审查的对象，而无任何的主动的地位，从而造成罪犯权利因缺乏行刑法律的基本程序而无从保障。除此之外，罪犯受到严格管束、禁闭、缓刑、减刑、假释、各种社会化执行的撤销等具体方面均无申辩权等救济权利。[1]

（三）动态层面的效能分析

法制实施的实际效果的好与坏同其实现的法的价值目标的程度是成正比的。在法治实践中，作为监狱行刑法制的价值目标的自由与秩序、公正与效率的实现程度不容乐观。我国监狱法律不仅在体系上不完整，而且在监狱法律的内容上并未从真正意义上构建起符合现代法治社会所要求的行刑价值理念。我国监狱法律在人权保障方面的规定还有不尽人意之处。毋庸讳言，囿于各种条件和原因的限制，在传统的法律工具主义思想的影响下，刑事执行主体的职责首先是伸张法律正义和在裁判确定的期限内教育和改造罪犯并剥夺其再犯能力，加之我国法制传统对于罪犯身份的仇视，作为公民应享有的未被法律剥夺的权利实际上就处于与裸权利无异的状态。在具体的行刑实践中，表现为“除了剥夺罪犯人身自由之外，在生产劳动、教育改造、日常管理中大量使用强制手段……也只是停留在让罪犯吃饱、穿暖、不随意体罚虐待罪犯层面，维护罪犯人权的观念和实践还没有真正形成”[2]。

1. 监狱法权威性不高。除了宪法外，其他法律的调整方法主要是通过设立具体的法律原则和法律规范来调整特定的社会

---

〔1〕 李宏伟、吴春：《监狱工作法制化与科学化建设研究》，陕西师范大学出版社2007年版，第124页。

〔2〕 陈兴良主编：《刑事法评论》，中国政法大学出版社2000年版，第542页。

关系。这使该法律关系有具体的规范可被适用或执行。但纵观《监狱法》，我们很少能发现其中较为完整的、可供直接适用的监狱法律规范，多数规定比较抽象、原则。这就使监狱部门寄希望于出台一部“细则”（就如同最高人民法院、最高人民检察院的司法解释）以供直接适用。因此，在目前该“细则”制定前，各地监狱管理部门和监狱各级都通过自己制定相应的制度来补充适用。这就势必形成了“政出多门”的情况。同时也形成了监狱的日常执法通常并不是直接来源和依照《监狱法》，而是依据监狱自己理解的、并自行制定的管理规定，这也造成了监狱执法工作的随意性问题。这在监狱的司法实践中，大大削弱了《监狱法》的法律权威。

一部良好的制定法在制定过程中就不应寄希望于再制定解释性的“细则”来补充之。因为这种“细则”的制定机关只能是低阶位（即低于立法机关层级的）司法或行政机关。而“细则”本身又不可避免的出现“扩大（或扩张）解释”的趋势。这种“细则”的制定机关与其制定权限的不适应，与法治精神是不相符合的。从《宪法》和《立法法》的规定来看，期待“细则”的愿望也是不现实的。因为《宪法》和《立法法》都明确规定涉及人身自由的规范只能由法律作出。《监狱法》作为“普通法律”，有权对剥夺或限制人身自由的行刑活动作出规定。但“细则”只能以“行政法规”形式规范，这就突破了《宪法》和《立法法》的规定，从而可能导致立法的违宪问题。因而，根据我国的法律制度安排，作为刑事司法的重要组成部分的《监狱法》（目前仍然可考虑的法律名称）应该力求全面和完整。

《监狱法》的制度性、规范性，是本法修改中应关注的一个重要的立法技术问题。课题组认为，在立法上，监狱法应该参考《刑事诉讼法》的立法技术。正因为诉讼法在设立规范的严密性、可操作性，才可能被公安、检察、审判机关严格适用和执行，成为司法人员不能不直接依照的规范。而现行《监狱法》，由于其规定的条款比较抽象，缺乏应有的、内在的规范逻辑性要素，因而在监狱的司法实践中，监狱基层工作人员通常并不将其作为必备的、可依照的法律文件。在监狱的司法文书中，也很少看到直接引用的《监狱法》条文。这也使《监狱法》缺乏应有的法律权威性[1]。

2. 监狱法效能较低。一方面，由于部门立法的缺陷，导致《监狱法》部分条款难以有效施行，影响了监狱行刑工作效能。在监狱法立法的准备阶段，最高立法机关参与很少，前期的调研、拟稿、修订、提出立法建议等工作几乎是司法行政部门一家的事，缺乏相关部门的认同和协调配合，法律得以实施的必备条件准备不足，司法环境评估过于理想，法律生效后，一些相应的司法保障机制（如责任追究制）未建立，一些规定难以落实。如给予别人的义务不被接受（如追逃、罪犯出狱后的就业安置与救济），自己争取到的权利实现不了（如经费保障不到位，从而引起监狱执法乱收费、劳动时间难以控制，罪犯生活、医疗费用不足）。一些规定，监狱机关无法履行（如《监狱法》规定的罪犯有劳动报酬权，监狱就无法保障实现）。监狱法的生效并未使有关部门“有法必依”，以至于有人戏称“监狱法是管监狱的法，是监狱一家的法”，监狱法基本丧失了刑事法律体系重要组成部分的属性地位，这种状况在一定程度上阻碍了我国监狱工作的良性运行和协调发展。

另一方面，由于监狱法制体系内容不周密、不精细，影响

---

〔1〕丁铁坚：“关于监狱法修改的法理研究”，载中国监狱学主编：《回眸十年读华章——纪念监狱法施行十周年文集》，法律出版社2005年版，第253页。

了监管改造质效和罪犯权利保障水平。如《监狱法》就破坏监管秩序罪的构成要件缺少明确标准，起点高，不能较好发挥维持监管秩序的作用；《监狱法》规定的罪犯工伤死亡处理规定不合理，难以操作；未涉及监狱等级标准，实践中只一个标准，单一模式，围墙、电网等设施一个规格；监狱一般分类上仅有男女、未成年和成年犯监狱，还未广泛实施入监监狱、出监监狱、重新犯罪监狱、职务犯监狱、外籍犯监狱、过失犯监狱等分类；未立法设定监狱戒备程度的级别标准，监狱整齐划一的简单分类和无级别的状况，不符合国情，不利于“三分”和资源优化配置，不符合罪犯改造个别化、行刑社会化的行刑理念要求，不利于罪犯权利保障和实现。

第七章

我国罪犯权利的社会实现状况分析

一、《监狱法》颁布实施以来我国罪犯权利的社会实现进展

2004 年 3 月 14 日，第十届全国人民代表大会第二次会议通过了《中华人民共和国宪法修正案》，把“国家尊重和保障人权”正式载入国家的根本大法。2009 年 4 月，我国颁布了《国家人权行动计划（2009~2010 年）》，明确了未来两年中国政府在促进和保障人权方面的工作目标和具体措施。其中规定了人权教育计划，明确要求有重点地开展包括针对监狱在内的公职人员的人权教育培训。2011 年 5 月 1 日正式施行的《刑法修正案（八）》，充分体现了宽严相济的刑事政策以及人权保障的基本理念。2011 年 7 月 14 日国务院新闻办公室公布的《国家人权行动计划（2009~2010 年）评估报告》，总结了中国人权事业取得的重大成就，其中也包括被羁押者权利的保障进展。在这样的大背景下，监狱系统在罪犯权利保护方面也有一系列的举措。

（一）现代化文明监狱建设

1994 年 1 月，司法部根据中国监狱发展的需要和国际社会监狱建设的状况，为适应罪犯改造的新形势，贯彻落实“惩罚与改造相结合，以改造人为宗旨”的监狱工作方针的需要，提出了在中国创建现代化文明监狱的工作目标。1995 年 9 月 14

日，司法部发布了《关于创建现代化文明监狱的标准和实施意见》。经过十余年的努力，中国已经建成一批部级现代化文明监狱。这项活动对于改善监狱的物质条件和物理环境，健全监狱的规章制度，规范监狱的执法活动，转变监狱的工作作风，促进监狱人民警察与罪犯的人际关系，维护罪犯的人格尊严等方面，都产生了深刻而显著的推动作用。现代文明监狱建设和罪犯权利保障是一致的，因为现代文明监狱建设以合理满足人的正常需要为核心内涵，极大丰富和强化着罪犯的权利保障和实现，并且现代文明监狱建设的基点和贯穿的主线就是尊重罪犯的权利、保护罪犯的权利、使罪犯的权利得到更充分地实现。

创建现代化文明监狱的八项标准都涉及监狱罪犯的权利保护，或者与罪犯权利保护问题密切相关。创建现代化文明监狱的内容以《监狱法》的规定为根据，深入落实“惩罚与改造相结合，以改造人为宗旨”方针，坚持依法治监、从严治警工作原则，运用现代、文明、科学的方法和手段改造罪犯，不断提高监狱管理水平和改造质量，努力维护我国社会的稳定，保障和促进经济的发展。现代化文明监狱具体标准如下：其是以比较先进、完善的监狱设施和健全、有效的改造制度为基础，依法对罪犯实施科学文明管理和教育改造，是具有较高改造质量的场所。具备必要的、适应监管改造工作需要的监狱设计和技术装备。建筑及辅助设施布局规范合理，功能齐全，质量可靠，达到司法部颁布的《监管改造环境规范》规定的标准。形成有效的通讯指挥网络，保证正常的通讯联系；出现突发事件，能立即报告监狱领导，并能迅速报告省（区、市）监狱管理局。配置适应业务需要的警车因车、通讯指挥车、摩托车、救护车、罪犯生活用车等交通工具，确保车辆处于良好状态。安装警戒报警装置，配备必要的防暴器材和警、戒具，确保安全防范、处置突发事件的需要。监狱的重要通道、部分禁闭室、部分接见室等需要监控的重点、要害部位，必须安装监控设施，有效地实施监控。建立健全有效的狱内侦查系统。建立罪犯信息计算机管理系统，并逐步联网。建立行之有效的监管制度，对罪犯实行依法管理、严格管理、文明管理、科学管理。严格执行对罪犯的收监制度。要求法律文书完备，记载准确。凡不符合法定收监条件的，应依法拒绝收监；凡符合法定收监条件的，应依法收监，不得拒收。严格执行对罪犯的减刑、假释、监外执行、释放或加刑等刑罚制度，坚持公开、公平、公正的原则，程序严密，监督机制健全。健全并严格执行接见、通信、门卫、查监、巡逻、禁闭、警械、戒具使用以及其他各项管理制度，审批程序严格，记载详尽、准确，坚持常态化和规范化。建立科学的罪犯档案管理制度，实行动态管理，做到资料详细，记载准确，查询方便。实行对罪犯的分类关押、分别管理制度。严格执行《监狱服刑人员改造行为规范》以确保民警直接掌握对罪犯的考核奖惩。依法保护罪犯的合法权益，尊重罪犯人格，不打骂、体罚、侮辱罪犯，保障罪犯的人身安全和合法财产。

建立较完善的生活卫生管理制度，配备相应的生活卫生设施，保证罪犯的基本生活条件和医疗卫生条件。按照食物量标准，保证罪犯吃饱，有足够维持健康和体力的饮食；按标准按时发放被服。罪犯人均建筑设施使用面积在5平方米以上，每间监舍居住不超过20人；监舍应当坚固、通风、透光、清洁，有必要的防暑防寒设备；伙房清洁卫生，管理制度齐全；设浴室等生活卫生设施。保障罪犯的饮食、饮水卫生和生活卫生。对罪犯定期理发、洗澡、检查身体。按照实际需要设置医疗机构，监狱医院达到一级以上医院的标准（20张以上床位）。不发生传染病的流行，传染病发病率不超过1%；对有病的罪犯及时予以治疗。对罪犯采用科学的教育改造手段，提高教育改造工作的针对性和有效性；创造有益于罪犯身心健康、积极向上的改造环境和氛围。

健全教育改造机构，落实教育改造管理制度，教育改造经费。有固定的教学场所，必要的教育改造设备、电化教育设施和图书、阅览、活动室及运动场等文化、体育活动设施。建立一支具备文化程度较高的教师队伍。政治教师（全部由警察担任）按在押罪犯数的1%配备，其中专职政治教师应在3名以上。文化、技术教师应占在押罪犯总数的3%以上。少年管教所教员全部由警察担任。对罪犯实行正规、系统的政治思想、文化、职业技术教育，实行考核、升级和发证制度。每年三课教育的总课时，成年犯不少于500课时，未成年犯不少于1000课时对罪犯实施分类教育、个别教育、进行心理矫治。开展多种形式的文化、文娱、体育活动，促进罪犯积极改造。借助社会力量对罪犯改造工作实行综合治理，建立社会帮教制度，开展多层次、多渠道、多形式的帮教活动，形成网络，覆盖面在50%以上。罪犯服法遵纪率达到90%以上。顽固、危险犯的年转化率达到50%以上。刑期届满时获得文化、职业技术证书的罪犯，分别达到应入学人数的70%以上。刑期3年以上的罪犯，刑满时掌握一门实用技术；其中，1/3以上的罪犯掌握两门以上实用技术。

具备必要的、适应监管改造工作需要的生产设施，科学运用劳动改造手段，建立文明、规范、合理的劳动管理制度，调动罪犯劳动改造和学习生产技能的积极性。坚持对罪犯实施岗前培训。罪犯独立上岗前能掌握基本的安全知识和符合该岗位要求的生产技能，罪犯劳动现场管理良好，符合文明生产、安全生产的要求，罪犯的工伤死亡事故发生率不超过行业规定的标准。罪犯劳动现场的环境良好，对噪声、粉尘与有害气体的控制和照明、通风、降温、保暖等条件符合国家有关规定。对罪犯按规定实行劳动保护和劳动保险。成年犯劳动一般每日为8小时，季节性生产可适当调整，但加班后应执行补休制度；执行节日、休息日制度。根据女犯和未成年犯的生理、心理特点，为其安排适宜的劳动。未成年犯半天学习文化、技术知识，半天参加习艺劳动。监狱生产有比较稳定的项目和相应的技术保证手段，具有一定的经济规模和效益。生产用固定资产要实现保值增值。建立了一整套科学规范、具有行业生产特点的管理制度和快捷有效的经营决策与生产指挥机制，管理基础扎实，经济责任制落实，开展了全面质量管理和班组建设工作；严格执行工艺操作和现场管理规程，不发生重大生产和重大设备事故，不良品率和综合能耗要达到有关行业的先进水平；综合经济效益指标要达到系统内先进水平。

不断加强警察队伍建设，有一支忠于职守、廉洁奉公、执法严明、政治坚定、业务精通的警察队伍；建立完备、规范的政治工作和改造工作机制。监狱设置政治工作、狱政管理、教育改造、生活卫生等职能部门；根据需要，设立生产经营管理机构。其中，管教工作职能机构人员编制不低于机关科室人员总数的20%。监狱各级领导具有与工作岗位相适应的法律和相关专业知识，熟悉监狱管理和教育改造工作，掌握生产管理业务和技术监狱正职领导具有大专以上文化程度，受过监狱专业正规培训；监区、分监区正职领导必须具有中专以上文化程度，受过专业学校监狱管理业务培训。监狱警察队伍中，中专以上文化程度的达到90%以上；新招收、调入的警察都必须经过3个月以上的岗位培训并获得合格证书。监狱有专人负责民警的教育培训工作，有健全的培训制度，培训经费按不低于警察工资总额的3%予以保证。监狱按编制规定配备民警，监狱监区、分监区警察的配备，达到监狱警察总数的60%以上，分监区的警察人数达到所管罪犯数的8%。注重学习和调查研究，不断总结经验，结合实际，运用先进、科学的管理措施和教育改造方法，取得明显效果。严格依法管理，秉公执法，清正廉洁，监狱警察年违纪率不超过5‰。此外，为进一步提高监狱执法水平和监狱正规化管理水平，司法部在全国监狱系统开展了“规范执法行为、促进执法公正”专项整改活动。通过专项整改活动，使执法行为进一步规范、公正和高效，这种执法环境也为保护罪犯权利提供了保障。

现代化文明监狱的建设立足中国实际，与国家的政治、经济、社会发展相协调，借鉴世界各国监狱管理的有效经验。坚持硬件建设与软件建设并重的原则，扎扎实实，注重实效，从我国社会、经济发展实际出发，将随着社会经济的发展，监狱自身经济实力的增强，逐步加大投入，不断提高和完善监狱的设施和装备。

（二）推行狱务公开

为了把监狱的执法活动置于广泛的监督之下，保障监狱罪犯的合法权益，增强执法透明度，我国推行了狱务公开这项“阳光工程”。1997年7月，司法部下发了《关于监狱系统在执行刑罚过程中实行“两公开、一监督”的规定（试行）》。所谓“两公开、一监督”，是指在严格遵守各项法律法规、规章制度的同时，公开执法依据和程序，公开结果，主动接受有关部门及社会各界的广泛监督。之后，全国监狱系统积极开展了狱务公开工作，取得了一定的成效，进一步增强了监狱执法的透明度。为了进一步规范狱务公开工作，加强执法监督，推动狱务公开健康发展，2001年10月12日司法部下发了《关于在监狱系统推行狱务公开的实施意见》，全国各地监狱系统纷纷以各种方式推行狱务公开。其一，通过报刊、广播、电视等媒体公布狱务公开的要求和内容，宣传狱务公开的做法及其成效；对狱务公开过程中的重要活动，通过召开新闻发布会、组织新闻单位来监狱采访等形式进行重点宣传；其二，运用狱内宣传手段，通过设立狱务公开专栏，运用监狱报、狱内广播、闭路电视等媒体公布狱务公开的内容；其三，开展狱务咨询活动，开设公开咨询电话，建立健全监狱机关领导的接待日制度，及时接待有关咨询来访；完善信访制度，重视记录与回复，有的监狱还根据需要，开展了街头咨询活动；其四，印发《狱务公开手册》。监狱机关把《狱务公开手册》作为社会了解监狱的重要书面宣传材料，同时，也将《狱务公开手册》作为罪犯入监教育教材，纳入入监教育内容，使每名罪犯、来监探视的家属、来监考察的社会各界人士能够得到《狱务公开手册》。通过此种方式监狱的性质、任务和宗旨，罪犯法定的权利和义务，罪犯收监的规定，罪犯考核、分级处遇的条件和程序，罪犯通信、会见的规定，行政奖罚的条件、程序和结果，罪犯减刑、假释或再犯罪处理的条件、程序和结果，罪犯暂予监外执行的条件和程序，罪犯离监探亲的条件和程序，罪犯申诉、控告、检举的处理，罪犯生活卫生的管理，罪犯的教育改造，监狱警察的法定权利、义务和纪律等均全部公开。为了使狱务公开工作持续健康发展，同时还加强了监督途径，建立健全严格的监督机制。一是各省、自治区、直辖市监狱管理局及各监狱均设立并公布了监督举报电话，设专人值班接听登记，并按规定及时处理；二是各监狱在监区和会见室设置监狱长信箱、纪检监察信箱、驻监检察室信箱，接受罪犯及其亲属的投诉举报，并由专人负责开启处理；三是各监狱建立监狱长接待日制度，定期接待来访者，及时处理投诉或反映的问题；四是监狱管理机关和监狱在党政机关、社会团体、知名人士和监狱机关离退休人员中聘请执法监督员检查和监督监狱机关的执法情况、提出意见和建议。

“阳光是最好的防腐剂”，通过这些“阳光工程”举措，全国监狱系统中的人民警察执法活动受到了进一步的监督，规范监狱警察履职行为，加大对罪犯权利保护力度。近年来，还坚持以社会主义法治理念为指导，大力推行依法治监，推进监狱工作的法制化、科学化和社会化进程。司法部推行监狱体制改革、完善刑罚执行制度、实行科学管理、文明管理，支持中外人士参观监狱，建立监狱法治理念教育基地，贯彻宽严相济刑事政策，开展罪犯心理矫治，强化罪犯职业技术教育、促进罪犯改造质量不断提高；推行法治化管理，加大教育培训，提高监狱警察素质，以更好地履行监狱职能；积极开展监狱人权对外交流等现代化措施和各种执法监督举措等，这些对于加强和改进监狱工作、提高罪犯改造质量、促进监狱罪犯权利保障都起到了积极的促进和推动作用。

为了切实保障罪犯权利，促进依法行政，强化从严治警，司法部于 2006 年 2 月 14 日向监狱系统发出了《监狱人民警察六条禁令》，具体内容包括：①严禁殴打、体罚或者指使他人殴打、体罚罪犯；②严禁违规使用枪支、警械、警车；③严禁索要、收受罪犯及其亲属的财物；④严禁为罪犯传递、提供违禁物品；⑤严禁工作期间饮酒；⑥严禁参与赌博。这是针对监狱系统“最容易发生问题”的方面采取的具体措施，违反禁令情节严重的警察将会被开除或辞退，而对于连续发生违反禁令问题的单位和隐瞒不报、压案不报、包庇袒护的单位，要从严追究领导责任。监狱及其民警执法工作规范化不断加强，促使罪犯权利保障进一步落到实处。

（三）全面推进监狱体制改革

2011年全国监狱系统财政拨款总额比改革前的2002年增长240%左右，财政拨款占监狱经费支出比重达到87.9%。[1]长期以来，我国监狱系统形成的监狱、企业、社会三合一的管理体制与财政保障模式严重制约着监狱警察职权的正常履行，从而使监狱警察的工作重点与法律规定的主要职责之间产生了较为严重的偏离性。为了健全公正廉洁文明高效的监狱体制，从2003年开始，中国监狱系统开始了监狱体制改革试点工作，以建立“全额保降监企分开、收支分开、规范运行”的监狱运行机制。2003年至2004年，黑龙江等6个省市进行了监狱体制改革试点，试点地区扩大到14个省（区、市）。这项改革的重点之一，就是由国家全额保障监狱经费。经过试点之后，从2008年开始监狱体制改革在中国大陆全面推开。现在全额保障基本实现，建立了以省级财政为主、中央财政转移支付为辅的经费保障体制，由此，长期以来主要依靠监狱生产收入提供监狱经费的局面已得到改变。此外，目前已形成了监管改造和生产经营两套管理体系，实现了监企分开；建立了监狱执法经费支出和监狱企业生产收入分开运行机制，实现了收支分开。这就较为彻底地改变了过去那种监狱办企业、办社会，用罪犯的劳动生产来弥补经费不足的状况，这也避免了监狱本身的行刑效益与企业追求经济效益的碰撞，回归了监狱工作的本位，为全面保障监狱罪犯权利打下一个较为扎实的基础。

（四）积极实施监狱布局调整

据统计数据，目前全国已有90%的监狱位于大中城市、城

---

〔1〕王姝：“全国681所监狱押犯 164万人经费不再靠狱企收入”，载《新京报》2012年4月26日。

镇和交通沿线，[1]我国原有的监狱布局是历史形成的，监狱多数远离城市和交通沿线。为适应新形势需要，国务院对监狱布局调整作出部署，2007 年司法部、国家发改委等五部委制定提出了监狱布局调整“布局合理、规模适度、分类科学、功能完善、投资结构合理、管理信息化”的总体要求和主要政策措施。经过数年的不懈努力，现在各地监狱设施和功能普遍得到完善，监狱罪犯的权利也得到进一步保障。2010 年 12 月施行的《监狱建设标准》，进一步规范了监狱硬件建设，提升了监狱监管安全、罪犯教育改造和罪犯服刑处遇的硬件水平。

（五）注重罪犯发展权

自 20 世纪 80 年代以来，我国监狱开展大规模的办特殊学校的活动，取得了显著成效。这种重视特殊教育改造的理念与做法，在国际行刑矫正领域中也是独树一帜的。2001 年司法部提出，监狱工作要以提高罪犯改造质量为中心，要把监狱工作法制化、科学化、社会化建设作为提高罪犯改造质量的途径和措施。2017 年司法部提出“治本安全观”，强调监狱以改造人为宗旨的法定职能的回归，随着监狱体制改革的不断完善和监狱工作重心的回归，监狱工作更加注重对罪犯的教育改造，更加注重对罪犯回归社会能力的培养，更加注重依法对监狱罪犯权利的全面保护。

（六）建立罪犯法律援助制度

法律援助是指法律服务人员为经济困难或者特殊案件的当事人提供法律服务并且减除或者免收费用的一项法律制度。法律援助制度对于保障公民的人权发挥着重要的作用。在过去，法律援助制度的对象主要是社会上的特定当事人。近年来，为

[1] 国务院新闻办公室、司法部监制：《执法为民——司法行政卷》，法律出版社 2012 年版，第 14 页。

了维护罪犯的合法权益，促进监狱安全，维护社会稳定，许多监狱和社会上的法律援助机构联系、合作，请法律援助人员到监狱中为罪犯开展法律援助工作，解答罪犯提出的法律问题，代理罪犯进行诉讼，帮助罪犯维护其合法权益，有助于切实维护罪犯的合法权益。法律援助人员协助监狱开展法律宣传、法制教育和法律咨询等活动，提高了罪犯的学法用法积极性，使他们能够自觉地行使法律赋予的权利，在自身的权利受到侵害时，能够自觉地寻求法律救济。

（七）加强监狱信息化建设

目前，28 个省（区、市）监狱管理局完成了省级网络联通，全国 70%以上的监狱建立了应急指挥中心、智能报警系统和综合门禁系统，80%以上的监狱建立了视频监控系统，[1]全国监狱信息化网络平台初步建成，监狱信息化水平明显提高。监狱信息化建设加强了对罪犯权利的保障力度，如在一些监狱建立电子公告系统和狱务公开系统。

（八）刑满释放人员出狱保护措施

为罪犯办理“刑释短期生活保险”；监狱设立就业指导中心、就业指导站、试工基地等，对刑满释放人员进行职业培训和就业指导；通过各种渠道向社会企事业单位介绍、推荐刑满释放人员。总结推广湖南星城监狱、浙江乔司监狱等单位经验做法，广泛开展罪犯职业技能培训和出监教育。2008 年以来，全国监狱共完成 125 万名罪犯扫盲和义务教育，98.1%的罪犯刑满时获得普法教育合格证，取得职业技术证书的达到参训总数

〔1〕 国务院新闻办公室、司法部监制：《执法为民——司法行政卷》，法律出版社 2012 年版，第 15 页。

的77.3%。[1]罪犯回归社会后重新犯罪率保持在较低水平。

（九）罪犯心理咨询和心理矫治

心理矫治工作的开展有力地维护了罪犯心理健康，在帮其重塑健康人格方面发挥了重要作用。自20世纪80年代末期，监狱系统开始探索在罪犯中开展心理矫治工作。2003年起，司法部监狱管理局与人力资源和社会保障部培训就业司联合下发文件，在监狱系统开展心理咨询师职业资格考试鉴定工作。目前，全国监狱系统心理咨询师人数达16 500人，其中二级心理咨询师3000余人。2007年司法部监狱管理局开始在系统内聘任心理矫治专家并形成了17人的专家队伍，这些心理矫治专家在各省市心理矫治工作中发挥了领军人物的作用。全国罪犯心理健康教育普及率达100%，新入监罪犯心理测试率达到90%以上。2010年接受心理咨询的罪犯逾25万人次，近4万人接受了心理矫治。[2]

总之，近年来，我国人权保障取得很大发展，监狱人权保障也不断得到改善。我国从发展实际出发，在人道主义的基础上形成了具有中国特色的、正确的、科学的、先进的监狱人权保障制度和模式。比如，关于人是可以改造的、罪犯也是可以改造的指导思想；关于罪犯是人，应该享有基本人权和人道主义待遇，罪犯是公民，依法享有未被剥夺和限制的公民权利的思想；关于惩罚和改造相结合、教育和劳动相结合以及把罪犯改造成为遵守法律、自食其力的公民的宗旨，进一步重视对罪犯的矫正教育，努力提高教育改造质量。在实践中，探索创新

---

〔1〕国务院新闻办公室、司法部监制：《执法为民——司法行政卷》，法律出版社2012年版，第12页。

〔2〕赵阳："我国服刑人员心理健康教育普及率100%　监狱系统心理咨询师达1.65万人"，载《法制日报》2011年4月21日。

了一系列行之有效的措施，进一步推动了罪犯人权保障工作的新发展。在新的历史时期，我国监狱人权保障不断得到改善和发展，虽然取得很大成绩，但还面临不少新情况、新问题，还有许多方面要进一步改革和完善，因此，我们既要坚持发扬已有的成功经验和做法，又必须坚持与时俱进、不断创新，在更高、更科学的层面上深入研究罪犯人权在内容、实现方式、保障机制等方面的特殊性，正确处理罪犯权利和义务的关系，罪犯权利与受害人权利、监狱警察职权的关系，确保罪犯人权保障与监狱改造工作的一致性，不断推进监狱人权保障事业的健康发展。[1]

（十）坚持驻监所检察监督制度

第八届联合国预防犯罪和罪犯待遇大会通过的《关于检察官作用的准则》明确“检察官是刑事司法中重要一环，担负着调查和起诉犯罪、法律监督方面的重要职能，在保护人权方面发挥着重要作用”。我国《宪法》《刑事诉讼法》等法律规定，人民检察院是国家法律监督机关，有权对人民法院已经发生法律效力的判决、裁定的执行是否合法实行法律监督。《监狱法》规定，人民检察院对监狱执行刑法的活动是否合法，依法实行监督。因此，在我国的人权保障机制中，检察监督保障具有相对独立的地位和作用。特别是自检察机关恢复以来，各级检察机关对监管场所的检察监督不断加强，并使之走向规范化。随着检察机关监所检察工作力度的加大，监管场所公开侵犯罪犯合法权益的违法行为逐步减少。但是，少数办案人员公正执法意识不强，随意超期羁押、刑讯逼供的现象仍有发生；有的监管场所受经济利益驱动，随意加大劳动强度，延长劳动时间；

〔1〕冯建仓主编：《服刑人员权利保护研究》，中国检察出版社 2016 年版，第 61~70 页。

有的民警体罚罪犯，滥用械具，故意伤害在押罪犯身体，使罪犯的安全受到威胁；尤其突出的是少数监管执法人员故意“不作为”，给在押罪犯合法权益造成损害。为了确保监管场所执法的公正性，避免侵犯罪犯人权现象的发生，各级人民检察院根据《刑事诉讼法》《监狱法》等法律的规定，向各级监狱派驻检察院或检察室。在规范化的建设中，这些驻监所检察机关发挥的作用越来越规范、越来越全面，驻监所检察官的执法水平越来越高，经验越来越丰富。他们通过罪犯入监时的个别谈话，告诉罪犯其权利义务，为方便罪犯举报和投诉，在监所设立举报箱，每周定期接待罪犯家属的来访和控告，定期进行安全检查，消除可能对罪犯造成人身安全的隐患，在监所设立检务公开栏，向罪犯和亲属公开投诉、举报的方法和途径等。罪犯在监所内受到执法人员侵害，或者执法人员“不作为”造成了人身安全受到威胁，以及应该享受的优待、奖励得不到落实，都可以通过驻监所检察官的监督得以实现。驻监所检察官对罪犯反映的问题进行调查核实，认为监管执法人员确有违法或“不作为”行为，首先通过口头提出整改建议，对严重的侵犯罪犯人权的行为，发出纠正违法通知书，要求监管单位认真查处，如果监管单位仍不能纠正，驻监所检察官还可以通过同级或上级人民检察院要求党委政法委及人大常委会进行执法监督，确保罪犯人权在监所内得到切实有效的保护。〔1〕

（十一）坚持司法行政监察制度

监狱作为刑罚执行机关，属于国家的司法行政部门，是国家的刑罚执行机关。根据《中华人民共和国行政监察法》第 2 条和第 18 条的规定，监狱设立行政监察室，负责对监狱及其监

〔1〕俞达祥：“我国罪犯人权的救济措施及自我保护途径”，载《人民检察》2006 年第 2 期。

狱人民警察的刑罚执行活动履行行政监察职责[1]。司法行政监察体制的建立，在很大程度上体现了国家尊重罪犯的人格权、名誉权等合法权益，是对罪犯实行人道主义的具体要求和体现。可以分为两个层面理解：一是在监狱执行刑罚过程中，严格禁止监狱警察侮辱罪犯的人格，损害他们的名誉；二是监狱人民警察在改造罪犯的过程中必须严格依法办事，禁止体罚、虐待罪犯。

二、罪犯权利社会实现的调查分析

由于客观条件限制，笔者仅选取东中西部地区各 1 所男犯监狱的两个监区开展问卷调查，每个监区最初计划选取 200 名、共计 1200 名罪犯进行调查，但是最终实际仅有 1105 名罪犯参加，收回有效问卷 981 份。

罪犯对自身权利受到保障和实现状况的感受度一览表

罪犯权利类别	自身的关注度			法制的保障度			实现的满意度		
	最为关注	一般	无所谓	好	还行	差	满意	基本满意	不满意
政治权利	38	77	904	117	631	233	156	787	38
人身安全和人格尊严权	960	20	1	22	376	583	105	577	299
饮食状况	911	57	13	237	611	133	92	501	398
居住条件	361	551	69	229	610	142	129	552	300

[1] 据有关资料统计，2005 年至 2007 年，因虐待被监管人受到行政纪律处分的 48 人。

续表

罪犯权利类别	自身的关注度			法制的保障度			实现的满意度		
	最为关注	一般	无所谓	好	还行	差	满意	基本满意	不满意
就医权利	655	291	35	11	285	685	173	604	204
财产权	216	459	306	112	636	233	322	594	65
劳动保护权	231	585	165	191	648	142	206	552	223
劳动报酬权	454	463	64	0	0	981	0	0	981
休息权	892	89	0	84	513	768	153	672	156
接受文化和职业技能教育权	59	424	498	201	491	289	105	501	375
通讯会见权	542	373	66	37	486	458	153	441	387
分级处遇	236	448	297	332	475	174	113	495	373
离监探亲权	902	73	6	309	489	183	0	0	981
获得减刑假释	946	30	5	366	465	150	45	527	409
申诉控告检举权	183	533	265	237	442	302	23	229	750
批评建议权	2	125	854	1	203	777	137	356	488

从上表统计数据分析可知：

1. 政治权利实现状况分析。①罪犯对政治权利的关注度很低，表示关注或一般的仅有不足10%，而表示无所谓的占到了90%以上。这说明绝大多数罪犯身陷囹圄后，对无关自身日常权益的政治权利的漠视；②罪犯对政治权利的法制保障度感受较好，表示“还行”和“好”的占比76%以上；③罪犯对政治权利实现的满意度在96%以上。这说明罪犯虽然对政治权利较为漠视，但是其法制保障和社会实现程度好，满意度高。

2. 人身权利和人格尊严权实现状况分析。①罪犯对人身安全和人格尊严权表示高度关注的占比近98%；②然而，对其法制保障度的感受为“好”的仅占2%，表示“还行”占比38%，表示较差的占比竟然达到近六成。这充分说明，罪犯认为现行监狱行刑法制中对自身最基本的人权——人身权利和人格尊严的保障的感受度较差。（这里限于调查问卷的设计原因，罪犯人身权利和人格尊严的保障作为一个调查题项，因而无法区分，但是笔者根据对监狱管理人员和驻监检察官的访谈了解，罪犯人身安全权利在今天的中国监狱已经受到了较充分的保障，发生侵害是极少数情形，但是受限于传统监管习惯做法和滞后的监管理念，罪犯发式选择、监舍布局等方面的人格尊严权的法律法规规定还需要进一步人性化。）③但是，罪犯对人身权利和人格尊严实现的满意度方面，表示“满意”和“基本满意”的占比近七成。这说明，大多数罪犯对监狱工作中自身人身安全和人格尊严权的实现状况是满意的，也从一定程度上印证了笔者前述的分析，即罪犯对其中最重要的人身安全的满意度较高，所以才可能对实现程度的满意度较高。

3. 饮食实际状况分析。①作为被剥夺自由、自由实现度有限的罪犯而言，无疑吃好、喝好、生活好更为现实，因此，罪犯对日常饮食高度关注达到近93%。②罪犯认为现行监狱法制对其饮食的保障为“好”“还行”的占比超过84%。这说明罪犯对我国现行的罪犯饮食实物量计算和供应为基础的制度以及相应的食品卫生安全规范制度是认可的。③其中六成罪犯对饮食状况是“满意”和“基本满意”，但是仍有四成“不满意”。这说明，面对经济社会发展、人们日常生活水平的提高，罪犯面对其生活标准不得高于或应低于当地人民平均生活水平的实际状况，同时避免更多人感受到刑罚的痛苦，这符合刑罚的正当性和适度性要求。

4. 居住条件分析。①罪犯表示对于居住条件“最为关注”的占到近37%，表示“一般”关注的达到56%。这说明，伴随着经济社会发展下人们居住条件的大幅改善，罪犯对监舍居住条件的关注和要求已经较高。②罪犯认为居住条件的法制保障程度“还行”和“好”的占比超过了85%。③对于监舍居住条件的满意度而言，罪犯认为“满意”和“基本满意”的近七成，但是“不满意”的仍有二成以上。这说明大部分罪犯对居住条件是较为满意的，充分反映了我国监狱布局调整、监狱建设标准提升、监舍实际条件改善等工作的实际效果较好，较为充分地满足了罪犯的居住需求，但是面对行刑个别化、分级处遇的科学发展，将来可以考虑居住条件作为分级处遇内容予以差别化，进而更好地满足罪犯的需求，更好地激励罪犯积极主动改造。

5. 就医权利实现分析。①罪犯对自身生病就医权利高度重视、表示“最为关注”的近67%，表示“一般关注”的仍有三成。这说明，罪犯对自身就医权利仍然是很在意的。②然而，罪犯对监狱法制保障就医权利的状况表示“较好”和“好”的占比仅三成，也就是说，有七成表示保障“差”。这充分反映出罪犯对当前罪犯医疗制度的不满。长期以来，我国罪犯医疗保障执行着人均14元左右的财政保障标准，罪犯不能纳入当地城乡社会医疗保险体系，面对日益昂贵的医疗费用如杯水车薪，根本无法满足罪犯医疗需求，同时，监狱基于罪犯医疗安全和监管安全的考虑，在监管工作实践中坚持的“土政策”是严格限制罪犯接受狱外治疗、接受狱外药品的。这既反映出我国罪犯医疗保障制度的严重滞后，又反映出整个社会对罪犯群体的歧视以及对罪犯权利的漠视。③但是，罪犯对就医权利实现状况的满意度竟然“基本满意”以上达到了近八成。对此，笔者认为，调查罪犯均处于普通监区，老弱病残犯少，实际就医需求少，日常基本就医的满足状况较好。

6. 财产权利实现分析。①超过二成的罪犯对财产权“最为关注”，超过45%的罪犯对财产权表示“一般”关注，超过三成的罪犯表示“无所谓”。这说明罪犯自身所有的合法财产数量普遍较少，大多不太关注。②罪犯认为现行监狱法制对自身财产权的保障为“较好”以上的占到76%以上。③罪犯对财产权实现的满意度占到九成以上。

7. 劳动保护权实现分析。①罪犯对劳动保护权的关注度较高，达到近85%。②罪犯认为法律法规对劳动保护权的保障较好，仅有不足15%的罪犯认为较差。③罪犯对其劳动保护权利的实现状况也达到了77%以上。这说明罪犯对劳动保护权的关注度和法制保障程度、实践实现状况是基本一致的。

8. 劳动报酬权实现分析。①罪犯对劳动报酬权利高度关注，表示“最为关注”的占比超过46%，一般关注的占比逾47%，仅有极少数罪犯表示“无所谓”。②无一例外，所有罪犯都认为现行监狱法制规范对其劳动报酬权的保障“差”。③同样地，所有罪犯都对劳动报酬权的实现状况表示“不满意”。这充分说明，当前罪犯普遍经济意识强，对监狱法规定的依法享有的劳动报酬权利高度关注，同时，又普遍不满，但面对监狱行刑无法有效对权利救济的现实，更多是无可奈何。

9. 休息权实现分析。①超过九成罪犯对休息权非常关注，并且没有罪犯不在意休息权的个例，充分说明罪犯在狱内服刑中对休息权等日常涉及健康和舒适度的权利是非常在意的。②超过60%的罪犯认为当前休息权的保障较好或还行，但是仍有近四成罪犯认为休息权保障的不到位。③罪犯对休息权的实现状况的“基本满意”或“满意”的共计84%以上，但是表示“满意”的罪犯比例仅在15%左右。

10. 接受文化和职业技能教育权实现分析。①对这一权利表示“最为关注”的仅仅59人，占比6%，而表示“无所谓”的占一半以上。这说明了罪犯自身对文化和职业教育权利不在意，其中既有文化和技术教育的吸引力不足问题，更有罪犯本身改造功利主义思想的因由。②罪犯认为现行法制对其文化和职业技术教育权利的保障力度“还行”或“较好”的占比七成。③罪犯对这项权利的实现状况总体的满意度达到六成以上，较好地说明了监狱文化和职业技能教育的开展取得了积极成效，但是提高个体针对性和教育吸引力需加强。

11. 通讯会见权实现分析。①通讯会见权利作为罪犯对外交往的基本途径和方式，罪犯表示“最为关注”的占比55%，一般关注的占比也有近四成，充分说明了罪犯对亲情、爱情、友情的需要和获得外界信息的需要。②55%以上的罪犯对通讯权的法制保障是基本认可的，但是仍有四成多的罪犯对通讯会见权的保障状况吐槽、表示保障“差”。这反映了罪犯对通讯会见权的法制保障比较重视，个别访谈中，一些知法懂法的罪犯明确表示，当前监狱管理法律法规在通讯会见权的保障上没有明确规定，只是省监狱局和监狱的监规在规范。③罪犯对此项权利实现状况的总体满意度在六成，但是明确表示“不满意”占到四成。

12. 分级处遇权利的实现状况分析。罪犯对分级处遇权利表示较为关注的有七成，认为法制保障尚可及较好的占比85%，对分级处遇的总体满意度在六成以上。这说明分级处遇作为激励罪犯积极改造的手段，总体运行状况较好，但是罪犯中仍有四成不满意，充分说明了分级处遇的激励作用发挥还不充分。

13. 离监探亲权的实现状况分析。①九成以上的罪犯对离监探亲权高度关注，充分说明了罪犯对“暂获自由”、回家好好享受亲情爱情的极度渴望。②八成以上的罪犯对当前司法部出台的离监探亲制度规定持有肯定态度。③然而罪犯以一边倒地全部表示“不满意”，表达了他们对现实中所在监狱离监探亲制度适用“冰封”现状的不满、甚或无奈，因为现实中没有任何途径可以要求监狱启动离监探亲工作。

14. 获得减刑假释的实现状况分析。减刑假释到底是国家对罪犯的恩惠还是罪犯权利，在理论上尚有争议，但是实践中，减刑假释尚不具备罪犯权利的特征，因为在减刑假释的整个法律程序机制中，无论是启动、裁定还是最终结果下达后，罪犯不能主张权利、更没有对减刑假释裁定存在异议时通过司法途径进行权利救济的权利。因此，这里不能表述成获得减刑假释权利。①近95%的罪犯表示对减刑假释高度关注。②罪犯认为现行减刑假释法制的规定尚可或较好的占比达到了85%。③罪犯对减刑假释的总体满意度不足六成。这一组统计数字，反映出罪犯渴望早日出狱，对减刑假释高度关注，对减刑假释的法制也高度认可，但是对其实现状况却有四成多罪犯不满意。分析以上现象背后的原因，主要还是我国行刑宽缓化、社会化滞后，罪犯的刑罚重、刑期长，尤其是假释适用比例仅为2%，也是导致罪犯对实现状况差的切身感受强烈的司法体制原因。

15. 申诉控告检举权的实现状况分析。罪犯对这项权利的关注度达到了近八成，认为法制保障尚可的占到了近七成，但是对实现状况满意度不高，仅仅二成多罪犯表示“基本满意”或“满意”。这充分反映了罪犯申诉控告检举权利“高举低落轻打”的问题，说明了申诉控告检举渠道仍然不够通畅、权利行使仍有不同程度的阻碍。

16. 批评建议权的实现状况分析。①85%的罪犯对批评建议权的行使表示“无所谓”。这其中既有罪犯对权利行使后果的担忧，又有对权利行使效果的怀疑。②近八成的罪犯认为现行法制对批评建议权的保障比较差，访谈中罪犯认为批评建议权利基本上属于锦上添花，“可有可没有”“说不说一个样”。③但是，罪犯对批评建议权的实现程度上却有一半以上选择了“不满意”。这直接反映出罪犯对批评建议权内心排斥，侧面反映出对监狱及其警察执法的一些不满。

三、罪犯权利社会实现的阻因分析

（一）罪犯对自身权利实现障碍的认识

有学者对监狱服刑的1283名罪犯就权利保障不力的原因进行实地问卷调查，统计结果见下表[1]。

〔1〕刘恒志：《行刑法治与罪犯人权保障机理研究》，法律出版社2010年版，第397~399页。

罪犯认为自身权利保障和实现不力的主要阻因一览表

阻因类别	主要表现	选取人数	占比（%）
行刑理念方面	1. 长期的重刑主义思想传统； 2. 长期视罪犯为人民民主专政对象的阶级斗争思想 3. 长期重“人治”轻“法治”传统思想	92	7.2
立法方面	4. 罪犯权利保护立法缺损 5. 可操作性差	53	4.1
监狱执法方面	6. 监狱经费不足，教育改造、劳动改造模式和效果不佳 7. 法律规定落实不到位 8. 执法人员尊重和保护罪犯权利意识薄弱 9. 执法监督不到位 10. 执法中存在腐败	672	52.4
有关国家机关保障方面	11. 有关国家机关罪犯权利保障的职责不明确 12. 有关国家机关尊重和保护罪犯权利意识差，保障罪犯权利的工作动力严重不足 13. 罪犯法定权利保护宣传不够	317	24.7
罪犯自身方面	14. 法律和权利意识弱 15. 文化素质低 16. 经济困难、无力维护自身权益 17. 怕打击报复，能忍则忍	149	11.6

表中列出了罪犯权利保障不力的行刑理念、立法、监狱执法、有关国家机关保障、罪犯自身等5个方面、17个具体因素。从统计结果看，其中52.4%的罪犯认为用法律保护自己权利的困难是由于执法原因；24.7%的罪犯认为是由于其他相关国家机关、部门原因；11.6%的罪犯认为是由于自身文化程度低、经济困难和法律意识、权利意识普遍较弱；7.2%的罪犯认为是由于政治和文化原因；4.1%的罪犯认为是由于立法方面的原因。由此可见，罪犯认为自身的权利保障困难第一来自监狱执法方面；第二是相关国家机关、部门保障方面；第三是罪犯自身方面；第四是行刑理念方面，而立法方面排在最后。因此，从罪犯的角度看，自身权利的保障首先要加强执法；其次是提高其他相关国家机关部门保障罪犯权利的意识，理清职责，加强协调；再次是提高自己的文化素质、法律意识和权利意识，最后是完善立法。“不识庐山真面目，只缘身在此山中”，尽管罪犯对自身权利保障和实现的阻因认识，可能存在不同程度的偏差，但是仍然总体上反映出了主要阻因。

（二）《监狱法》对罪犯权利保障的欠缺

一个好的法律要变成活的法律，就要看是否通过程序的操作得以实现。法的本质不仅要从实体上理解，更要从程序上理解。法的实体规范与程序规范各有不同的作用。实体决定规范的内容构成，程序规范决定着规范的应用。“如果说，实体法是权利的设定与义务的分配，那么，程序法就是权利实现与义务履行的过程与步骤。”[1]从某种意义上说，《监狱法》不仅是行刑法，更是罪犯权利保障法，因此，实体与程序是《监狱法》的两个不可偏废的方面。“人们将仅有实体法的权利宣告而没有

〔1〕 陈兴良主编：《刑事法评论》，中国政法大学出版社2000年版，第25页。

设定相应程序的法条或法律称为‘软法’，无保障的权利不是权利，而这种保障必须通过一定的法律程序才能实现。”[1]由于程序是人权保障机能的载体，因此，注重程序就意味着重视罪犯合法权益的保障。

《监狱法》作为实体法与程序法的混合体，其中罪犯权利保障的抽象性实体规则较多、具体的操作程序规则欠缺，影响了罪犯法定权利的实现。

从实体上说，《监狱法》具有实体性的规定，如监狱的设置，监狱人民警察的权利和义务，罪犯的权利和义务等。从程序法上说，《监狱法》还有程序性的规定，如对罪犯的管理、教育、减刑、暂予监外执行等。但是，从我国现有刑事执行法律和法规内容看，我国《监狱法》关于罪犯权利的条款仅仅是一种权利宣告，而关于罪犯权利的实现却没有程序性的法律规定，罪犯权利的实现缺少程序的保障。例如，在罪犯的申诉权方面，对罪犯在被监管过程中受到的行政处罚，没有相应的程序条款来保障罪犯的申诉权，未能对监狱的监管权力通过程序来进行有效制约。《监狱法》第58条规定：“罪犯有下列破坏监管秩序情形之一，监狱可以给予警告、记过或者禁闭……”罪犯因破坏监管秩序而遭受的处罚性质属于行政处罚，因为从程度上讲，罪犯这种行为并没有违背刑事法律，尚不构成刑事犯罪；从行为主体上来说，罪犯属于身份特殊的行政相对人，而监狱作为行政主体行使的监管权力属于行政权力，罪犯因破坏监管秩序所受到的处罚应当属于行政处罚的范畴。但是，我国《监狱法》对罪犯适用行政处罚的程序，均无明文规定。监狱对罪犯科以行政处罚，在具体适用《监狱法》第58条时，缺乏程序上的法

[1] 郭光东：“以正当程序保障人权”，载《南方周末》2004年3月18日。

律依据。对于罪犯行政处罚的履行方式和期限，不服行政处罚决定申请复议或起诉的途径和期限等均未作出明确的规定。直接后果是，易造成监狱对罪犯行政处罚的随意性，执法失去规范；罪犯受行政处罚时，应当享有的基本权利在法律程序上缺乏保障。罪犯作为权利受到限制的弱势群体，不同于一般的行政相对人，其公民权利的行使往往受到诸多限制，因此，对于罪犯的行政处罚更需要程序来限制，并通过程序来保障罪犯的申辩权、复议权和诉讼权，所以《监狱法》第58条需要更具体的程序条款来支持。由于程序正义没有在这部法律中得到很好的体现，抽象的实体规则较多、具体操作程序规则欠缺，阻碍着罪犯权利的主张、行使和实现。〔1〕

（三）监狱民警法治观念不强、人权意识淡薄

目前在一些监狱中，仍存在部分民警法制观念不强、人权意识淡薄的现象。主要是因为：其一，社会文化传统影响着人们的思想观念和价值取向。我国封建社会历史较长，“人治”等封建思想有一定影响，注重纲常伦理使中国社会具有“关系社会”“人情社会”的色彩，这都成为法治建设的历史和文化障碍，在相当程度上影响了监狱罪犯权利保障工作；其二，民主监督的意识比较薄弱，监狱执法环境又相对封闭，一些监狱中往往形成“一把手”说了算的局面；其三，由于长期以来强调监狱专政的功能，对监狱罪犯权利的保护意识不够；其四，对罪犯人权保护的法律法规、政策及国际性文件缺乏了解和学习。

司法部预防犯罪研究所司法人权研究室曾进行过一项科研项目“中国监狱警察人权教育研究”，专门在基层监狱管教民警中进行了较为广泛的调研。其中在对监狱罪犯权利保障认识方

---

〔1〕 李宏伟、吴春：《监狱工作法制化与科学化建设研究》，陕西师范大学出版社2007年版，第123页。

面，调查结果显示监狱警察对于罪犯权利的保障表示认同，但是在具体的保护问题上仍然存在分歧。多数接受调查的监狱警察都认为，作为被监管对象的罪犯，其权利应当受到充分重视和保护；也有少数的监狱民警认为，罪犯的权利已经保护得很好了，不需要特别强调。70%的人表示对于罪犯的权利义务很清楚，并正确选择了罪犯所享有的一些具体权利；但也有30%的人表示对于罪犯的权利只知道一点，并无法正确地说明罪犯享有的一些具体权利。在国际人权标准方面，所有的受访者都表示执法人员应当了解国际人权标准，但是只有六分之一的人表示已经对国际人权标准比较了解。有超过80%的人表示如果发现执法人员虐待罪犯会立即上前制止。[1]

加强执法与人权保护应当是相辅相成、目标一致的，但在一些监狱民警的思想深处，这两者还是很难统一。上述调研中，近77%的受访者都感到尊重人权与加强执法之间有一定的矛盾。其中33.7%的受访者表示，尊重人权和加强执法两者难以兼顾，加强执法就难以完全尊重人权；43%的受访者表示虽然两者存在一定的矛盾，但是从实质看则是一致的。只有23%的人表示，尊重人权和执法之间没有矛盾，二者是一致的。对于另一个问题——罪犯权利意识增强与监狱管理好坏的关系，有21%的受访者认为弊大于利，53%的受访者认为利大于弊，26%的受访者认为罪犯权利意识的增强对监狱管理纯粹有利。[2]

上述调研的结果，在一定程度上可以说明当前监狱警察的人权观念状况。应当承认很多监狱警察在如何认识人权问题和

---

〔1〕 张立伟、闫佳：《和谐社会下执法人员的人权教育》，中国财富出版社2012年版，第79~80页。

〔2〕 张立伟、闫佳：《和谐社会下执法人员的人权教育》，中国财富出版社2012年版，第79~80页。

对罪犯权利保障观念方面有了很大的进步，他们认识到了罪犯权利保障的必要性，但是对于背后的原理、机制乃至原因关系等问题并不明确。这些状况，一方面可以归结为旧的执法理念、执法模式的影响短期内难以消除，执法机关尤其是监狱警察在保障罪犯权利方面存在“重打击、轻保护”的倾向；另一方面凸显出目前对监狱警察的人权教育和培训存在不足。因此，有必要对监狱警察进行人权教育。[1]

（四）罪犯和社会舆论对监狱执法的监督作用较弱

监狱罪犯在服刑期间，其人身自由被剥夺，被监禁在狱内，与社会的联系也受到严格的限制。在这一特定环境内，罪犯对其自身合法权益的主张与维护，要比外界的普通公民受到的限制多。虽然罪犯可以对狱外违法犯罪的组织或个人进行控告、检举，也可以对狱内违法犯罪的组织或个人进行控告、检举，但后一部分往往涉及具体的狱内警察，如何排除罪犯充分行使控告、检举权可能存在的后顾之忧，就是需要认真研究的课题，这点与罪犯的人权保障息息相关。这里引用有关学者在一些基层监狱的调研问卷统计情况。

西部某省5所监狱的500名罪犯问卷部分选题统计表[2]

选题	答案1	答案2	答案3	答案4	弃权
你如果发现管教警察有违法违纪的事时	写举报材料44人（8.8%）	找其他警察反映15人（3%）	什么都不说，装着不知道339人（67.8%）	其他98人（19.6%）	4人（0.8%）

---

[1] 冯建仓主编:《服刑人员权利保护研究》，中国检察出版社2016年版，第77页。

[2] 冯建仓主编:《服刑人员权利保护研究》，中国检察出版社2016年版，第76页。

从上表可以看出，监狱环境对罪犯所造成的心理压力较大，使其不敢或不愿对狱内警察的违法违纪事项进行监督，甚至大多数人所持的态度是什么也不说，装着不知道。目前监狱的通常做法是在监狱内适当的地方设置罪犯控告箱、检举箱，以接受罪犯投放的控告材料和检举材料。罪犯控告箱一般由驻监检察人员或监狱的纪检部门开箱。罪犯检举箱一般由监狱的负责人或狱（侦）部门的工作人员负责开箱。这种方法究竟能起到多大作用以及如何改进很值得思考。

监狱系统处于一个相对封闭的环境之中，高墙电网将其与社会相对分离自带某种神秘的色彩；监狱又处于刑罚执行环节，带有司法职能，这就不可避免地使监狱机关带有司法机关的法定性、独立性、权威性等特性。监狱机关与传媒之间还存在沟通不畅的瓶颈，这些在一定程度上影响了社会对监狱的了解，也在不同程度上影响了社会及舆论对监狱执法工作的监督。

（五）罪犯权利的诉讼救济机制严重缺损

无救济则无权利，无诉讼则无救济。罪犯权利救济机制缺损，特别是诉讼救济机制不畅，阻碍了罪犯权利实现的最终路径。“虽然刑罚的结果是某些基本权利的丧失，然而却不能全部否定这些基本权利。而且，既然刑罚会限制一定的人权，那么这种限制就必须符合刑罚执行之目的，相应地就必须与刑罚正当性理论相契合。由于受刑人囿于监狱之中其权利特别容易受到侵犯，因此受刑人应当拥有特别的权利以保护他们防止被虐待，并且补偿他们所可能受到的潜在的长期性伤害。”[1]众所周知，诉讼救济在罪犯权利救济中发挥着终局性、根本性的作用，然而，我国的司法实践中，罪犯通过刑事、民事、行政诉讼三

---

〔1〕 Liora Lazaius, *Conhcsting Prisorrers Rights*, Oxford University Press 2004, pp. 2~3. 转引自李同民：“我国受刑人权利研究”，山东大学2007年博士学位论文。

种诉讼类型进行权利救济均存在不同程度的困难和障碍。

从刑事诉讼救济的类型来看，罪犯可以通过公诉、自诉和申诉三种方式实现权利救济，其中公诉案件由检察机关代表国家依法追究犯罪人的刑事责任，从而保障罪犯权利，但是通过自诉、申诉方式进行权利救济存在着制度设计上的缺陷且实践效果较差。刑事诉讼中当事人享有的各项权利，已不仅仅是一种诉讼权利，而且是受宪法保障的宪法性权利。“在对任何人实施法律控制时，必须使承担义务者保持起人格尊严。只有这样，才能将每一个社会成员看作一种目的，而不是仅被当做专横意志的对象和实现他人目的的手段。”〔1〕因此，现代刑事诉讼一直在寻求各种利益之间的平衡。大陆法系国家偏重于事实的发现，对申诉和再审制度给予了详尽的规定。但在追求真实和保护人权各种利益上的不同倾向，产生了法国类和德国类两种。而英美法系国家，由于强调程序优先，并没有严格意义的申诉和再审制度，但有一些制度中作出了规范。然而具有的共性是各国对申诉和再审制度的适用都采取了比较审慎的态度，规定了比较严格的适用标准，以努力减少因追求真实而可能对法的稳定性和终极性造成的损害。〔2〕我国刑事申诉、再审制度遵循“以事实为根据，以法律为准绳”的原则，侧重于追求实体真实，以惩罚犯罪为首要任务。审查刑事申诉就要认真审查原判决、裁定所认定的事实是否真实可靠，适用法律是否正确，如果确有错误，就要依法纠正。这种实体真实的理念对于保障法律的正确实施，惩罚犯罪分子，保护公民、法人及其他组织的合法

〔1〕［美］E. 博登海默：《法理学——法律哲学与法律方法》，邓正来译，中国政法大学出版社 2004 年版，第 162 页。

〔2〕刘家琛、郝银钟主编：《刑事审判学》，群众出版社 2002 年版，第 282 页。

权益，稳定社会秩序和维护社会主义法治的尊严，在立法技术较低，法官业务素质较差的历史条件下，对于维护社会稳定，保护被告人的合法权益都有着重要意义。但是按照这一思想原则，就意味着无论什么时候发现生效裁判的错误都必须纠正，错误无论大小都必须纠正。反复地就某一已决案件启动重新审判程序，不可避免地会造成法院权威性的降低，并使被告人长期或者不断地陷入诉累，其命运和前途始终处于待判定和不确定的状态。对当事人来说，只要他认为生效裁判有错误，就可以不断地申请再审。事实上，绝大多数的裁判可能存在某些不足，但这些不足并不必然导致再审改判。从辩证唯物主义的认识论出发，人的认识是绝对性和相对性的统一。就人的认识世界的可能性而言，人的认识能力是无限的，客观世界可以被主观世界所正确反映，其前提条件是认识时间、认识手段不受限制。但这种前提在诉讼中是不可能成就的。因为诉讼总要受到时间和空间的限制。人类没有完全重现案件真相的能力，我们所能得到的只是一个无限接近于事实真相的法律上的事实，即只能达到相对真理的程度。况且，在刑事诉讼中，我们不可能为了探求事实真相而无限度地进行下去，而必须受到时间、地点和司法资源投入上的诸多限制，充分考虑效率和效益价值目标，这就使得我们对事实真相的探求变得更加困难。再说，实事求是所追求的客观事实又都是过去的而非正在发生的现象，因此通过诉讼所要达到的事实，只可能达到一种相对真实，而无法与实事求是这一哲学领域中的客观真实完全吻合，所以诉讼中完全的客观真实只能是相对的。法律事实和客观事实毕竟有一定的差别。因此，只要发现有错误就改判，只要当事人提出申诉就立案复查，开启再审程序，更改终审裁判的随意性较大，结果当事人始终没有终审的概念，裁判生效后又反复申诉。

这不利于维护法律的严肃性和权威性，也不能有效地保障人权。[1]因此，在刑事申诉制度改革的问题上，我们应当对传统的再审理念进行深刻的反思，查明案件真相、追求实体真实不是再审程序的唯一目的，在一定的条件下，实事求是、不枉不纵、实体真实的理念应该让位于人权保障的理念。

从民事诉讼救济的类型来看，法律并没有关于罪犯民事诉权的限制性规定，但是由于罪犯处于被限制人身自由的刑罚执行过程中，所以其实际民事诉权的全面实现也存在一定程度的困难。与《刑事诉讼法》广泛使用“人民”的概念不同，现行《民事诉讼法》在阐述立法目的时使用“公民”的概念。使用“公民”这一具有中立属性的概念而不使用“人民”这一具有政治属性的概念，说明现行《民事诉讼法》与《刑事诉讼法》相比，所体现的意识形态色彩至少在法律文本意义上要弱化和间接，但是，其所体现的强烈的国家本位主义又潜在地强化着其中的意识形态色彩。国家本位主义与当事人本位主义作为一对对应范畴存在。国家本位主义在民事诉讼领域表现为民事诉讼立法，单纯地从国家权力运作的角度出发，简单地把民事诉讼法律看成是国家以潜在的强制力为后盾进行社会控制的手段或者工具，体现了非常明显的国家利益倾向。细察我国目前的民事诉讼法律可以发现，国家本位主义的影子无处不在，如再审程序的发动主体所体现的国家职权干预、法院裁判文书的形成可以不受当事人辩论范围和内容的限制所体现的法院裁判权对于当事人诉权的优越以及对法官或法院行使职权的程序性制裁规定的普遍缺乏等。可以说，民事诉讼立法中的国家本位主义越强烈，当事人诉讼权利的范围就越小，两者之间呈现一种

---

〔1〕邓颖：《刑事申诉制度研究》，中国人民公安大学出版社 2008 年版，第 58~62 页。

反比例的紧张关系。即使是被法律所确认的诉讼权利都会面临着被挤压的危险，对于具有罪犯身份的当事人更是如此。原因在于，人们过去曾经在很长一个时期内习惯在一种“阶级斗争”和“人民民主专政”的思维范式中思考，现在还不同程度地受这种思维方式的影响，将具有罪犯身份的当事人和不具有罪犯身份的当事人区别对待。在这种貌似具有一定合理性的思维方式作用下，人们很容易对罪犯诉讼权利的保护持一种漠不关心的态度，对法院在民事诉讼中剥夺或者压制罪犯作为当事人时应享有的诉讼权利的行为保持容忍。这种普遍的诉讼观念无助于在民事诉讼中正确地规范国家权力与公民权利的关系，也无助于克服或者消除民事诉讼法律中的国家本位主义，更无助于弱化民事诉讼立法中的意识形态色彩。但是，在《宪法》增加规定人权保障条款的现实语境中，我们必须也能够有所作为。〔1〕

从行政诉讼救济的类型来看，我国将监狱管理行为作为特殊的刑事司法活动而排斥在行政诉讼案件的受理范围之外，致使诉讼救济的终局性、根本性作用无法实现，最终影响了罪犯权利救济的实现效果。罪犯权利行政诉讼救济的阻扰的理论根基是特别权力关系理论。特别权力关系理论起源于19世纪的德国，是在自由法治国时期，为了维护君主对官员及军队的统治权而发展起来的法学理论，使作为君主支柱的军队及官僚系统得以摆脱法治主义的支配。后来该理论逐步拓展到军队、监狱、学校等其他行政领域。所谓特别权力关系，作为一般权力关系的对称，是指在特定的行政领域内私人对国家具有较强附属性的关系。在特别权力关系中，不适用一般情形下所应遵循的法

〔1〕刘加良、张亚琼：“罪犯权利保护与修改民事诉讼法的若干思考”，载《湖北社会科学》2005年第11期。

律保留与权利保护等原则，权力主体可以以内部规则的方式限制相对人的自由权利；权力主体对处于特别权力关系中的相对人享有总括性命令支配权，只要是出于实现行政目的的需要，即使法律无具体明确的规定，仍然可以为相对人设定各种义务；特别权力关系中相对人不服权力主体制定的命令时，为维持其内部秩序，权力主体有权行使公权力，对相对人作出惩戒；相对人只能忍受特别权力人所施加的不利行为而不能向法院申请行政诉讼救济。因此，特别权力关系领域实际上形成了一个没有救济的空间，构成了法治国家的漏洞。我国虽然没有明确采纳特别权力关系的理论，但法律规定和实际运作与特别权力关系理论存在相似之处。如在行政诉讼法中将行政机关对其工作人员的奖惩、任免等决定绝对地排除在受案范围之外。我国在监狱管理关系上，更是普遍将监狱管理机关作为司法机关，将监狱管理行为作为司法行为加以对待，不允许罪犯对之提起行政诉讼，致使诉讼救济的终局性、根本性作用无法实现，最终影响了罪犯权利救济的实现。

第三部分 PART 3 比较与借鉴

第八章

罪犯权利保障的国际机制

我国罪犯权利保护制度的改革发展既要基于国情现实，又要注意借鉴吸收罪犯权利保护国际机制的合理内容和贯彻落实签署的国际人权公约中的相关义务要求，实现罪犯权利保护的国内机制和国际机制的良好协调发展。

一、罪犯权利保障的国际规则

联合国成立于“二战”后（1945 年），是目前世界上规模最大、在国际事务中最具有权威性的国际组织。鉴于维护世界和平与安全、促进对全人类人权和基本自由的尊重之宗旨，1955 年以来，联合国相继通过了许多有关监狱管理和罪犯处遇的规范。根据这些规范的存在形式不同，可以分为三类。

（一）联合国关于监狱管理和罪犯待遇的专门规范

主要包括:《囚犯待遇最低限度标准规则》《切实执行〈囚犯待遇最低限度标准规则〉的程序》《囚犯待遇基本原则》《关于保护死刑犯权利的保障措施》《保护被剥夺自由少年规则》和《关于移管外籍犯的示范协定及有关外籍犯待遇的建议》等。

《囚犯待遇最低限度标准规则》于 1955 年在第一届联合国预防犯罪和罪犯待遇大会上通过，是联合国预防犯罪和刑事司法领域通过的第一个规则。其分为两个部分，规定了有关囚犯待遇和监狱管理的国际准则。这些规则共有 94 条，后又于 1977

年增加到第 95 条。这些规则包括：不得基于种族、性别、宗教、政见、出身等对囚犯加以歧视；男犯和女犯、已决犯和未决犯、成年犯与少年犯均应分别隔离；囚犯的住宿、衣服、被褥、饮食、盥洗条件等必须符合保持卫生和维护健康的要求；监狱应保证囚犯每天在室外适当活动，有适当的医疗条件；狱内采取的纪律和惩戒措施不得超过安全看守和有秩序的集体生活所需要的限度；禁止一切体罚、暗室禁闭和残忍、不人道、有辱人格的惩罚；不得将手铐脚镣等戒具作为惩罚用具；囚犯有申诉权，可以同外界接触，阅读书报和参加宗教仪式；监狱官员必须符合正直、仁慈、恪尽职守和以身作则的要求，以感化囚犯改恶从善；对服刑中的囚犯应给予适当的改造、教育、道德、精神和其他方面的协助，培养其责任感，提高其出狱后守法自立的能力；监狱劳动不得具有折磨性质，工作时间应符合法律规定，等等。此外，该《规则》还规定未决的在押人员有权利会见律师并取得法律援助，未经定罪者视同无罪，其家属和亲友应被告知其被关押事宜。

《切实执行〈囚犯待遇最低限度标准规则〉的程序》于 1984 年由联合国通过，确立了要求会员国保证《囚犯待遇最低限度标准规则》得到切实执行的程序。其中包括“所有其保护各种形式拘留或监禁的人的标准低于《囚犯待遇最低限度标准规则》的国家，都应采用《囚犯待遇最低限度标准规则》”；将《囚犯待遇最低限度标准规则》纳入国内立法；向执法人员和囚犯传播《囚犯待遇最低限度标准规则》等。

《关于保护死刑犯权利的保障措施》是 1984 年由联合国通过的刑事司法准则规范之一，确立了保障死刑犯权利的 9 条措施，其中包括死刑应当仅限于对最严重的犯罪适用；对不满 18 岁的未成年人及怀孕或哺乳婴儿的妇女不适用死刑；只有被判刑人员用尽各种上诉和申诉途径后才能执行死刑；执行死刑应当尽量以引起痛苦最小的方式为之等。

《关于移管外籍犯的示范协定及有关外籍犯待遇的建议》是 1985 年第七届联合国预防犯罪和罪犯处遇大会上通过的，要求各成员国在教育、职业培训、工作、离监休假等方面给予外籍犯与本国囚犯相同的待遇。并在语言与外界接触、申诉、饮食、宗教、法律援助、住宿等方面，应对其予以应有的照顾和帮助。

《囚犯待遇基本原则》于 1990 年在第八届联合国预防犯罪和罪犯待遇大会上通过。这项规范与联合国先前制定的有关规范相比，在强调尊重囚犯人权的同时，也强调囚犯待遇应符合国家的其他社会目标和社会全体成员的福利的需要。《原则》提出了“努力废除或限制使用单独监禁作为惩罚的手段”的目标，并规定囚犯应从事有意义的有酬工作，以及有关罪犯合法权利受到尊重和保护、不得歧视，促使其在最好的条件下回归社会等 10 个基本原则，共 11 个条款。

《保护被剥夺自由少年规则》也是 1990 年第八届联合国预防犯罪与罪犯待遇大会上通过的。《规则》规定，被逮捕或待审判的少年应尽可能不予拘留。被拘留的少年，其待遇应符合无罪推定的要求，而且有法律援助或法律顾问帮助。《规则》对拘留、关押少年的设施和管理，包括物质环境、住宿、衣食、教育、培训、工作、娱乐、宗教、医疗、探望、纪律和惩戒措施等方面作了不同于成年犯的详细规定。

（二）联合国制定的含有罪犯待遇和监狱管理内容的预防犯罪和刑事司法准则

主要包括：《执法人员行为守则》《执法人员使用武力和武器的基本原则》和《联合国少年司法最低限度标准规则》。

《执法人员行为守则》于1979年由联合国大会通过。该《守则》规定，执法人员在执行职责时应尊重人权和人的尊严：只有在绝对必要时才能使用武力，而且不能超出执行职务所必需的范围；对自己掌握的有关个人隐私的秘密资料，尤其是对有损他人名誉的资料，应当严守秘密；不得施加、唆使或容许任何酷刑行为或其他残忍、不人道或有辱人格的待遇或处罚；应当充分保证被拘禁人的健康，必要时应立即采取行动确保这些人获得医疗照顾；应当极力抗拒和反对一切腐败行为。在这一守则中，监狱管理人员被视为执法人员，他们在执行职责中就应当严格遵守这些规定。

《执法人员使用武力和武器的基本原则》是1990年在第八届联合国预防犯罪和罪犯待遇大会上通过的。该《原则》规定，执法人员在执行职责时应当尽可能采取非暴力手段，在其他手段起不到作用或没有希望达到预期的结果时才能使用武力或武器；在不得已使用武力或武器时，执法人员应当对武力和武器的使用有所克制并视犯罪行为的严重性和所要达到的合法目的行事，尽量减少损失和伤害，并尊重和保全人命，确保任何受伤或有关人员得到医疗和救护，确保尽快通知受伤或有关人员的亲属，按程序作出报告。在此，监狱管理人员也被视为执法人员的一种，同时对被拘禁人员使用武力或武器还作出了专门规定。

《联合国少年司法最低限度标准规则》是1985年在第七届联合国预防犯罪和罪犯待遇大会上通过的。该《规则》对于少年犯罪案件的侦查、起诉、审判和处刑的执行都作了不同于成年犯的规定。对于少年犯的非监禁刑的执行，规则强调增进少年犯的福利是最为优先的考虑。对于被处以监禁刑的少年犯，规则强调在适用《最低限度标准规则》的基础上，确定少年监禁的目标是提供照管、保护、教育和职业技能，以便帮助他们在回归社会后能起到建设性和创造性的作用。被监禁少年应与成年犯隔离关押，并应获得与其年龄、性别和个性相适应以及为其健康成长所需要的社会、教育、职业、心理、医疗和身体方面的照管、保护和一切必要的帮助。规则还要求会员国经常、尽早地对被监禁的少年采用假释，并努力提供半监禁式的办法，如重返社会训练所、教养院、日间训练中心等。

（三）联合国制定的含有监狱管理和罪犯待遇的人权准则

主要包括：《禁止酷刑和其他残忍、不人道或有辱人格待遇或处罚公约》《保护所有遭受任何形式拘留或监禁的人的原则》等。

《禁止酷刑和其他残忍、不人道或有辱人格的待遇或处罚公约》是1984年联合国大会通过的一项重要准则，至今已有近100个国家加入该公约。该《公约》规定了“酷刑”的概念，包括“蓄意使用在肉体上或精神上遭受剧烈疼痛或痛苦的任何行为”。它又规定，缔约国必须将一切酷刑行为定为犯罪并予以惩罚，缔约国必须确保酷刑受害人得到补偿。此外，缔约国应确保在任何诉讼程序中，不得援引以酷刑取得的口供为证据。上级命令不得成为施行酷刑罪行的辩护理由。该公约并决定设立禁止酷刑委员会，接受并审议有关缔约国未履行公约义务的来文及实施公约的报告。这个公约，是目前国际反酷刑斗争的最重要的法律武器。中国于1988年加入该公约，近年来对有关刑事法律的修改和解释也反映出公约的要求。

《保护所有遭受任何形式拘留或监禁的人的原则》是1988年由联合国大会通过的。该《原则》确立了39条原则，以保护所有遭受各种形式拘留或监禁的人。其中包括所有遭受各种形式的拘留或监禁的人均应获得人道待遇和尊重其固有人格尊严的待遇；逮捕、拘捕或监禁应严格按照法律规定并由为此目的获得授权的主管官员或人员执行；对所有被拘留或监禁的人不得以任何理由加以歧视；被拘留人或被监禁者有权与外界保持接触，有权获得法律帮助；即使被拘留人或被监禁者同意，也不得对其进行任何可能有损其健康的医学或科学试验；被拘留人或被监禁者有权获得合理的教育、文化和信息资料等。

二、罪犯权利保障的专门组织机构

（一）国际人权机构

国际人权机构专指在世界范围内开展有关人权的各项工作，处理各项人权事务并发挥作用的人权机构。这类机构很多，本书只择其中重要机构予以论述。

1. 人权委员会[1]。联合国人权委员会是联合国处理人权问题事项的主要机构，附设于经社理事会。人权委员会的主要职责是：第一，对人权问题进行专题研究，提出建议并起草国际人权文书；第二，审议、调查有关侵犯人权的指控，处理与此种侵犯有关的来文；第三，协助经社理事会协调联合国体系内的人权活动。人权委员会不针对具体案件，对具体人权案件的处理需要其他公约机制具体落实。

2. 促进和保护人权小组委员会。该小组委员会是人权委员

[1] 联合国人权委员会是1946年6月根据联合国9（Ⅱ）号决议建立的，最初由18个会员国组成，现有会员国53个。成员名额按地域分配：非洲15个；亚洲12个；拉美11个；东欧5个；西欧及其他10个。任期为3年，可以连选连任。中国于1982年开始直到现在一直是人权委员会成员国，在此之前（1979~1981年），作为观察员参加活动。1971年以前由台湾当局占据此位置。人权委员会每年春季在日内瓦召开会议，为期6周，除53个会员国外，联合国所有成员国均可派观察员参加会议。此外，联合国专门机构、其他国际组织、非政府组织（但需在联合国的经社理事会取得咨商地位）可派代表参加，作为观察员。观察员无表决权和答辩权。

会的附属机构，原名为“防止歧视及保护少数小组委员会”。该小组委员会由人权专家组成，以个人身份工作，不代表任何国家。小组委员会的职权主要包括：就防止对人权和基本自由的任何种类的歧视以及保护少数的问题进行研究并向人权委员会提出建议，还可以由经社理事会或人权委员会授权行使其他职责。

3. 人权高级专员办公室。人权高级专员办公室于 1993 年建立，是联合国秘书长的下属机构，主要职责包括促进和保护各种人权；对要求援助的国家提供人权领域的咨询、技术和财政支持；在人权领域的联合国教育和公共信息计划方面进行协调；消除全面实现人权的障碍；在保障对人权的尊重方面与政府对话；为促进和保护人权增强国际合作。

（二）联合国体系下的罪犯权利保护制度

1. 特别报告员和专家工作组制度。1949 年以来，各种维护人权的特别机制逐渐在联合国体系内建立起来并得到不断完善。特别报告员和专家工作组制度作为这些特别机制的主要内容，是通过特别专题程序对人权问题分别进行国别的或主题的研究并提交报告。特别报告员制度是通过联合国人权委员会的授权，由若干人权专家来实现的。1985 年，人权委员会任命了第一位酷刑问题特别报告员，其任务范围涵盖所有国家，无论该国是否批准了《防止酷刑公约》。特别报告员在得到一个国家的同意后，可以到相关国家进行实地考察。联合国人权委员会的酷刑问题特别报告员曼弗雷德·诺瓦克（Manfred Nowak）2005 年 12 月份对中国进行了为期两周的考察，走访了北京、拉萨和乌鲁木齐的看押场所，与在押人员单独谈话，同时也和政府官员、公检法人员以及律师、学者、民间人士、驻华使团等进行了广泛的接触。这是联合国酷刑报告员设立 20 年来首次访华。对于此次访华的总体印象，诺瓦克表示，中国在防止和减少酷刑方面取得了很大的进步。另外，人权专家工作是介于由国家或政府的代表组成的联合国人权机构和由人权专家个人单独从事的人权问题特别报告员之间的一种机制。

2. 1503 程序。针对联合国每年收到许多有关侵犯人权的控告，1970 年 5 月 17 日，经社理事会通过第 1503（XLⅡ）号决议。题目是“有关违反人权和基本自由的来文处理程序”，共 10 条。根据该项决议审议违反人权的受害者来文（Communications）的程序，称为“1503 程序”。1503 程序有几个特点：首先，它受理个人的申诉是不需要以国际人权公约为依据的；其次，侵犯人权行为是属于达到一贯的、严重的程度；再次，侵犯人权的行为必须构成了一种情势，是一系列侵犯人权的情况，对于那些个案，比如说某一个国家的国民遭到了警察的虐待，如果这是一个和其他事件没有联系的个案，就不能适用 1503 程序；最后，1503 程序整个过程都是保密的，个人对国家的申诉与促进和保护人权小组委员会以及联合国人权委员会对于这些申诉的审理情况都是不公开的，完全都是保密文件上的交流。[1]

（三）以国际人权公约为基础建立的有关机构和制度

国际社会除了制定国际人权公约之外，还建立起了一系列保证公约得以实施的有关机构和制度。这些机构和制度从各方面促使缔约国履行公约义务。

1. 国际人权条约机构。(1) 人权事务委员会（Human Rights Committee)。它是根据《公民权利和政治权利国际公约》第 28 条设立的监督公约执行情况的条约机构。其主要任务和职能：一是审查国家报告，即审议缔约国按公约要求提交的关于实施

〔1〕 李步云主编：《人权法学》，高等教育出版社 2005 年版，第 362~363 页。

权利和享有权利状况的报告，并提出建议；二是处理缔约国间来文，即受理和审议一个缔约国对另一个缔约国不履行公约义务的指控，并进行调解和处理；三是审查个人来文，即有限制、有条件地受理、审议、调解由缔约国公民个人提出的控诉。虽然委员会既不是司法机构，也不是准司法机构，但被看作是能够以“准司法”的方式接受并审议个人的来文。〔1〕(2) 禁止酷刑委员会。它是根据《禁止酷刑和其他残忍、不人道或有辱人格的待遇或处罚公约》（以下简称《禁止酷刑公约》）第 17 条设立的监督公约执行情况的条约机构。禁止酷刑委员会成员是由缔约国推选 10 名“具有崇高道德地位和公认在人权领域具有专长的”专家组成。其主要任务和职能是：审议缔约国提交的关于其为履行公约义务所采取的措施的报告；在有确凿迹象显示在某一缔约国境内经常施行酷刑时进行秘密调查〔2〕；审议声称因违反本公约条款而受害的个人或其代表来文指控；以及审议国家的申诉。《禁止酷刑公约》通过构筑国际反酷刑的法律体系的基本框架，从事前预防和事后补救两个方面，形成了绝大部分的国际反酷刑法律规范。事前预防就是通过相关的制度设计，对权利的监督和制约，从源头上防止酷刑的发生。例如，对司法人员侦查和执行活动行为规范的规定，禁止执法人员施加酷刑并以之作为其一般职务守则；强调主管当局的调查义务和防止酷刑的监督机制。事后补救，是指在酷刑发生后，为受害人提供司法救助的途径和对施刑者进行制裁，包括赋予受害

〔1〕 路常青：“人权事务委员会研究”，载赵海峰主编：《国际法与比较法论坛》（第 1 辑），中国法制出版社 2006 年版，第 288~304 页。

〔2〕《禁止酷刑公约》第 20 条授权禁止酷刑委员会有权接受关于指控缔约国境内经常施行酷刑的情报，并对这类指控主动进行调查。该条第 2 款规定：“委员会考虑到有关缔约国可能提出的任何说明以及可能得到的其他有关情报，如果认为有正当理由，可以指派一名或几名成员进行秘密调查并立即向委员会提出报告。”

者以特定的权利，如受害人的申诉权等司法救济权。该公约要求各缔约国主管当局对已遭受酷刑的个人立即进行公正的调查并确保有关个人有权向该国主管当局申诉且不因提出申诉或提供证据而遭受任何虐待或恐吓，还要求缔约国对酷刑受害者给予保护和赔偿，施加酷刑而得到的供词不得作为诉讼中的证据来采用，以及对实施酷刑的人员追究刑事责任等。

2. 国际人权公约实施机制。（1）国家报告制度。报告制度是国际人权公约所规定的监督缔约国履行公约义务的一项重要制度。国际人权公约一般要求缔约国在规定的时期内或有关国际机构要求时，以公约规定的程序，向有关人权机构提交其在履行条约义务方面所采取的措施和所取得的进展的报告。报告制度迫使缔约国彻底地反映它是否以及如何在国内法律制度中履行根据公约规定的义务。例如，《公民权利和政治权利国际公约》第 40 条第 1 款规定："本公约各缔约国承担在（甲）本公约对有关缔约国生效后一年内及（乙）此后每逢委员会要求这样做的时候，提出关于它们已经采取而使本公约所承认的各项权利得以实施的措施和关于在享受这些权利方面所做出的进展报告。"《禁止酷刑公约》第 19 条规定："缔约各国应在本公约对其生效后一年内，通过联合国秘书长向委员会送交关于其履行公约规定之任务所采取措施的报告。随后，缔约各国应每四年送交关于其所采取的新措施的补充报告以及委员会可能要求的其他此类报告。"中国于 1989 年 12 月提交了关于该公约执行情况的首次报告，后于 1992 年 10 月提交了补充报告。中国的首次报告及其补充报告、第二次、第三次报告详细说明了中国的政治制度、行政、立法和司法机关的组织情况，法律的构成，以及在禁止酷刑方面的具体法律规定和实践。第四、五次合并报告详细介绍了自 1999 年提交第三次报告以后中国为执行公约所采取的新举措和取得的新进展；同时，还说明了中国政府认真考虑和采纳委员会在审议中国第三次定期报告结论性意见中提出的相关建议情况。（2）国家间指控制度。国家间指控制度也叫政府间指控制度，即处理来自不同国家的来文及和解制度。该制度旨在加强国家间的相互监督以确保公约的有效执行。这也是人权条约机构普遍实行的制度。一般为任择性质（《消除一切形式种族歧视国际公约》除外），即在相关人权条约中有一个条款规定这一制度，但缔约国可以随时自由作出声明接受这一制度。该制度仅对已经作出声明的缔约国发生效力。例如，《公民权利和政治权利国际公约》第 41 条规定："本缔约国得按照本条规定，随时声明承认委员会有权接受和审议一缔约国指控另一缔约国不履行它在本公约下的义务的通知。……（甲）如本公约某缔约国认为另一缔约国未执行公约的规定，它可以用书面通知提请该国注意此事项。收到通知的国家应在收到后三个月内对发出通知的国家提供一项有关澄清此项事项的书面解释或任何其他的书面声明，其中应可能地和恰当地引证在此事上已经采取的、或即将采取的、或现有使用的国内办法和补救措施"等。根据该《公约》第 28 条的规定，人权事务委员会可以针对在一国对另一国违反该公约规定提出来文时进行仲裁。（3）个人来文申诉制度。个人来文申诉制度是个人依据《国际人权公约》的规定对国家侵犯其人权行为而向联合国有关人权机构控诉并寻求救济的制度。该制度在许多人权公约中都有规定，在《消除一切形式种族歧视国际公约》中首先确立起来，现已在 4 个主要人权公约中普及，除《消除一切形式种族歧视国际公约》外，《公民和政治权利公约》《禁止酷刑和其他残忍、不人道或有辱人格的待遇或处罚公约》和《消除对妇女一切形式歧视公约》都建立了个人来文申诉制度。如《公民权利和政治权利国际公约任择议定书》规定：“成为本议定书缔约国的公约缔约国承认委员会有权接受并审查该国管辖下的个人声称为该缔约国侵害公约所载任何权利的受害人的来文。”“凡声称其在公约规定下的任何权利遭受侵害的人，如果可以运用的国内救济办法，悉又援用无遗，得向委员会书面提出申请，由委员会审查。”《禁止酷刑公约》第22条规定：“本公约缔约国可根据本条规定，在任何时间声明它承认委员会有权接受和审议在其管辖下自称因某缔约国违反本公约的规定而受害的个人或其代表所送交的来文。”“委员会应根据个人或其代表以及有关成员国所提供的一切资料，审议根据本条规定所收到的来文。”“在不违反第二款规定的前提下，对于根据本条规定提交给委员会的任何来文，委员会应提请根据第一款规定作出声明并被指称违反本公约任何规定的本公约缔约国予以注意。收到通知的国家应在六个月内向委员会提出书面解释或声明以澄清问题，如该国已采取补救办法也应加以说明。”目前规定由个人来文申诉制度的几个国际人权公约都有一个共同的特点，即一般都要基于条约中的任择性条款，而且必须是在确认用尽国内救济办法以后才能受理个人来文，如《禁止酷刑公约》第22条第5款规定：“个人已求助于一切国内补救办法而无济于事。”这一规定严重影响着这一制度的实际适用。

除了上述以《联合国宪章》为基础的机制、以国际人权公约为基础的机制外，还应包括区域性人权机制（主要包括欧洲人权的监督机制、美洲人权的监督机制和非洲人权的监督机制）这一比较重要的组成部分，鉴于其性质比较特殊，加之其对人权保障的实施和运作机制也不同于一般的国家或国家人权机构，不再论述。

三、我国对罪犯权利保障国际机制的接纳和吸收

20 世纪下半叶以来，联合国先后制定并通过了一系列国际人权公约，形成了以人权保障为核心的国际刑事司法准则，其中有许多涉及罪犯人权救济制度，这是世界监狱文明发展的共同成果，是人类共有的文明财富。我们必须站在人类社会历史发展的高度，顺应国际发展趋势，以开放的姿态积极接纳吸收这些文明成果。我国在接纳、吸收罪犯人权救济的国际性机制方面作了很多工作，截至 2008 年先后加入或签署了 23 项国际人权公约和议定书，其中包括罪犯权利保障方面的，如《禁止酷刑公约》等，并且当前，我们根据各项国际人权公约的规定认真制定和修改各项法律法规，按照国际标准不断完善我国的罪犯权利保障机制。尽管如此，随着社会发展，人权保障特别是罪犯保障的深入开展，我国与国际人权公约标准的要求还有一定距离。因此，基于联合国国际人权公约特别是囚犯待遇标准的权威性与国际法效力，我国应当进一步全面接纳，吸收罪犯人权的国际救济机制。

（一）全面批准《公民权利和政治权利国际公约》（以下简称《公政公约》），积极履行相关国际人权义务

我国政府于 1998 年签署了《公政公约》，待全国人大批准后正式生效实施。该《公政公约》在宣布了一系列公民权利和政治权利之后，明确规定了一些法律救济手段：(1) 报告程序〔1〕。作为缔约国，向联合国人权事务委员会报告人权保障工作，是

〔1〕《公政公约》第 40 条第 1 款规定："各缔约国承担在（甲）本公约对有关缔约国生效后的一年内及（乙）此后每逢委员会要求这样做的时候，提出关于它们已经采取而使本公约所承认的各项权利得以实施的措施和关于在享受这些权利方面所作出的进展的报告。"

基本的义务。人权事务委员会于1980年10月建立了“定期报告制度”，并自1981年7月开始5年一次的定期报告周期。报告程序是《公政公约》实施机制中唯一的对所有缔约国有强制性的监督程序，也就是说，提交报告不以缔约国是否同意或接受为前提，一旦国家批准了《公政公约》，就必须受报告义务的约束。近年来，我国政府经常发表中国人权状况白皮书，向人权事务委员会报告中国人权状况，实际上已经承担了这一机制设定的义务。因此，我国对这一机制不应当提出保留；（2）国家间的指控程序〔1〕，即一个缔约国认为另一个缔约国违反公约时可以向人权事务委员会提出控告。国家间指控程序可以促进公约缔约国之间在履行公约义务方面互相监督。〔2〕我国是否接受这种机制，应当在批准加入时给予声明。如果不接受这一机制，对我国的国际形象可能会有所影响，因为到目前为止，尚没有一个缔约国对这一机制声明保留；如果接受这一机制，那么当别的国家指控我国人权状况时，我国则要接受、应对人权事务委员会的调查和审议。该《公政公约》还包括《（公民权利和政治权利国际公约）任择议定书》等内容。该议定书规定

---

〔1〕《公政公约》第41条第1款规定：“缔约国得……随时声明它承认委员会有权接受和审议一缔约国指控另一缔约国不履行它在本公约义务下的通知。”

〔2〕《公政公约》起草时也曾设想这一程序将通过它国对一国实施《公政公约》的情况进行监督而发挥重要作用。然而，在实践中，第41条规定的“声明”至今形同虚设。因为，提交这种指控被看作是一种“不友好的行为”，因而，在国际关系中是不可为的。加之《公政公约》的几乎所有的缔约国都是联合国成员国，所以，看起来它们宁愿在联合国人权委员会一年一度的、具有政治论坛意味的会议上提出其他国家的人权问题，也不愿通过“指控”这种似乎带有“审判”之意的方式公开谴责它国。因此，国家间指控程序至今尚未启动，并且也不能期望将来会有改变。参见王启富、刘金国主编：《人权问题的法理学研究》，中国政法大学出版社2003年版，第263页。

了个人的申诉程序（个人来文）[1]，允许人权侵犯的受害者就《公政公约》《任择议定书》缔约国的人权侵犯行为向人权事务委员会提出个人申诉。它在历史上第一次向那些自称包括酷刑在内的侵犯人权行为的受害者的个人提供了就这种侵犯行为向一个国际委员会提出申诉的机会，为个人申诉提供了可能。作为《公政公约》的议定书，它与《公政公约》密不可分。因此，个人申诉程序是《公约》整套实施机制的重要组成部分。《公政公约》及其《任择议定书》规定的这种比较有效的国际人权保障机制，我国理应接受。

（二）接受《禁止酷刑公约》规定的人权救济调查机制

1986 年 12 月 12 日中国政府签署《禁止酷刑公约》，于 1988 年 10 月由全国人大常委会批准加入并对我国生效。但我国政府在签批《禁止酷刑公约》时，同时声明对该《公约》第 20 条和第 31 条第 1 款保留，即“不承认禁止酷刑委员会在《禁止酷刑公约》第 20 条中的权能”“不认为其受本公约第 30 条第 1 款的约束”。也就是说，我国政府不接受《禁止酷刑公约》的秘密调查程序，也不接受对于缔约国之间有关公约解释或适用的争端通过提交仲裁或国际法院之解决方式。此外，我国在批准《禁止酷刑公约》时，也没有声明承认禁止酷刑委员会在国家间

---

〔1〕《任择议定书》第 1 条和第 2 条对个人中述程序作了原则规定，即：“成为本议定书络约国的公约缔约国承认委员会有权接受并审查该国管辖下的个人声称为该缔约国侵害公约所载任何权利的受害者的来文”“凡声称其在公约规定下的任何权利遭受侵害的个人，如对可以运用的国内补救办法，悉已援用无遗，得向委员会书面提出申请，由委员会审查。”实践中，个人申述程序运转的效率很低，主要有两个方面的原因：一是委员会审议来文的时间相对较长。通常委员会决定一个案件至更长；二是审议时间的长短往往又取决于有关练约国的合作程度以及申述者是否提供了委员会所需要的全部材料。这种“马拉松”式的审议，结果导致“事过境迁”，委员会的意见变得毫无价值或者侵犯人权的行为得不到及时制止，以至造成更为恶劣的后果；或者侵犯人权行为的受害者得不到适时的援助，面临更大的危险。

指控制度和个人申诉制度中的权能。总的来看，从已经批准的国际人权公约的情况来看，中国政府对国际人权公约下的争端解决机制一般持保留态度，即一旦因履行公约发生纠纷，当事人不能将有关纠纷提交到公所规定的争端解决机构来加以解决。[1]在程序方面，我国政府一般承认有关国际人权公约的报告机制，并根据有关公约的要求及时地向条约机构即相关人权委员会提交中国政府履行公约的实体义务的情况。如中国于1988年10月4日批准《禁止酷刑公约》后，已经向禁止酷刑委员会多次提交报告，所以，我国在履行国际人权公约程序方面的义务态度是积极主动的，受到了联合国有关人权机构的好评。近年来，我国政府通过对国内立法进行了必要修改、补充和完善，认真履行公约规定的责任和义务。我国《监狱法》《刑事诉讼法》《刑法》近年作了重大修改，将联合国刑事司法准则中的一些基本的重要的法律原则确立在我国刑事法律中，增强了我国刑事司法的民主性、科学性，大大推动了我国刑事法治的进程。2004年3月14日，我国第十届全国人民代表大会第二次会议通过了《中华人民共和国宪法》修正案，首次将“人权”一词写进《宪法》，明确规定“国家尊重和保障人权”（第33条第3款）。《宪法》确定尊重和保障人权的原则，不仅确立了保障人权在中国法律体系和国家发展战略中的突出地位，而且这是中国民主宪制和政治文明建设的一件大事，是中国人权发展史上的一个重要里程碑。人权入宪要求司法机关必须将尊重和保障人权的原则贯穿于司法活动的各个环节，保障宪法赋予公民的基本权利不受侵犯。从禁止酷刑的角度看，人权入宪，将进

---

〔1〕 如我国在加入《关于难民地位的议定书》时就对该公约所规定的有关议定书的解释或适用发生的争端未能以其他方式解决时，经一方请求应提交国际法院的条款提出了保留，体现了我国司法主权独立的精神。

一步保障刑事犯罪嫌疑人、被告人和罪犯的合法权益。上述内容表明了我国在履行《禁止酷刑公约》义务和促进禁止酷刑之国际人权事业的努力和决心。随着“人权入宪”和构建和谐社会建设的进一步推进，我国必将进一步全面提升全体公民的人权保障水平。因此，接受《禁止酷刑公约》中的人权救济调查机制已经势在必行。

（三）建立国家罪犯人权保护机构，为罪犯人权救济提供组织保障

在研究人权事业发展时，必须要谈人权机构建设的问题。“如果说人权事业是一座摩天大厦，那么人权机构便是大厦坚实的基础，离开它人权保障只是空中楼阁。”〔1〕根据人权机构发挥的作用或所管辖的区域范围，则有国际人权机构、区域人权机构和国内人权机构。在国际上，如果各缔约国履行条约、决议的自觉性和责任感不强，国际和区域人权组织在保护和促进人权的过程中，发挥的作用则有限。无论国际还是区域的人权立法，以及人权促进与保护措施，最终无疑要由主权国家来落实。所以，真正在维护人权上发挥作用的当属各国的国内人权机构。所谓国内人权机构，联合国的有关文件对其下了一个简单的定义：国内人权机构，是指由一国根据宪法或者根据旨在促进和保护人权而颁布的国内专门法律而设立的机构。〔2〕从这个定义上看，国内人权机构既包括国家设立的政府和非政府专门的人权组织，也包括其他许多承担保护本国公民及促进国内人权发展职能的国家政府部门。显然，这是一个广义上的概念。笔者在这里所说的国内人权机构，仅仅是指狭义上的概念，即国内

〔1〕关今华：《人权保障法学研究》，人民法院出版社2006年版，第297页。

〔2〕［日］大沼保昭：《人权、国家与文明》，王志安译，生活·读书·新知三联书店2003年版，第215页。

专职的人权机构。在一个国家中，具体行使国家权力的国家立法机关、司法机关与行政机关是该国促进与保护人权的基础性架构，承担着国家保护人权的主要义务，在保障人权中发挥着重要作用，但同时又最有可能成为侵害人权的主要来源。立法的不法、行政的不法、司法的不法是除非法战争和种族灭绝等大面积严重侵犯人权的方式之外最常规性的侵犯人权方式。为此，为了推进人权事业的发展，联合国多年来呼吁，除了加强立法、司法、行政这三大常规性的人权保障机制外，还要建立相对独立的国家人权保护机构来促进国际人权法在一国之内的贯彻与实施。在西方，自 1977 年新西兰最初成立人权委员会后，澳大利亚、加拿大、意大利、希腊、法国、英国等国家相继成立了人权委员会。在亚洲，菲律宾、泰国、蒙古、印度、斯里兰卡、孟加拉、土耳其、印度尼西亚、韩国等国成立了适合国情的国家人权委员会。在美洲国家中，墨西哥、智利也建立了各种人权委员会体制。东欧国家在建立宪法裁判制度的同时设立了具有特色的国家人权保护机构。在非洲，南非、埃及等国家的人权委员会在促进人权事业发展方面发挥了重要的功能。[1]可以说，不同类型的国家人权机构承担的任务是不同的，但其基本功能是协调国家的人权政策规划人权发展、进行人权教育等；受理个人申诉成为普遍一致的认识。总体上来讲，多数国家普遍把人权保护机构的功能定位在相对中立的位置上，从超然的角度解决基于国家与社会冲突而发生的问题。有的学者把这种功能称之为超越传统的立法、行政和司法的“第四种国家权力”。基于国家人权机构的特殊地位，可以起到监督与制约国家机关有关人权保障活动使国家切实履行“尊重与保障”

---

〔1〕 韩大元：“国家人权保护义务与国家人权机构的功能”，载《法学论坛》2005 年第 6 期。

的义务，减少或防止侵害人权的现象。[1]近些年，我国虽然在人权理论研究方面取得了丰硕成果，但是却忽略了作为人权保障载体和基石的人权机构，国内理论界对人权机构的研究探索可以说还处于起步阶段。建立符合中国国情的国家人权机构，是当前我国人权理论研究的热点之一，建立专门、专业、权威的国家人权机构将是我国人权建设的一项重要工程。

建立罪犯人权保护机构是国际上罪犯人权保障的通行做法，也是我国当前在保障罪犯人权方面必须要做的一项重要工作。《禁止酷刑公约》和《欧洲防止酷刑公约》条约机构在保障罪犯人权方面发挥了重要作用。根据《禁止酷刑公约》设置的调查程序，禁止酷刑委员会收到可靠的情报并认为有确凿迹象显示在缔约国境内经常施行酷刑，可以请求到缔约国境内访问。同样，联合国酷刑问题特别报告员在确认缔约国境内存在某种程度的连续施行酷刑的情况后，可以寻求该国家批准其访问。禁止酷刑委员会可以对各国的报告单独作出“一般评议”，并可以酌情将其载入年度报告。显然，《禁止酷刑公约》侧重于事后救济性，其调查程序是事后救济性程序。欧洲理事会于 1987 年 6 月 26 日通过了《欧洲防止酷刑公约》，该公约所建立的高效能的条约机构和访问制度，全面推进了《欧洲人权公约》各成员国积极履行监狱罪犯人权保障义务。《欧洲防止酷刑公约》的程序制度是预防性的，重在对缔约国可能发生酷刑和不人道或有辱人格待遇或处罚的场所进行视察，并提出相应的整改建议。作为《欧洲防止酷刑公约》的条约机构，欧洲防止酷刑及不人道或有辱人格的待遇或惩罚委员会（简称“欧洲防止酷刑委员会”）的工作职能侧重于监狱罪犯人权受侵害的事先预防，几

[1] 韩大元：“国家人权保护义务与国家人权机构的功能”，载《法学论坛》2005 年第 6 期。

乎可以不受限制地访问缔约国境内剥夺个人自由的任何场所，并且缔约国应当依照执行其提出的相应建议。

为了进一步促进联合国有关囚犯权利保障的国际人权法在我国监狱罪犯改造过程中的贯彻与落实，借鉴《禁止酷刑公约》和《欧洲防止酷刑公约》机制下的监狱罪犯人权保障实践的成功经验，建立专门的相对完善的我国国家监狱罪犯人权保护机构势在必行。鉴于此，我国的国家监狱罪犯人权保护机构的主要功能应当包括：

1. 调查功能。对我国任何一家可能发生酷刑和不人道或有辱人格的待遇或处罚的监狱进行调查，并提出有关罪犯人权增进与保障方面的有一定约束力的意见、劝告及报告书。有权对罪犯申诉的人权案件进行调查，被调查的监狱及相关机关、组织应提供一切便利。

2. 救济功能。对罪犯人权侵害、歧视等行为进行调查后，并根据人权受侵害的事实，实施人权救济保障活动。

3. 访问功能。有权不受限制地访问任何一家监狱，对罪犯人权政策、保障措施落实情况进行视察，并提出整改建议。

4. 合作、宣传功能。加强同联合国有关罪犯人权保障机构、区域性人权保障机构及其享有人权保障权限的其他机构之间的合作；积极宣传我国罪犯人权事业取得的成就，赢得国际社会对我国罪犯人权立法、政策和措施的理解与支持，树立我国人权保障新形象。

5. 人权教育功能。积极开展人权教育是人权保障的一项重要内容。联合国从 1948 年通过《世界人权宣言》开始，就非常重视在全球范围内普及宣言所强调的人权保护精神。该《宣言》在序言中申明：努力通过教诲和教育促进对权利和自由的尊重，并通过国家和国际的渐进措施使这些权利和自由在各会员国的本国人民在其管辖下领土的人民得到普遍和有效的承认与遵守。其他一些重要的国际人权条约都有此类规定。例如，《禁止酷刑公约》特别规定，“缔约国应保证在可能参与拘留、审讯或处理遭受任何形式的逮捕、扣押或监禁的人的民事或军事执法人员、医务人员、公职人员及其他人员的训练中，充分列入关于禁止酷刑的教育和资料”。如果说对社会成员的人权通识教育是提高社会人权意识、促进人权实现的基础性工程的话，那么加强对公权力机关工作人员的人权教育，提高尊重和保障人权意识则是促进人权实现的关键所在。相应地，对于罪犯人权保障与实现而言，极大程度上取决于掌握国家刑罚执行权力的监狱工作人员的执法水平和人权意识。当前，最为紧迫、最为重要的是对监狱工作人员进行保护罪犯权利的职业教育与培训。为此，针对监狱工作人员的罪犯权利保护培训，除通识教育包含的所有基本内容外，还包括特定内容的职业培训，编印有关国际人权公约和联合国有关监狱规则的小册子，特别要加大对《世界人权宣言》《囚犯待遇最低限度标准规则》《禁止酷刑公约》和《监狱执法人员守则》等国际法文件的宣传普及工作。[1]

6. 制定国家有关罪犯人权发展规划与政策、撰写履约报告的相关内容的功能。审查我国现行的法律、法规，使国内立法、规制及其实务方面与我国已批准和加入的国际人权条约之间相一致；当出现冲突时，向有关部门提出立改废意见与建议。配合国家相关部门的工作，做好我国向联合国及各条约机构和特别委员会提交履约报告的有关工作。[2]

---

〔1〕 刘恒志：《行刑法治与罪犯人权保障机理研究》，法律出版社 2010 年版，第 442 页。

〔2〕 刘恒志等：《司法人权论》，河北大学出版社 2013 年版，第 414~421 页。

第九章

域外监狱行刑法治改革与罪犯权利保障机制的述评与启示

一、当代西方国家监狱行刑法制的特点及其发展趋势

20 世纪以来，特别是二次大战后的 50 多年中，新旧刑罚理论盛衰交替，折中合流，影响所至，给当代世界范围特别是西方各国的监狱行刑观念和行刑制度带来了极大的变化，导致出现了一些与传统行刑观念及其实践迥然不同的做法和发展的世界性倾向。

（一）着重宣扬行刑的合理化与刑罚执行的教育化

在古典刑罚理论统治的 18 世纪末乃至整个 19 世纪，自由刑的执行并未引起高度的重视。作为刑罚执行场所的监狱，其职责不过单纯拘禁犯人，使其隔离社会而已，纯粹是一种实现以惩罚报应为本旨和以消极回顾为机能的报应刑的物质手段，谈不上对犯人的矫正和教育。刑罚合理化运动的兴起，要求废除死刑和一切残酷刑罚，建立以自由刑为中心的合理化刑罚；要求立足于教育改造罪犯，变刑罚的原始报应和消极回顾的限制机能为矫正犯人的积极促进和展望的矫正机能，一切以最大可能地矫正罪犯为转移。西方的监狱改良运动如果从 1777 年约翰·霍华德发表《英格兰及威尔士监狱状况》算起，则已有两百年之久的历史了。但从矫正罪犯、防卫社会的观念出发，以

自由刑的执行和监狱改良为重点的行刑合理化运动的出现，则是近几十年的事。目前，这种行刑合理化运动可以说是方兴未艾，成为当代刑事思潮中发展的主流和指导西方监狱改革的理论基础。

（二）进一步强调行刑的人道化

行刑合理化必然要求行刑的人道化。所谓行刑的人道化，系指除原有的刑罚方式的人道化和对犯人人权的尊重外，就监狱行刑来说，主要指刑罚执行的人道化和对罪犯权利的尊重和保障。当代西方的监狱学理论，从西方资产阶级的人权思想、人道观念和社会连带主义出发，强调犯人的法律地位，认为应将犯人视为具有权利义务和责任的人，而不是消极的接受改造的被动客体，以实现自由刑的“纯化”。因此，应保障犯人生活、学习条件和探视权、申诉权以及信仰自由的权利；除非法律明文规定以剥夺某项权利作为一种额外的惩罚，不能因为犯人被剥夺自由而导致其身体、财产和名誉的损害；应废除使用残酷的戒具和有悖人道的独居制等。有的西方监狱学者更把犯人在法律上的地位，即犯人的权利义务问题，看作是现代监狱行刑的基本问题，强调对于受刑人处遇条件的改善与保护。日本的刑罚学家正木亮，更据此认为监狱法应成为保障罪犯的“大宪章”。不过，尽管有学者的倡导，实践中也进行了不少改革，但实际情况如何则很难说。

（三）进一步强调和完善监狱行刑的个别化

西方的监狱学者认为，犯人的年龄、经历、思想、性格，所犯罪行的轻重和人身危险程度等各不相同，因此要实现教育刑的目的，“仅依据一般性理论或单纯的依据制度所做之处遇，对于个人再教育与感化并无真正的益处”，而必须从罪犯的个人情况出发，实行个别处遇。为此，首先在横向范围普遍实行犯人调查分类制度，从心理学、精神病学、犯罪学、教育学和人类学等角度，对犯人的体质、性格、宗教信仰以及改造的可能性有其难易程度等进行调查的基础上，实行犯人及监狱分类，有的放矢地实行个别处遇，从而进入所谓分类的“科学时代”。现在，作为累进制的重要一环，西方国家的犯人调查分类制度正向分类的细密化和处遇的专门化发展，并与行刑的技术化发生愈益密切的联系；其次，在纵向范围进一步广泛使用累进制和不定期刑。西方的监狱学家认为，既然行刑的目的是教育改造犯人，那么刑期就应随着犯人恶性的消长而缩伸。否则，不仅是反人道的，同时也是刑罚的一种浪费。尽管有不同看法，但普遍采用不定期刑已成为当代西方国家的一种既定事实，且有进一步发展之势。

（四）监狱行刑民主化

西方学者所谓的监狱行刑民主化系指监狱固有的机构之外，设置各种刑务委员会（如假释委员会，累进处遇委员会），协助和监督监狱当局管理一部分狱政，以最终达到改善犯人的目的。从这个意义来看，监狱行刑的民主化，实际上是适应行刑的合理化和人道化的需要而出现的，并成为实现前者的手段。就其最初产生的消极原因来看，旨在防止监狱当局的擅断专横和恣意侵犯犯人人权，纠正行刑中的偏差错误，以保证行刑的“公平”，所以有的西方学者又把刑务委员会制度叫“行刑陪审制”。就根本原因来看，按照西方学者的看法，还是因为监狱的基本任务发生了变化，担负起“教化训导”犯人之责。而要完成这一任务，单靠监狱未免独力难支，于是协助监狱行刑的各种刑务委员便应运而生，加上监狱行刑愈益社会化、技术化，遂导致行刑的民主化。

（五）监狱行刑社会化

把监狱不再看作是单纯的国家机关，或仅具有国家附属物的性质，而视为社会事业的一种，是解决犯罪这一社会问题的场所。因此，社会应予以过问和协助，加强对于出狱人的保护和救助。从这个意义上讲，监狱行刑的社会化是对传统监狱行刑观念的又一改变。

监狱行刑社会化的渊源最早可以追溯到 1776 年美国费城成立的“出狱人保护协会”。19 世纪后，美国纽约等市设立出狱人收容所，出狱人的保护问题由此引起各国的广泛注意。1885 年的罗马会议，1935 年的柏林会议，曾就此作出明确决议。现在，西方各国多半成立了保护出狱人的社会团体，且保护的范围日益扩大，如预防保护、收容保护、观察保护等。

西方学者认为，犯人刑满出狱之时往往也就是最危险的时候。因为出狱以后往往失业失学，衣食无着，再加上人情冷落，社会歧视，犯人容易自暴自弃，或为了解决生活问题而铤而走险。结果，监狱里成年累月的“教化”前功尽弃。因此，必须建立出狱人保护制度，使之无冻馁之苦、无冷落之感。而为了避免刺激出狱者，不宜以国家名义从事保护，最合适的莫过于由社会团体来担当这一职责，于是各种保护、救助团体随之而生，监狱行刑逐渐社会化。

（六）广泛采用和大力推进累进处遇制度

西方学者认为，现在的刑罚既为教育刑，刑罚执行教育化，那就必须遵循教育规律，循序渐进，自然也就有采取累进方法的必要了。因为，首先累进制有利于消除监禁的弊端，鼓励犯人自励自新。监禁的结果往往使得犯人意志“沉滞弛缓”，难以达到促其奋发自励，重作新民的目的。累进制由于随着处遇的阶段不同而逐渐放宽待遇并加重自律责任，就有利于消除犯人的悲观失望，引导、鼓励其自发自强、自责自律、自励自新；其次，有利于犯人进行社会生活的训练。当代西方国家的累进制一般包括独居状态下的“精神改善级”、杂居状态下的“社会改善级”、半自由级以及假释级四个阶段，如此依次累进，有利于使犯人逐渐接近社会的自由生活，直至复归社会后完全适应自由生活。此外，他们还认为，累进制可使“呆板的自由刑富于弹力性”。

（七）广泛采用开放式处遇办法

这是当代西方国家监狱行刑制度的又一主要特点和发展趋向。所谓开放式处遇，是指把犯人置于没有围墙、锁或看守的矫正机构内服刑改造的处理办法。如发源于美国的工作假释制度、训练和学习假释制度；英国的开放制度；法国的半自由制度、归假制度等。

1891 年，瑞士的监狱官员凯勤豪斯，在伯尔尼郡威次威，首设没有围墙、铁栅而注重陶冶品格和训练技能的开放式监狱，以诱导和鼓励犯人自尊自重、自责自律和自励自新，颇有成效，遂引起欧美各国的注意和仿效。1950 年的海牙会议和 1955 年的日内瓦联合国预防犯罪和罪犯处遇大会，对此进行了专题讨论并形成决议，建议各国政府采用该制度。迄今为止，瑞典全国 53 所刑罚执行机构中，开放式占 23 所，收所人数占在押成年犯总数的三分之二，少年犯总数的二分之一。英国的鲍尔斯特少年感化院亦采用这种制度。全英 16 所感化院，开放式就占 10 所。比利时现有 4 所，意大利 6 所，其中 1 所专收习惯犯。奥地利在战后数年间建立 5 所这样的机构，所收人数占总数的 15%。卢森堡现有 1 所。

开放式处遇制度在欧美之所以如此倍受青睐，而且形成一种世界性倾向，甚至被认为对于传统的行刑制度具有“变革”

的意义，自然有其内在的原因。从思想理论渊源上来说，当然与现代资产阶级刑事政策观点的提倡、教育刑理论的盛行有关。但根本的原因则是为了适应资产阶级国家力图解决困扰资本主义社会不断增长的大量犯罪问题这一需要。西方的一些学者认为，实行开放式处遇，有利于犯人复归社会，避免刺激受刑人自尊自重，自新向上。同时，这种近似自由社会生活的监禁环境，强调犯人的自我约束，亦有助于培养犯人自责自律的自觉性，养成守法习惯；再次，可节省人力物力，避免由监禁所带来的自由刑执行的弊端。

（八）监狱行刑技术化

监狱行刑的技术化，是指行刑制度的科学化和在狱政管理方面对于现代科学技术的广泛运用。当代西方国家为了实现所谓行刑的合理化、人道化和个别化，广泛运用现代科学技术和刑事科学，业已取得了成果。这主要表现在他们力图查明犯罪原因和犯罪人情况，综合运用各种矫正手段，建立科学的、符合罪犯改善规律的监狱行刑制度体系，从而矫正罪犯。如为了查明犯罪原因和犯人的品行、性格和改善的难易程度，运用生物学、遗传学、心理学、社会学、教育学以及统计学的知识，并在实践过程中逐渐形成了犯罪生物学、犯罪人类学、罪犯心理学（或监狱心理学）、犯罪社会学和司法精神病学等学科，产生了所谓的心理疗法、社会疗法等矫正方法；又如为了实行犯人分类处遇，运用心理学、精神病学的知识和方法对犯人进行诊断测验等。同时，在狱政管理方面广泛运用现代科学技术成果。电子计算机技术应用于狱政管理就是一个例证。

改造犯人的任务并非是仅运用一些自然科学技术方法就能完成的。但是在科学技术日新月异，影响到社会生活各个领域的今天，如何在监狱管理中运用现代科学技术手段，提高改造效果，确实是一个紧迫的、具有深远意义的重大课题。从这一点来说，监狱行刑技术化的倾向无疑应引起我们的高度重视和密切关注。

二、英美法系国家监狱行刑法治改革与罪犯权利保障机制述评

英美法系又称普通法系或判例法系，是承袭英国中世纪的法律传统而发展起来的各国法律制度的总称。它首先产生于英国，后扩大到曾经是英国殖民地、附属国的许多国家和地区。美国、澳大利亚、新西兰、加拿大、印度、巴基斯坦、孟加拉、马来西亚、新加坡，非洲的个别国家和地区，以及中国香港地区的法律制度均属于英美法系。英国、美国是英美法系的典型代表。近几十年来，英美法系国家也制定了大量成文法以作为对习惯法的补充。在英美法系法律中，随处可见“权利”的影子。

（一）英国

英国人把自由看得尤其重要，天生崇拜权利、追逐权利，有着悠久的权利保护传统。英国虽然是老牌的君主立宪制国家，但却可以“容纳”不同的理论和思想，所谓的欧洲贵族精神就是教养、责任和自由，英国贵族是欧洲贵族的典型代表。纵观英国人权发展道路，自英国 1215 年《大宪章》诞生八百年以来，人权保障机制的发展经历了思想形成、理论构建、革命行动和法制建立的过程，在保护人权方面起到了先锋领头作用。权利高度法治化是英国的特点，这在罪犯权利保障机制中亦有体现。

英国没有专门的司法部，司法行政事务在英格兰和威尔士由法务大臣和内政大臣行使，设有法务大臣办公室和内政部。

内政部负责管理全国监狱。英国的监狱架构、体制较为完备。英国是典型的不成文法国家，监狱法制建设亦是如此，所以，没有单独的一部监狱法典。现在英国的刑事矫正法律体制主要是依据 1948 年、1952 年、1964 年英国国会分别通过的《刑事司法法案》《监狱条例》《监狱规则》和二战后其他几项刑事法令规定建立起来的，这些刑事法令经过了无数次的修订和完善。考察英国的监狱法制建设过程可以发现：二战后，监狱改革中对当前问题一旦找到了基本可行、比较切合实际的解决办法，总是先试验，然后付诸实施，而英国国会则是顺应了监狱实际工作的新情况，不断把这些新情况法条化，并颁布法令。基于这样的原因，英国的刑事矫正法令繁杂，数量很多。同时，英国的监狱管理还受到英国《人权法案》的制约，要求其各项管理制度越细越好。

英国在监狱管理理念和刑罚指导思想上，强调剥夺自由就是对罪犯最大的惩罚，此外监狱不应施加额外的处罚，而要把监狱的主要任务定位于使罪犯重新融入社会，顺利回归社会，同时达到减少重新犯罪的目的。根据英国法学家 1984 年编纂的《英国监狱法规汇编》，英国监狱法规主要包括以下内容：①监禁的目的。训练及治疗被判罪的犯人的目的是为了激励以及帮助他们过上幸福并且有益的生活。无论何时都必须使囚犯保持并加强自尊心和个人责任意识，他们不得被刑罚机构所雇佣，监狱官员必须想方设法通过以身作则和引导的方式影响他们，并设法获取其自愿的合作；②监狱行政机构。具体包括监狱系统组织及总负责人国务大臣之职责，监狱监察制度及监察官员职责，视察委员会及其成员和工作制度，地方监狱领导机构及职责，以及治安法官对地方监狱的管辖权等监狱权力机构作出了规定，并对监狱法定官员的数量、任命程序、管级、权利与义务、纪律、住所及监狱长的权责作出了详细规定；③监狱体制。依据英国议会通过的《土地购买（委托程序）法令》和《强制购买土地法令》，国务大臣可以在财政部许可下通过协议或强迫的方式购买土地以新建、改建、扩建、重建任何监狱。依据《监狱条例》和《监狱规则》，国务大臣可以将为监狱而建造并授权于他或由其控制的任何建筑宣布为新的监狱，并可在一般情况下关闭任一监狱。同时，还规定了监狱的警戒级别和分类制度。具体来讲，包括成年犯监狱（又分为地方监狱和职业监狱、女监、精神病犯监狱、开放型监狱）和青少年犯监狱（又分为青少年教育院、拘留所、青少年犯管教所）；④分类和监管。按照法院的判决实行的特别处遇不同，分为未决犯、上诉人（包括上诉、审判期间）、精神病犯、青少年犯、政治犯、等待被驱逐出境或引渡犯、军事犯等类型；按照囚犯的年龄、性格、犯罪记录等标准，将囚犯分为人身危险性从高到低的 A、B、C、D 四种类型，并给予其不同的监禁防范措施。在上述分类的基础上，又规定尽可能进行分类教育，同时还对罪犯收押、移送、脱逃、释放、死亡等方面，作出了详细规定；⑤监狱法律和良好秩序的维持。依据 1952 年《监狱条例》之规定，监狱必须坚决维持良好秩序和监规法律，但是不得超出安全监禁和秩序井然的社团生活所需要的管束；规定监狱不得虐待囚犯，不得对囚犯施用残酷的惩罚；对武器的使用、搜查、隔离和短期禁闭以及惩处措施等作了详细规定。

英国的刑罚指导思想为罪犯权利的实现提供了全面保障，1998 年《英国人权法》的颁布实施，进一步提高了罪犯权利保障的法治化程度。首先，监狱体制机制尽量模拟社会，为罪犯权利的实现提供了良好的环境条件。罪犯在监舍内可自由地看电视，在生产车间里可收听收音机；在监狱的运动场馆里可根据自己意愿进行足球、篮球、壁球、乒乓球、游泳和健身等各种体育活动，还可组成自己的球队与当地的球队比赛。罪犯可以申请参加生产劳动和服务性工作，参加劳动和服务的罪犯都有劳动报酬；其次，英国监狱法制注重个性化改造，对罪犯的权利进行了系统规定。根据《监狱条例》和《监狱规则》规定，除被判处不得行使的公民权外，已决犯在服刑期间仍然享有一切未被剥夺的刑事和民事权利。具体规定有：①规定了罪犯分级处遇的不同内容，包括罪犯的通信、会见、控告、申诉、生活卫生、医疗、教育和宗教教诲、劳动及劳动相关的劳保、安全权利。罪犯与亲属会见的次数以及和家属、朋友通电话的次数较多，已决犯每 4 周可接受一次探监。关于通信，规定罪犯每周可寄收信一次，罪犯信件由监狱长或其代理人检查。在监狱内罪犯都是穿自己的服装，没有统一的囚服。囚犯的食物必须是符合卫生要求的，并且要时常变换花样，数量足够。监狱内必须配备 1 名正式注册有经验的医生，由其负责监狱内囚犯精神方面和肉体方面的疾病的治疗。有女犯的监狱普遍开设了幼儿园，女犯 3 岁以下的孩子可带到监狱内抚养，每天9：30到 16：30 可以把孩子寄托在幼儿园。女性监狱工作人员普遍参加对男犯的日常管理和教育，狱内各个区域到处都可以看到女性工作人员。英国奥特考斯监狱要求管理人员与罪犯之间直呼其名，罪犯有时见到监狱负责人还戏称“老板”。[1]《英国监狱法》规定，在英国每所监狱配备 1 名牧师，大型监狱还配备 1 名助理牧师。他们的主要任务包括：一是主持宗教仪式。英国国教牧师至少在每个礼拜日、圣诞节、耶稣受难日、圣餐仪式及周日的宗教仪式上为信奉英国国教的囚犯行使一次神职；二是

〔1〕 王戌生、孟宪军：“英国西班牙监狱考察报告”，载《犯罪与改造研究》2003 年第 3 期。

探视、劝导本教派罪犯，帮助罪犯渡过困难和危机；②对罪犯财物的保管制度，如有应寄还寄件人而地址不详或不宜寄回的物品出售和转让的净收入一般上交到全国重新安置和照管协会；③罪犯有提起诉讼的权利和辩护权利。罪犯有权进入法庭，有获得律师的法律帮助和查阅有关法律资料的权利。罪犯有权向视察委员会、内务大臣、议会首长以及欧洲人权委员会控告监狱官员侵权或陈述冤情的权利；④规定了派遣缓刑和释放后安置机构成员到监狱帮助囚犯在服刑期间解决社会福利问题和回归社会；规定了囚犯获取法律咨询、帮助和诉讼支持的途径和方法。英国的释放前就业准备计划值得一提，按照这个计划，国家对失业者提供帮助的部门派雇员到监狱向犯人介绍就业的机会，犯人也可与监外未来的雇主取得联系，以帮助犯人尽快建立他出狱以后生活和工作环境的联系。计划的核心部分是，凡被监禁 4 年以上的犯人，在刑期的最后 6 个月都应到狱外工作；再次，加强对监狱执法的监督，构建了较为完备的罪犯权利保护体系。在英国，除了在监狱中建立犯人诉冤程序外，还有三个外部监督机构对监狱工作进行监督，分别是：皇家监狱检察署由专家组成，全面监管监狱整体工作，他们定期到各监狱巡视考察，每个监狱 3 至 5 年考察一次；监狱及缓刑服务渎职调查机构主要是对罪犯的申诉和死亡事件进行调查，职权范围相对较窄；独立监督委员会挂靠在内政部，但独立于监狱系统，以轮流探访的方式保证了监督的日常性与持续性。一个独立监督委员会有 10 至 20 人，监督员由民间社会人士担任，他们从社会大众的角度对监狱的工作进行审查监督，对罪犯权利的落实和保障发挥了重大作用。这三个监督机构各司其职，又互相补充，构建了英国较为完备的罪犯权利救济体系；最后，社会对监狱工作的关注和参与程度很高，为罪犯权利的实现提供了宽松的社会环境。英国新闻媒体经常报道监狱里的情况，公众比较了解监狱的情况，也关注监狱问题的解决。另外，英国有 20 多个官方或非官方组织利用自己的影响实力从不同的角度研究监狱问题，如海瓦得刑罚改革委员会、监狱改革委员会、国际监狱研究中心、人权研究中心等组织。这些组织在对社会了解和监督监狱工作、推动监狱改革和帮助监狱解决困难方面作用很大。如“监狱改革委员会”有广泛的社会联系，得到 1800 多个组织的经费赞助。该委员会推动监狱改革要达到两个主要目的，即降低监狱人口，改善罪犯的环境和待遇、使监狱成为罪犯新生活的起点。该委员会与监狱局合作出版了《人权法案指导》的系列小册子，翻译成了 19 种文字，并与 4 万名罪犯及其家属建立了联系。[1]

更值得关注的是，2007 年的“迪克逊”一案[2]，罪犯要求人工授精实现自己的生育权利，最终获得胜诉，在一定程度上肯定了罪犯享有生育权并有权主张这项权利，这从世界范围来看无疑是罪犯生育权的实现的重大突破。2011 年 3 月英国司法部发布了 20 页的《变性囚犯权利指南》，给那些变性囚犯化妆、戴假乳以及穿裙子的权利。根据新的法令，那些异装癖者、已经接受变性手术或者正要接受变性治疗的囚犯，不必再像其他囚犯那样被强制穿标准灰色囚服，他们可以购买“适合他们性别”的衣物。[3]这些特殊群体权利的实现，证明了英国罪犯权利保障的高度。

---

〔1〕王戍生、孟宪军：“英国西班牙监狱考察报告”，载《犯罪与改造研究》2003 年第 3 期。

〔2〕韩大元：《中国宪法事例研究》（四），法律出版社 2010 年版，第 253~264 页。

〔3〕杨帆：“我国监狱服刑人员权利研究”，武汉大学 2012 年博士学位论文。

（二）美国

美国公民的人权和民权受到《宪法》及各种法律的保护。美国人在制订《宪法》时就认为限制政府的权力是保证人民自由的必要措施。《权利法案》的目的就是保护公民不受联邦政府侵犯。美国的行刑社会化起源于出狱人保护、缓刑和假释等一系列相关制度的建立和践行，经历了相当曲折和坎坷的发展过程，新古典主义[1]的兴起并不意味着行刑社会化的式微，而是行刑社会化在新的历史条件下的理性发展。

美国是联邦制，其刑法制度、司法行政系统、检察系统以及监狱等都存在联邦和州两套系统。但就刑罚执行权而言，均由司法部（包括联邦司法部和各州司法部）来行使。具体来说，司法部行使的刑罚执行权包括监狱刑罚执行以及缓刑、罚款、赔偿、社区服务、家中监禁、电子监控、中途训练等非监禁刑罚执行。司法部内部设立联邦执法署、监狱管理局和假释委员会等机构。由于美国是一个联邦制国家，其刑事矫正制度都是由各州的法律规定的，且各州在这方面还拥有法律裁决权，所以美国没有一部统一的联邦监狱（或矫正）法典。美国有50余种裁决惩罚制度，各种制度之间差别很大，因此，欲对美国的矫正制度作统一的论述几乎是不可能的。然而，矫正法律保持着最低限度的统一性，一是由联邦宪法、联邦法律和有约束力的法院裁决所决定的；另一个原因是各州关于刑事矫正规定的法律一般都着重于组织问题。有关矫正制度的法律规定，在有些州单独成矫正法，在另一些州则包含在现行的刑法典中，重点放在矫正系统的结构和组织、各机构的职权、假释程序以及

[1] 所谓“新古典主义”，首先是遵循唯理主义观点，认为艺术必须从理性出发，排斥艺术家主观思想感情，尤其是在社会和个人利益冲突面前，个人要克制自己的感情，服从理智和法律，倡导公民的完美道德就是牺牲自己，为祖国尽责。

各刑事设施的责任上，而不把重点放在罪犯的实际权利上。

20 世纪初，美国法学会[1]着手对刑事矫正法律进行“重述”[2]时，却发现其法律体系过于混乱，不值得“重述”，于是学会决定制定一部可供各州起草新的刑法典时参照使用的《模范刑法典》。在其后的十多年里，由法学教授、法官、监狱官员以及精神病学家、犯罪学家乃至语言学家组成的起草小组和咨询委员会经过多次讨论，数易其稿，终于在 1962 年形成了一部完整的正式建议草案，这就是现在闻名遐迩的美国《模范刑法典》。《模范刑法典》获得了巨大成功，据统计，现在全美三分之二的州刑法典都是以《模范刑法典》为蓝本而制定的。《模范刑法典》的全名叫《刑法和矫正法典》（Penal and Correctional Code），分为总则、犯罪定义、处遇与矫正、矫正组织四编。可见，该法典把矫正和犯罪人的处遇放到了很重要的位置。法典的“量刑”规定从刑罚个别化思想出发，赋予了法官广泛的自由裁量权，这“与其关注通过刑事司法制度促进罪犯改造和使不能被改造的危险罪犯丸冉犯能力是一致的。为此目的，罪犯监禁刑期的长短逻辑上取决于刑事关押期间其个人的转变状况。只有在罪犯看起来已准备好被释放时，才能决定其实际的释放日期”。但目前美国实践中的做法却是在限制量刑的自由裁量权，这不仅是因为“社会科学改造罪犯的局限性使人们失去了对广泛量刑自由裁量权的兴趣”，还在于“人们相信自由裁量权过大会削减合法性原则的价值：对有相似罪行的相似罪犯施以差异悬殊的刑罚的可能性；也提升了有偏见的决定者滥用

[1] 美国法学会是一个由一些德高望重的法官、律师和法学教授组成的非政府组织。

[2] 美国法学会对各领域的法律所作的“重述”，常常成为该领域的权威意见，是适用和解释法律的重要依据。

权力的风险；还将决定犯罪化和刑罚的责任从立法部门转移到了较之民主化程度弱的司法部门和政府行政部门”。〔1〕

从部分州监狱法规着眼，美国的监狱法制主要有如下内容体现〔2〕：一是矫正目的和责任的规定。《纽约矫正法》第136节规定，为了使每一个囚犯都能重返社会，应拟订一个面向个人的自新更生计划，“该计划的目标是使这些犯人重返社会，使他们对人生有较正确的态度，使他们有成为好公民的愿望，使他们具备必要的技能和知识，从而有可能通过诚实的劳动自谋生计”。但是《加利福尼亚刑法典》的规定却与此相反。该刑法典第117条第1款a项规定：“立法机关认为并申明：监禁的目的乃在于惩罚。”二是对罪犯进行分类分押。所谓罪犯分类，是一种给予罪犯不同的矫正活动分配，以提供最有效的、适应罪犯需要的矫正活动的方式。美国联邦和州的监狱大体有男犯监狱、女犯监狱、混合监狱、特殊犯监狱、少年犯监狱、社区矫正中心等。美国根据各种主要变量因素对罪犯进行合理分类，科学合理地安排矫正人员，将不同类型的罪犯分类关押于不同的监狱，并针对不同类型的罪犯制定不同的矫正方案从而加强监狱建设。三是实行安全防范。首先是制定狱内规章制度，规范犯人行为。其次，进行点名、搜查和清监。再次，控制罪犯的物品。规定凡是有害监狱与监狱内人身安全的物品不准带入监狱，携带进监物品的数量仅限个人使用。四是劳动和职业训练的规定。在美国，成文法规定了监狱劳作的组织机构，同时规定监狱产品只能卖给其他国家政府机构。在实践中，各州的劳作类型和报酬数额差别很大。被美国许多州采用的“得克萨斯模

〔1〕 刘仁文：《美国模范刑法典及其评注》，法律出版社2005年版，译序。

〔2〕［德］京特·凯瑞：《欧、美、日本监狱制度比较》，刘瑞祥等译，中国政法大学出版社1990年版，第135~137页。

式”的主要目标是利用生产争取刑事机构的全部自给。而在明尼苏达和堪萨斯州囚犯雇主通常是私人企业，工资较高。特别重要的是这种形式的雇佣可以为犯人提供获释后一般能用得着的职业训练和技能。

在罪犯的权利保护方面，按照美国学者 T. S. 李德的说法，美国法律上的一项最新发展和法律上改革最快的一个方面，就是关于囚犯的合法权利。这方面的法律已经变得如此重要，以致如果不深及囚犯的宪法权利就无法充分概括矫正这个问题〔1〕。美国联邦最高法院曾经指出，美国囚犯并不完全丧失《宪法》上所规定的保护，“宪法与美国的监狱之间并无铁壁隔绝”。因此，除保证执行正常的禁闭纪律和防止干扰所必要的限制，或者因对在狱的全体成员以及一般公众的权利和人身安全提供合理保护所必要的限制之外，美国囚犯保留自由公民的权利，这成为确定美国囚犯权利的基本原则。美国对罪犯的权利保障的显著特征就是宪法在其中扮演了极其重要的角色。甚至可以说，世界上所有国家的宪法中，只有美国《宪法》中直接规定罪犯权利的条款最多，并且美国的法院可以根据《宪法》规定作出判决，服刑人员在权利被侵犯后也可以直接依据《宪法》起诉。〔2〕

美国罪犯的权利种类繁多，但诸多权利都是通过美国民众、学者、罪犯的呼吁与斗争得来。20 世纪 60 年代兴起的“美国的犯人权利运动”，要求给予犯人更多的权利。1971 年 9 月 9 日，在纽约的阿蒂卡监狱发生的监狱暴乱，即是为了保障他们根据宪法和《联合国囚犯待遇最低限度标准规则》的规定而享有的

---

〔1〕 司法部编：《外国监狱资料选编》（上），群众出版社 1988 年版，第 483 页。

〔2〕 杨帆：“我国监狱服刑人员权利研究”，武汉大学 2012 年博士学位论文。

基本权利，在美国产生了巨大影响。“犯人权利运动”直接改变了法院对犯人的权利诉讼不干预、不介入的态度，还有另一种后果就是形成了“犯人权利时代”的概念，1969 年至 1991 年就是一个典型的“犯人权利时代”。美国犯人争取法律权利的运动逐渐结束于 20 世纪 70 年代末期，那时美国社会已经不再同情罪犯，但经过几十年的斗争，美国罪犯在法律上的权利几乎堪称“完备”。通过对现今所有美国法律（包含美国加入的国际性法律文件）的审视，美国法律对罪犯的权利规定主要包含以下方面：①通信、会见权，罪犯除了不能与在罪犯之间通信外，可以与其他任何人通信。在特殊情况下，如果两名罪犯需相互通信，必须经过双方监狱的监狱长批准。罪犯见会一般是自己的亲属，但必要时也可以会见其他人。为保证罪犯获得法律帮助，监狱应当为律师制定合情合理的会见政策，提供适合这种会谈的场所设备。会见有不同形式，如封闭式会见、有限接触式会见、非正式接触会见、自由会见、家庭会见等。会见的形式主要取决于监狱的警戒程度。②宗教信仰权，监狱中的宗教教诲与美国的监狱制度几乎一样久远，监狱牧师应有广泛的宗教知识和劝导与抚慰工作经验。权利内容主要包括集体开展宗教活动权、参加其他宗教团体的活动、接受牧师探视权、与宗教领导人通信权、遵守宗教饮食法律权、佩戴宗教徽章权、劝说别人信教权。③生活卫生权，监狱为罪犯提供适宜的衣服，但同时也允许罪犯身着自己的衣服。对罪犯的食物，做到充分供应，保证罪犯身体健康所需要的营养成分。医疗卫生方面，美国最高法院根据其宪法第八次修正案的有关条款，要求监狱在医疗方面给予罪犯足够的关照。如获得卫生和健康的生活条件、获得所需药物、根据医生指示获得相应待遇等权利。④矫正机构惩罚和纪律方面的权利，包括：绝对不受体罚权；正当程序权、种族平等权、性别平等权；其他平等权[1]等。⑤完整的民事权利，包括：财产权、领取年金的权利、获得保险赔偿的权利。⑥对释放囚犯的帮助的规定。在各州要求为犯人提供法律帮助，解决家庭问题和因监禁而引起的问题。几乎各州都设立了重返社会训练所，为犯人重返社会提供帮助和训练。⑦申诉、控告权，美国还专门设置了诉冤办公室。犯人的申诉和控告如果被诉冤办公室驳回，其可向法院提出控告。“行政法法官在审理之日起 30 日以内，对案件作出裁决。”美国各州对罪犯的权利保护不尽相同，无法一一列举，但基本上法律对罪犯的权利都作了细致、全面而又具体的规定。

（三）澳大利亚

澳大利亚原系英国的殖民地，其法律制度是在英国法传统的影响下形成的以普通法、衡平法和判例法为基础的法律体系。澳大利亚是一个联邦制国家，没有一个全国性的监狱管理部门，各州设立矫正部管辖监狱、社区矫正和假释委员会，矫正部下设矫正署管理监狱。澳大利亚的监狱法规主要是 1981 年 1 月由议会通过并由女王颁布的《西澳大利亚 1981 年监狱法》和 1982 年 7 月由澳大利亚副总督和行政会议长官签署，并由政府公报颁布的西澳大利亚 1982 年的《监狱条例》。

《西澳大利亚 1981 年监狱法》共 11 章 117 条，主要内容包括：监狱设置、迁移、撤销；监狱官员的任职条件和任免程序；囚犯的监禁、转移和释放；监狱的管理、控制和安全；囚犯的通信与会见；狱内犯罪的具体规定情形、指控、审理及处罚；囚犯因特别原因或符合条件并被批准休假而短时离监的条件、审批程序、监督管理、撤销与修改；囚犯服刑期间应由狱方提

[1] 吴宗宪：“论美国犯人的权利”，载《中国刑事法杂志》2007 年第 6 期。

供的咨询或其他帮助以及满足罪犯教育训练、职业训练、劳动、业余活动和娱乐以及其他囚犯自我改善等活动所需的条件和机会；监狱官员的范围和其纪律及对违反纪律的指控、调查、审理、处罚；包含授予总督制定监狱条例的权力及其范围、监狱官员合法行为造成损害的免责规定；监狱官员的合法收入受保护、监狱官员失职行为及宣布废除旧法和新法生效时间、效力的通则，以及附则等。《西澳大利亚1982年监狱条例》共有13章86条，主要对监狱官员的聘任和条件，监狱官员的职能，监狱官员的纪律及有关囚犯管理的规定，并对死刑囚犯、狱内犯罪、囚犯的死亡、监狱视察员、搜查、检查和调查等问题作出了规定。

澳大利亚的监狱分为高度戒备、中度戒备和低度戒备监狱。在中度戒备监狱，罪犯可以在一定区域内活动，从某些监狱设施来看，犯人居住的监舍宽敞、明亮，女犯自居一室，与其他犯人公用客厅，可以参加文化和各项技能的学习；低戒备监狱，监房多像一种村舍，犯人在里面可以自由活动，有的犯人可以白天出监到社会去工作，晚上回到监狱服刑，犯人每周可以有5天在监狱外工作，同家人住在一起。由此可见，在澳大利亚除具有重大危险、有暴力倾向关押于高度戒备监狱的罪犯外，其他犯人都有着较为宽松的服刑环境，罪犯权利的保障程度也随着戒备度的降低而加强。

三、大陆法系国家监狱行刑法治改革与罪犯权利保障机制述评

大陆法系，又称罗马法系、民法法系，是以罗马法为基础而发展起来的法律的总称。属于大陆法系的国家和地区有：法国、德国、瑞士、意大利、比利时、西班牙等欧洲大陆国家，

还包括曾是法国、西班牙、荷兰、葡萄牙殖民地的国家和地区，明治维新后的日本，中国基本上也应属于大陆法系。德国、法国、日本是大陆法系的典型代表。从整体上来讲，大陆法系地区的国民相对来说比较严谨、保守，其法律通常以大部头的成文法典的形式出现。法律追求的首要价值目标是安全与秩序，其次才是自由与人权。当安全、秩序与自由、人权发生冲突的时候，他们一般会选择安全与秩序。

（一）德国

德国是欧洲大陆的一个历史悠久、丰富，对人类历史的发展影响深远的重要国家。一谈到德国，很多人马上想到一个严谨、古板、认真、朴素、恪守秩序的民族。德国法律深受罗马法的影响，他们的法律总是关注社会现实问题，这一点托克维尔早就提及，他指出："他们不断关心同政府有关的各种问题。他们终日谈论社会的起源和社会的原始形式问题，谈论公民的原始权利和政府的原始权利，人与人之间自然的和人为的相互关系，习俗的错误或习俗的合法性，谈论到法律的诸原则本身"。[1]

行刑理论、思想在德国经过无数次的激烈争斗与发展后，德国监狱也刮起改革旋风。1977 年的《刑法》率先规定了罪犯的法律地位，即罪犯作为主体具有行刑参与权，不再像以前一样作为行刑客体被看待。德国监狱十分注重罪犯的社会化问题，将工作的重点和目标放在矫正上。1976 年 3 月通过，于 1977 年 1 月 1 日起生效的《德国刑事执行法》成为刑事执行法学发展的里程碑。东西德合并后现适用于全德国。它是在认真总结国内外关于行刑立法工作的经验，特别是德国战后 30 年来的实践经验基础上制定的。它的出现结束了西德囚犯法律地位不明的

[1]［法］托克维尔：《旧制度与大革命》，冯棠译，商务印书馆 1997 年版，第 174～175 页。

历史，为德国的刑罚执行创造了统一的法律依据。同时，它为德国行刑的发展和完善留有较大的余地，并为今后行刑的改革指明了方向。之后，在广泛吸取欧洲各国法律、欧盟公约和各种国际公约、文件先进成果的基础上，德国刑事执行法理论及规范日臻完善。

《德国刑事执行法》主要包括以下几方面内容：①有关行刑目的和任务。“在自由刑的执行中，囚犯应该变得能在将来以对社会负责的态度生活，不再实施犯罪。自由刑的执行也应保护大众免受继续犯罪的侵害。”〔1〕由此可见，为解决罪犯在监禁过程中的监狱化及社会迟滞化问题，《德国刑事执行法》首先确定了监狱工作的首要任务就是使得罪犯重返社会后，不再犯罪，同时也要求犯人参与矫治及行刑目的的完成。②有关监狱的管辖与监督。第139条规定：“自由刑和剥夺自由的保安处分在州司法行政机关的监狱（司法执行场所）里执行。”按照这一规定，德国各州的监狱由各州司法行政机关管辖，联邦设有自己的国家监狱，也未设立中央的联邦刑罚执行管理部门。联邦司法部不参与行刑。如果在联邦审判权的范围内被判处自由刑的犯人，由联邦出资交给州司法执行场所羁押。第151条第1款规定：“由州司法行政机关履行对司法执行场所的监督。”这一规定明确了监督权也属于州司法行政机关；③关于监狱的种类和作用。“分开执行”“区别”对待和对犯人进行“分类”关押的原则规定，德国监狱分为“开放式监狱”“封闭式监狱”“妇女监狱”“少年监狱”“老年监狱”“社会治疗所”“保安处分监狱”等类型，并对具体关押的对象条件作出了规定；④关于监狱内部组织机构的规定。刑罚执行中的重要决定，包括执行计划的

〔1〕 司绍寒：《德国刑事执行法研究》，中国长安出版社2010年版，第44页。

提出和审定，皆由典狱长召开会议，同对矫治有重要影响的有关人员磋商后作出。这就在法律上要求监狱的组织机构应以矫治为准绳，调动普通行刑人员参与决策的积极性。同时，依照《法典》规定，每座监狱必须按照其任务所要求的人数配备各种职业的公务人员，主要包括：典狱长及其高级助手和分监负责人、普通行刑员、车间服务员、牧师、医生、监狱的顾问组、犯罪学研究小组、社会福利工作者，并强调“所有从事行刑工作人员都要进行合作，并参与履行行刑的职责”。⑤关于监狱的管理措施的规定。具体内容包括：对罪犯教育劳动以及活动的场地要求；犯人接收释放的程序和条件；人身危险性小、出狱后不致再危害社会的，可以对其下达宽松执行命令或给予其一定法定期限的狱外休假；犯人“同狱外人员交往是应当鼓励的”；对罪犯的日常生活管理，有劳动能力的并劳动工作的犯人每月可得到30德国马克的监狱津贴，不能参加劳动的老年犯或伤残犯每月可以领取适当的零用钱；等等。⑥监狱的安全与秩序的规定。其原则是“必须唤醒并促进犯人对监狱有秩序的共同生活的责任感。”具体规定了犯人的作息制度、物品接收保管制度、搜监制度、建立犯人信息档案制度和采取特殊安全措施（如隔离）等制度。⑦规定了严厉程度不一的9种惩戒处分。⑧为了保障犯人的申诉与上诉权利，除规定在任何情况下可向欧洲人权委员会、联邦和州两级议会及其议员、本国的司法机关投诉并反映情况外，还规定各监狱必须建立监狱长定期会客制度、保障犯人面见监督机关的代表的机会，以及当罪犯对监狱采取的措施不服时，可以向法院申请裁定等制度。

《德国刑事执行法》第4条第2款规定了对囚犯权利的限制原则：“囚犯应服从本法规定的对其自由的限制。如果法律没有特别规定，仅应对其施加对安全保障或防止对机构秩序的严重破坏来说必需的限制。”由此可见，德国矫正法典认为，在着重于安全防护的矫正系统中是不能实现服刑人员的矫治和再社会化的。[1]因此，罪犯在刑事机构内的生活环境应尽可能地与外界相类似。对罪犯的权利限制也只能是为维护治安或避免刑事机构秩序受到严重干扰才能施加。根据此原则，按照《刑事执行法》规定，罪犯与自己的律师通信不受检查；罪犯可以收到一定数量的报纸和杂志；罪犯可以在一起看电视、听收音机；犯人的宗教信仰及其活动应受保护并且监狱应当满足犯人合理的宗教信仰请求；监狱当局必须关心犯人的身心健康，定期开展医疗卫生检查；为罪犯刑满释放作准备时应该把罪犯从封闭的机构转入开放的机构；罪犯有权利请求每个访客有至少一个小时的接见，等等。在德国的许多监狱，罪犯可以不穿囚服，罪犯与工作人员之间一律以“您”“先生”“女士”相称，罪犯可以自己下厨做饭，狱中有剧场，有各种体育设施，手球、排球、足球都有。罪犯一进来都要制定发展计划。监狱根据罪犯出狱后想干什么，现在想学什么，分类教育。《德国刑事执行法》还规定了四种从宽执行制度：监外工作即监外监视下的常规劳动；自由外出即监外无监视的常规劳动；带囚犯外出即在特定白天无监视下离开监狱；单独外出即在特定白天无监视离开监狱。从20世纪70年代初开始实践，到今天从宽执行一年年扩大，而与此同时“失败”的比例几乎没有增长，而是保持不变或者有所减少[2]。德国还有一种特殊的从宽执行制度，即监禁中的假期，它可以使囚犯保持和最亲近人的个人关系并且熟

---

〔1〕 刘恒志：《行刑法治与罪犯人权保障机理研究》，法律出版社2010年版，第358页。

〔2〕 司绍寒：《德国刑事执行法研究》，中国长安出版社2010年版，第130页。

悉正常的生活环境。假期中囚犯完全自由不受监视，共有常规假期、特别假期等四种形式。综上所述，在德国，监狱尊重罪犯的做法，极大地恢复了罪犯的自信，激励其成功回归社会。

（二）法国

法国是资产阶级革命最彻底的国家，因此人权对于法国而言有着深刻的内涵。法国剥夺自由刑的执行依据主要是1958年由议会修正通过的《刑事诉讼法》中的第五卷《执行程序》[1]共十编，其中有关监狱执行自由刑的规定主要是第二编《监禁》、第三编《假释》。另外，还有1970年7月、1972年12月、1975年5月、1975年7月、2004年3月通过的有关减刑、假释、半自由刑、赦免的法令。

2004年，法国以促进犯罪人重返社会为目的，力图解决没有任何过渡形式及后续监控的释放被称为“干出狱”（sortie sèche）的弊端，推进了监狱渐进释放制度改革。当年修订的法国《刑事诉讼法典》第707条第2款明确规定了刑罚执行的重返社会原则：“刑罚的执行，在尊重社会利益与受害人的权利的同时，应有利于被判刑人回归或融入社会，有利于预防犯罪的再次发生。”这一条是第五卷“刑罚执行”的第1条，可谓刑事执行的指导性原则。以促进被判刑人重返社会为目的，法国全面调整了减刑、假释制度。第3款规定：“只要有可能，刑罚个别化应当逐步地使被判刑人重返自由，并避免被判刑人在没有任何司法跟踪监督的情况下被释放。”渐进释放被法国学者形象地称为“出狱过渡闸”（sas de sortie），其具体措施包括监外执

[1] 德国学者京特·凯瑞认为“《法国刑法典》第五卷乃为鸿篇巨制，它本身可看作是一部法案，即所谓真正的刑法典中真正的监狱法典”。参见［德］京特·凯瑞：《欧、美、日本监狱制度比较》，刘瑞祥等译，中国政法大学出版社1989年版，第85页。

行、半自由、电子监控和假释等。为此，法国《刑事诉讼法》增加了强制假释的规定，主要适用于以下两种刑罚情形：①判决时被判刑人未被关押且判决刑期较短（2 年以下）；②判决时被判刑人已被关押但判决刑期或剩余刑期较短（2 年以下）。同时，法国对减刑制度进行了彻底改革，将以良好表现为基础的普通减刑修改为信用减刑，在入狱时仅根据判决刑期确定减刑期限，以后如有不良表现再适当撤销减刑。在释放以后，犯罪人依然要接受一段时间的司法监控，期限等于信用减刑的期限。信用减刑之外，法国还有额外减刑和特别减刑。额外减刑的根据是犯罪人的特别突出表现，特别减刑的根据是立功表现。可见，法国的三种减刑都不考虑犯罪人的悔改表现，因而与教育刑理论基本上没有关系。法国假释制度也基本上不考虑过去的悔改表现情况，而仅考虑重返社会的可能性。在假释之前，犯罪人要经过一段时间的观护考验，其主要措施包括半自由和电子监控。只有经过一段时间的半自由或电子监控的考验后，才可能给予假释。同时，给予假释还需要特别的“社会化的严肃努力”，具体包括：关键性地参与家庭生活；积极接受治疗；努力赔偿被害人损失；接受教育或职业培训；参加职业活动；制定再社会化的计划。

法国对罪犯权利保障的一个显著特色就是人文主义与宗教并重。在罪犯权利规定上，法国法更加细微，充满人性化。法国监狱建筑装饰的思路是尽量地使监狱温馨、温暖，犹如一个特殊的家庭。法国的监舍条件极注重个人隐私的保护，基本上是两个人一间宿舍，每个宿舍有独立的洗手间。接见室的面积很大，布置上也很花心思，罪犯能够在一个轻松的氛围中与家人聊天甚至喝咖啡。宗教教育在法国罪犯教育中占据重要位置，在《法国刑事诉讼法典》中单设一节来规范狱内罪犯的宗教教育，罪犯有权参加狱内的宗教活动，监狱则需无条件地为罪犯参加宗教活动提供保证。按照《法国刑法典》的规定，罪犯的权利主要包括：对罪犯的财物管理、日常生活的供应、医疗卫生、体育保健、通讯会见、阅读、学习、受教育等精神、道德、教育方面的帮助；处在释放前过渡期的罪犯或者刚入监的短期刑犯人还可以获得白日假的待遇，即白天不受监督地在刑事机构外劳动，晚上、周末和节假日返回刑事机构；社会福利工作者负责罪犯的社会福利，如探视罪犯、向罪犯提供咨询和帮助、在罪犯释放前夕帮助他们找工作住所及合适的衣服。罪犯自己也可以请假去找工作，参加各种考试，照管家庭，为重返社会作适应性准备〔1〕。为使罪犯能够重新融入社会，刑事诉讼法在执行程序中创设了独特的准许回家制度，即允许犯人离开监狱场所一定的时间，而且该离开监狱的期间计入服刑期限。另外，法国的监狱内部设有很多专门部门，如服刑的人员回归社会设立的监禁中心，此外还有设在列纳的医疗中心、设在叶萨的身体残缺犯人的疗养中心、设在里昂库尔的患慢性病和老年犯人的疗养中心，以及设在沙托-千斯良和阿根诺的精神病犯人的两个中心，用以满足不同罪犯的不同需求。监狱对罪犯按照其年龄、性别、民族、教育程度、犯罪类型、职业精神和身体健康状况、犯罪行为的性质等情况进行分类，并分别分类予以关押。在监禁机构中还有一些技术人员，他们指导被监禁的人在工地、车间做工或者从事农业生产劳动，对他们进行职业指导训练。在每个监狱里还有司法部指派的一个医疗工作人员，他必须关注职员的健康和被监禁人的精神以及身体健康状况。另外，还

〔1〕 赵运恒："罪犯权利论"，载《中国刑事法杂志》2010 年第 4 期。

有外科、牙科医生、医士、卫生员、社会学工作者和教士[1]。

（三）俄罗斯

继1996年3月俄罗斯新《刑法典》颁布之后，俄罗斯国家杜马又于1996年12月18日通过并由联邦委员会于1996年12月25日批准了一部新的《刑事执行法典》。《俄罗斯联邦刑事执行法典》主要包括以下内容：①刑事执行立法的宗旨和任务。该《法典》第1条规定其宗旨是改造被判刑人和预防被判刑人与其他人实施新的犯罪；规定其任务是调整行刑主体间的法律关系，维护被判刑人的权利、自由和合法利益，并在其适应社会方面给予帮助；②行刑机关的种类、收押对象和处遇条件。根据《法典》规定，俄罗斯行刑机关主要有五种。一是劳动改造营[2]，即国土开发垦殖型的行刑机构，是自由刑的主要执行场所，享有“宽松处遇”，一律安置在单人宿舍；二是垦殖生活区，适用对象是被判处5年以下有期徒刑的过失犯罪者以及在劳动改造营服刑期间表现良好者，已婚罪犯经允许可与其家人共同在区域内生活，白天可以在区域内自由活动，经管理机关同意后可以不受监视地限制在区域外从事各种有偿劳动，允许其着便装，拥有现金，贵重物品，接受探视也不受限制等；三是拘役所，是1个月以上6个月以下短期自由刑的执行场所，规定罪犯须在严格隔离的条件下安置在单人监舍内；四是监狱，具体包括成年犯监狱、青少年犯监狱和看守所，适用对象是因犯严重罪行被判10年以上有期徒刑的罪犯、被判处5年以上有期徒刑并经法院裁定其部分刑罚须在监狱执行的严重惯犯，在

---

〔1〕［苏］H. B. 别良叶娃：“法国的监狱”，张文译，载《文摘》1983年第4期。

〔2〕有学者又认为应当释译为“改造营”。参见田越光：“俄罗斯刑事执行法及机制改革”，载《中国监狱学刊》2003年第1期。

劳动改造营严重违反监规纪律被转到监狱服刑的罪犯（其期限规定不超过 3 年）；五是特别监狱，适用对象是外籍犯、无期徒刑犯和全国法院、检察院、警察机关原工作人员犯罪被判刑的；③行刑监督。主要内容是规定了国家权力机关和地方自治机关、法院、检察机关、监狱管理机关和社会团体的监督；规定了国家领导人、地方自治机关首脑、司法机关领导及其工作人员对刑罚执行机构的不经许可的造访；规定了公共媒体和其他人员的造访许可制度以及未经刑罚执行机构或行政机关的书面许可并经罪犯本人书面同意，不得进行电影拍摄、照相、摄像；④规定了分级执行、区别对待的罪犯监管制度。具体是监狱类型按一般、严厉和特别严厉三个等级划分，在一个监狱单位内部也划分为三个不同监管等级，设施内的分级处遇条件由有地方代表参加的行刑管理机关专门委员会决定，当事人不服的有权向主管部门提出申诉；⑤确立了刑罚就近执行的原则。该《法典》第 73 条规定，自由刑原则上应当在离罪犯居住地或判决地最近的，与其犯罪程度相适应的行刑设施内执行。只有当附近地没有或虽有但无空位的情况下，才允许超出这一原则规定；⑥规定了假释制度。一方面是对假释条件的规定，要求原判刑期已经执行了一部分，但最少不能低于 6 个月，最高则依据犯罪的严重程度而定，如 5 年以上的须经过 1/2，不足 10 年的，须经过 2/3；10 年以上有期徒刑的，须经过 3/4；无期徒刑的，至少服刑 25 年。另一方面是假释的程序规定，由行刑管理机关提出假释申请，由法院进行裁决。

从俄罗斯的监狱制度规定可以看出，罪犯权利的保障是行刑理念的重要内容。根据《俄罗斯联邦刑事执行法典》规定，保护被处刑人员的权利、自由与法律利益是俄罗斯联邦执行立法的任务之一。并且在章节结构安排上优先对罪犯法律地位予以专门详细的规定：首先是法律明文规定了应当尊重和保护被判刑人权利、自由、合法利益，并确认了被判刑人的公民法律地位及未剥夺权利的享有和保障；其次，具体规定了被判刑人的基本权利和义务；最后，专门就被判刑人的人身安全权、信仰自由和宗教信仰自由以及申诉、控告、建议权的行使和审议程序作出了规定。其分则条款规定：有权受到行刑机构的礼貌对待，不应受到残酷的或者侮辱人格的待遇；在矫正性劳动刑履行期间，为被处刑人员提供时长为 18 个工作日的带薪年假。《俄罗斯联邦劳动法规》规定的其他假期类别，基本上都可以向被处刑人员提供；被判处剥夺自由刑的人员准许矫正机构区域内 4 个小时的短期会面或 3 日的长期会面及在《法典》予以规定情况下的矫正机构区域外 5 日的长期会面。并明确规定有权和配偶等亲属一起居住；被判处剥夺自由刑人员，鉴于特殊情况，准许进行持续时间 7 日以下的短期出行；在有年幼子女女性被处刑人员履行刑罚的矫正机构内可以设置幼儿园；有年幼子女 3 岁以下的女性被处刑人员可以关置在矫正机构幼儿园，工作之余以外的自由时间同子女在一起不受限制，并可以和子女共同生活；罪犯享有向行刑管理机关，其他国家机关及保护人权、人类自由的国际组织提交申请和申诉的权利，[1]等等。《罪犯入监须知》中提倡罪犯与外界，比如与亲属，以及对其有正面影响的好友和师长保持和建立有益的联系。

（四）丹麦

由谢望原编译、北京大学出版社出版的《丹麦刑法典与丹麦刑事执行法》一书，不仅对丹麦王国的当代刑事制度进行了精细的翻译，而且对其刑法和刑事执行法的历史演变与特色进

〔1〕《俄罗斯联邦刑事执行法典》，赵路译，中国人民公安大学出版社 2009 年版，第 26~69 页。

行了系统探析。整个《丹麦刑法典》和《刑事执行法》均体现了对犯罪人矫正为本的刑事政策精神。例如，强调有利于罪犯教育改造的量刑与刑事执行原则、推行非监禁刑和行刑社会化，促进罪犯回归。在此政策指导下，《丹麦刑事执行法》将保护犯罪人合法权利作为刑事执行原则的重要内容之一作了专门规定。该法第3条规定“刑事处罚之执行，必须既关注处罚之执行，又关注帮助或者影响被定罪人合法持久之正常生活之需要。”这就明确地告诉我们，刑罚执行既要重视处罚的执行，也要重视定罪人的权利保护。

《丹麦刑事执行法》关于罪犯权利方面的规定内容既完整又全面，不仅穷尽了现实生活所及事项，而且十分明确具体，没有笼统、概括性的表述，有利于执行者执行。有关罪犯的权利和义务主要在第二编《监禁刑》中的8章和9章规定，其他章节也有所涉及。具体内容有行刑期间犯人的交往、提议（针对在行刑机构生存条件）、宗教、持有或支配款物、公开出版、工作与教育、劳动报酬、业余时间、健康待遇、请假、与狱外联系、探视、信函收发、电话通讯、收听收看广播电视或阅读报刊书籍以及与媒体接触等。除此之外，丹麦刑事执行法为罪犯权利的实现还提供了各种有效的途径：告知权利、制定服刑计划，“刑之执行开始后，应当尽快通知被定罪人刑之计算确定时间”，“行刑机构应当与囚犯合作，在接收囚犯后，应当尽快制定囚犯服刑计划和后续释放时间计划。在囚犯服刑期间，应当经常用此种计划比照检查囚犯服刑之表现，如有必要，则应当根据囚犯服刑情况对计划作适当调整变更”；缓刑与中止执行制度，在一定条件下，考虑到罪犯的工作、教育、家庭或者健康状况，认为有必要的可以缓期执行；行刑场所转换制度，为了防止凌辱等事件的发生，在一定条件下可以将罪犯在封闭监狱、开放监狱以及矫正机构之间相互转换。[1]

(五) 日本

虽然日本的监狱法规并没有太大变化，但由于受世界狱制改良运动的影响，当代日本监狱行刑的指导理念相比以前有了较大发展。日本监狱行刑的主要法律依据是1908年10月1日起生效施行后又多经修改的《日本监狱法》和与之配套的同时生效施行的《日本监狱法施行规则》。另外，还有1933年10月司法省制定的《日本行刑累进处遇令》，1947年5月议会通过的《日本恩赦法》，1949年5月议会通过的《日本犯罪者预防更生法》，1955年5月议会通过的《日本更生保护事业法》和1950年5月议会通过的《日本保护司法》等一系列相关法规。

《日本监狱法》是1908年颁布生效了现行《刑法》之后，在小河兹次郎的主持下制定，由议会通过的。《日本监狱法》共13章、75条，主要内容包括：①监狱行刑目的。虽然在该法中没有明确地规定矫正受刑人，但是在1946年颁布的《监狱法运用的基本方针》中指出："行刑过程必须以改造好受刑人并使之弃旧图新为目标而实施处遇工作。基于这个原则在实施受刑人的处遇时，应采取一切有效的手段，使其养成对社会的适应性。为此，必须唤起受刑人肯于弃旧图新的主观要求。"②监狱和监狱体制。主要规定监狱是行刑设施、监狱的设置种类（根据1922年的修改，分为刑务所和少年刑务所两大类），规定法务省管辖所有刑务所和其他矫正设施以及监狱领导机构和监狱内部管理机构等。③基本行刑矫正制度。主要有办理入所手续，进行入所指导，实施入所教育的入所程序规定；罪犯在入所后要对其实施60天~90天的分类调查，并据结果安排罪犯处遇；分

[1] 谢望原：《丹麦刑法典与丹麦刑事执行法》，北京大学出版社2005年版，第86页。

类调查后，罪犯开始接受矫正处遇，并在实行累进处遇制的基础上对罪犯进行教育，组织生产劳动，保障生活卫生，实行严格的监管制度、实施职业训练等；罪犯出狱的监狱教育、程序；以及对罪犯死亡及遗体或遗骨的处理方法等予以了规定。《日本监狱法实施规则》使行刑工作更加程序化、制度化、标准化。《日本行刑累进处遇令》将累进制度确定为日本监狱的基本行刑矫正制度，其与 1972 年日本法务省颁布的《受刑人分类规程》相配合，开始了分类制与累进处遇制的结合，标志着日本监狱进入当代阶段。处遇分四个等级，即第四级、第三级、第二级、第一级。依据其劳动成绩、思想改进、日常表现等逐级累进，第四级和第三级实行强制工种劳动，第二级每天可以自愿进行两小时收入归己的劳动，第一级从事无戒护下的劳动。第四级只准接见直系亲属和监护人，第三级以上的才可以接见“不影响教化的”其他人。

人权保障是现今日本监狱的行刑理念之一，他们认为，“服刑作为自由刑的必然结果，行动自由不仅被剥夺，而且基于监狱管理工作和处遇方面的需要，有时将其基本人权限制在最小的范围。但是受刑人的生命、财产、身体、名誉等基本人权，必须同普通人一样得到尊重。严禁对受刑人体罚、拷问、折磨、恐吓和虐待行为，不允许对受刑人持有偏见”。基于这一原理，相关法制对罪犯权利保障多有规定，如会见通信、被服饮食统一供给、病犯的治疗费用由国家负担，罪犯可以根据具体情况接受学科教育、函授教育、娱乐教育等，保障罪犯的信教权利，“刑务作业”[1]外的劳动报酬权，携带 1 周岁以下婴儿入所权

〔1〕 在日本监狱，服刑罪犯的生产劳动称之为“刑务作业”。被判处“惩役刑”的罪犯参加刑务作业是强制义务性的，而其他在监人是志愿参加的。由于不是根据合同进行的劳动，所以不适用《民法》和《劳动标准法》。

等。值得特别关注的是日本的出狱人保护制度，在日本，出狱人保护被称之为“更生保护”。《日本犯罪者预防更生法》《日本更生保护事业法》等对日本的出狱人保护进行了系统的专门的规定，这在全世界也是首屈一指的。更生保护的主要对象是执行期满、或赦免出狱的，假释、保释出狱或保外就医的，缓期起诉或缓期执行的，受保护观察处分的，其他法定应予更生保护的；更生保护的主要保护方式有直接保护、间接保护、暂时保护、监督保护。直接保护主要适用于无法安置的老弱病残，由保护部门设置专门的场所或指定社会救济机构收容；间接保护适用于安置或就业有困难的，一般是由保护部门提供就学、就业辅导、培训或解决急难等；暂时保护适用于释放后有暂时困难的，一般多是一次性的支援，如资助路费、提供暂时食宿、护送回家、协助办理户口等；监督保护要适用于假释、缓刑、保护观察的执行，要求被保护人保持善行，不再作恶，对其实行必要的监督和教育等；更生保护由国家负责，政府的法务省设有保护局，统管全国的更生保护工作，并且充分发挥民间团体和个人的作用，这一点与欧美国家相比，很有特色。

四、对我国监狱法治改革和罪犯权利保障机制建设的启示

改革开放40年来，我国政治、经济、社会、法治、文化建设的步伐很大，发展很快，面对国际、国内的刑罚执行和监狱法制建设的新形势，我们应当借鉴国外的有益做法，结合本国的国情实际，对现有的监狱法律体系进行深化改革。

（一）先进的行刑理念是前提

理念是行动的先导。先进的行刑理念是行刑制度创新发展、行刑方式文明进步的方向指引。行刑社会化是解决监狱行刑基本悖论的根本路径，也是教育刑、矫正刑时代监禁刑改革发展

的世界趋向和重要理念。尊重罪犯、保障其法定权利的实现是行刑社会化理念的逻辑起点。对此英国学者黛博拉·切尼（D. Cheney）做过非常形象的评论："认为人权在每个监狱的大门前就应该暂停，只有在服刑人员重获自由后迈出的第一步才被再次激活，这种想法是站不住脚的。"在行刑社会化这一理念的指引下的域外罪犯权利实践的一个共同基点是：罪犯的行刑环境应当尽量地与社会外界相似，使其在矫正成功的同时能够不与社会脱节，能够较快地融入社会，从而巩固矫正的成果，减少重新犯罪。显然，前述考察的国家和地区在推进行刑社会化过程中，监狱建筑物温馨的设计、监舍人情化环境的塑造、罪犯囚服及称谓的良苦用心、通信会见等权利内容的完备、幼儿园的开设、宗教自由的保障以及休假制度的设置等都值得我们深思及借鉴。

（二）实体正义和程序正义的平衡

实体正义是指法律对人们权益的规定与其所应得到的权利得到完全的保障。程序正义，视为"看得见的正义"，正如英国一句古老的格言所讲："正义不仅应得到实现，而且要以人们看得见的方式加以实现。"一般而言，实体正义必须通过正当程序而获得，这是由刑事法治的性质所决定的。[1]刑罚执行中的实体正义至少包含三层含义：一是法定的正义。监狱对于符合相关实体法律规范的刑罚要求，应当严格认真执行；二是平等的正义。监狱对于符合同一法律规范的行为应当作出相同的法律评价；三是合理的正义，合理不仅是道义的要求，更是法律规范之应有内涵。[2]监狱在刑罚执行过程中的实体正义主要体现

---

〔1〕 陈兴良：《刑罚理念导读》，中国检察出版社 2008 年版，第 34 页。

〔2〕 于阳、王超："改革开放以来我国罪犯人权保障的发展与思考"，载《预防青少年犯罪研究》2014 年第 4 期。

在监狱的管理正义、矫正正义和保障正义三个方面，有效地保障罪犯人权，是体现社会公平、国家正义原则的基本要求。程序正义的存在和实现能够强化当事人对实体正义的基本认同，而在监狱罪犯权利保障的具体工作中，程序正义更是发挥着举足轻重的作用，具有重要的社会现实意义。西方国家的监狱法规不但规定了罪犯享有的诸多权利，而且具体规定了权利行使的条件以及如何行使权利。例如会见，不但规定了哪些人享有哪些会见权利，还规定了何时何地会见以及会见人员的范围等；英美法系国家，在监狱中基本上都建立了犯人诉冤程序，英国完备的监督体系也为罪犯权利的实现提供了全面救济保障，大陆法系国家也基本都规定了罪犯权利的申诉和救济。

在我国现行法律中，罪犯权利保障中的实体正义相对充足，而程序正义严重缺失。虽然对罪犯实体权利的规定较为具体和明确，但是对于权利如何行使、行使权利需要什么样的条件、权利被侵犯时如何救济等程序上的规定严重缺失，这直接导致了监狱行刑实践中无从操作，或者是随意操作。不断加强罪犯基本权利保障的合理程序建构，这应当成为我国监狱工作近期的主要任务。

（三）积极推行监狱分类建设

设置不同类型的监狱，关押不同类型罪犯，实行不同的监管手段，采取不同的矫治方案，是当前世界上发达国家普遍的做法。美国的监狱分为低警戒度、高警戒度、中等警戒度、最低警戒度监狱、社区矫治中心和接收诊断中心等，分别关押和收容各种犯人；英国监狱分为妇女监狱、拘留所、地方监狱、开放式监狱、少年收容所；德国分为监狱（开放式和封闭式）、妇女监狱、少年监狱、社会矫治所、保安处分监狱、医疗监狱（监狱医院、精神病患者医院、戒毒、戒酒治疗所）；法国分为中央监狱（一般安全型和加强安全型监狱或监区）、监禁中心（包括开放式、封闭式和青年监禁），拘留所关押嫌疑犯、未决犯和短期徒刑犯，还设有特别监狱（包括女犯监狱、医疗监狱或监区、惯犯监狱和监区）；加拿大分最高、中等和最低警度矫正机构、社会矫治，省矫正机构；瑞典、比利时还有押候监狱、缓刑监狱和半开放式监狱等。法国监狱法规中规定，一般情况下，每个罪犯都应当经过开放式、半开放式行刑再进入社会，这种硬性的制度规定对于罪犯回归社会创造了一个很好的环境和条件。

显而易见，世界各国所设的监狱类型逐渐趋于多样化和科学化。一方面，这是由于人类对犯罪规律，对罪犯的改造（矫正）规律认识不断深入的表现；另一方面，随着社会、经济、科学的不断发展、人类的不断进步，各国对监狱行刑目的的认识趋向科学化。尽管各国在监狱类型上有较大的差异，但最终目的是一致的，即监狱类型的设置必须满足保障罪犯人权，教育改造罪犯的需要。目前，我国监狱主管部门拟建立高、中、一般三级戒备的监狱分类制度，拟以省为单位，依据数量合理、设置科学、循序渐进的原则设立罪犯系统中心，病犯监狱和建立监狱分类后的罪犯良性流动制度，这是比较科学、合理的，需加快推进。

（四）注重发挥罪犯作为行刑法律关系主体的作用

罪犯是行刑法律关系主体之一，也是行刑的承担者、矫正的受益者。由于其处于被惩罚、限制或剥夺人身自由的法律地位，所以我国监狱法律体系中对罪犯主体地位、主观能动性的发挥（如行刑中的选择自主权、申请权、参与权、监督权）未给予充分确认和法律规定。而西方国家监狱法规中规定的罪犯自主选择劳动和劳动报酬及其分配制度，依法自动获取一定期限的减刑制度，国家机关提请减刑、假释和罪犯自我申诉、请求减刑假释制度，罪犯约见监狱长、监狱局长、国务大臣等高级监狱管理者，一定程度上可以选择性吸收，如可以在初偶犯(刑期较短的)、过失犯中实行依法自动获取一定期限的减刑制度，可以将减刑、假释、申请提起权交由罪犯而后由监狱审查批准，并且罪犯可以对监狱的决定提出行政复议或起诉等。这样既调动了罪犯改造的积极主动性，促进了监狱民主化制度建设，同时也一定程度上强化了罪犯对监狱行刑工作的监督。

（五）注重罪犯教育社会化和实用性的制度建设

一是罪犯文化教育社会化。所谓罪犯文化教育社会化是指监狱对罪犯进行的文化教育向社会教育靠拢，其形式有：地方教育部门帮助监狱制定文化教育计划，如美国；地方教育派教师在监狱内授课，如英国；地方中学在监狱组织办学，如意大利，等等。罪犯文化教育社会化有利于保证监狱文化教育与社会文化教育的同步发展，有利于罪犯接受广泛的社会信息，有利于罪犯自身社会化。同时，罪犯文化教育社会化有利于罪犯接受、学习文化知识，由于文化教育教师为社会教师，对罪犯而言，社会教师更可近、可亲，罪犯更容易接受教师教诲。我国罪犯文化教育正走向社会化，根据《监狱法》规定：罪犯文化教育应列入所在地区教育规划，但是，由于我国这方面刚开始，还没有经验，借鉴国外的做法对我国罪犯文化教育社会化工作的发展是有益的。二是教育文凭通用化。在国外，罪犯在监狱所得文凭能完全得到社会的认可。为预防可能的怀疑，显示文凭的一般性，有些国家要求学历证明不能有任何表明持证人曾受监禁的痕迹。教育文凭通用化有利于罪犯回归社会，有利于激励罪犯参加文化学习，有利于罪犯回归社会后的就业。三是职业技术教育的社会化和实用性。一方面，国外监狱对罪犯进行的职业技能教育往往得到国家或社会的支持，如美国马里兰州监狱对罪犯进行的职业技能教育得到了马里兰州教育局的支持，德国汉堡和下萨克森的监狱对罪犯进行的职业技术教育得到地方职业学校的支持。这不仅能够促进监狱经常和广泛地对罪犯开展职业技能教育，而且大大提高和增强了罪犯职业技能教育的水平；另一方面，有些国家监狱组织罪犯学习的形式更合理、更现实、值得我们学习。在日本，罪犯职业技能教育训练的形式分三种，即综合训练、集中训练和自所训练，综合训练是在全国指定的几个监狱内训练，而集中训练与自所训练是在监狱按确定项目进行培训。综合训练可以集中师资、技术设备对罪犯进行职业技能教育，而如理发、烹饪等传统的职业技能，进行集中训练与自所训练既可以减轻综合训练场所压力，又可以使罪犯接受更充分的培训，从而使罪犯职业技能教育力量合理配置。目前我国对罪犯的职业技能教育基本由各监狱承担，使得罪犯职业技能教育的力量比较分散，如果我们适当集中罪犯职业技能教育的力量，有助于解决我国监狱罪犯学习技术的需要与办学师资、经费紧张间的矛盾，推动监狱职业技能教育上一台阶。

（六）加快出狱人保护工作法制化建设

许多国家在出狱人保护方面已经形成了较为完备的立法和健全的组织体系，如日本的《犯罪者预防更生法》《更生保护事业法》和德国的《重返社会法》等，都对出狱人保护作了专门规范。目前我国开展安置帮教工作除了《监狱法》等法律规定了涉及刑释人员的个别原则性条款外，至今还没有制定一部专门、系统规范刑释人员保护的法律，主要是依靠国务院、综治委及其协调下发的政策性文件来指导这方面工作的。在地方立法的层面，浙江省制定的《归正人员安置帮教工作办法》，成为我国首部保障刑释解教人员的省级政府规章，为全国其他省市的安置帮教工作提供了示范效应，但其效力和适用均受限。因此，我国迫切需要制定专门的出狱人保护法律，明确规定刑释人员的权利、义务和社会各有关部门的职权与职责，使安置帮教工作全面纳入法制轨道，以立法形式推进安置帮教工作机制的完善。

第四部分 PART4 革新与实现

第十章

罪犯权利实现机理

事实上，监狱学理论中早已明确，在监狱法所确认和调整的行刑中监狱及其人民警察与罪犯之间的权利义务关系中，罪犯是监狱行刑法律关系的主体之一。[1]然而，在长期的监狱工作实践中，罪犯的行刑法律关系主体地位有名无实，由于更多时候是作为被惩罚、被管教、被改造的客体或对象，未被实际赋予应有的改造主体地位，除其基本人权逐步得到了较好的保障实现外，在监狱行刑中罪犯其他权利的主张和实现受制于监狱公权力制约，基本丧失了改造的能动性和自主性。强制和服从为基本特征的监管改造模式下罪犯监禁人格日益凸显，根本和长远上不利于提升改造质效和罪犯回归社会。在治本安全观下，根据监狱行刑原理和罪犯改造规律，依法正本清源，明确提出“促使罪犯顺利回归社会、融入社会，成为守法公民，不再重新犯罪”是监狱工作的宗旨和根本任务。毫无疑问，罪犯复归家庭、成为建设和谐社会的守法一员，恰恰是其自身权利在法治社会得以最大化实现的理想状态。

〔1〕 金鉴主编：《监狱学总论》，法律出版社 1997 年版，第 270 页。

一、从主体性到主体间性：罪犯改造主体地位的名至实归

“监狱不是动物园”“监狱工作的方针是‘惩罚与改造相结合，以改造人为宗旨’”，这些治本安全观的内涵解读的关键话语深刻揭示了底线安全观下监狱工作的问题症候，同时阐明了诊断依据。遵从罪犯改造工作规律，治本安全观下罪犯的改造主体地位应当回归和实化，提升罪犯改造的主动性和自主性，从而有效破解监狱行刑悖论，促进新时代监狱工作改革发展。

（一）现代哲学认识论的转型升级：主体性到主体间性理论

如前所述，当前监狱行刑实践中罪犯改造囿于监狱行刑权力与罪犯改造权利间对立内耗的泥淖中，亟待寻求解决之道。近年来，现代哲学关于批判和重建主体性理论的声音在人文社会科学的各个领域此起彼伏。其核心要义是推动主体性理论发展转向主体间性理论，推动人类认识论的重大转型升级。这一现代哲学理论的重大发展为罪犯改造主体的回归和实化提供了重要的理论基础。

现代哲学发展的重要趋势是更加关注社会现实和人的本身。在哲学认识论中，人类经历了前主体性、主体性和主体间性、他者性几个发展阶段。主体性原则一度成就了人类社会的发展，但是伴随着社会发展其自身固有的缺陷日益凸显且无法克服，使得主体间性理论应运而生。事实上，主体间性理论的提出并非对主体性理论的否定和抛弃，相反，是对主体性理论的扬弃和发展提升。

1. 从主体性理论的一元主体下主客体的对立格局转向主体间性理论下多元主体的交互共存。笛卡尔“我思故我在”是主体性理论的最早论断，后经过哲学家的演绎，成为近现代西方哲学认识论的肇始和根基。主体性理论中的主体是一元主体，

笛卡尔的“我思”、费希特的“绝对自我”、黑格尔的“自我意识”等“大写的自我”排斥多元主体的差异性和独立性，其主体首先是自我，所谓的以主体为基点实际上就是以自我为基点，更甚而最终产生过“唯我论”〔1〕。其缺陷是显然的，因为社会中人不可能是孤立的个体存在，而是互在共生的。用康德的话来说，我们是自己的目的，而不是仅用来实现他人目的的工具，我们中的每个人都被看作一个“你”，而不仅仅是一个“它”，因为我们每个人都是主体。〔2〕主体间性中的主体是由其自身存在结构中的“他性”界定的，“他性”即主体间性。针对笛卡尔的“我思故我在”，主体间性提出了相反的思想，即“我于我不在之处思”。在社会现实中，尤其是商品经济时代，正是由于人们相互间完全基于自身权益而把对方视为实现自我利益目的的工具或手段，往往导致这一被视作“客体”的本来主体的抗争，最终酿成了种种社会矛盾纷争。因此，如果不承认自身之外的他者的主体性，那么社会中任何人都不可能成为真正意义上的主体。基于主体性理论的主体认识思维中，互为主体和客体的双方均将自身视为中心、将对方视为工具或手段，关系对立。基于主体间性理论的主体认识思维中，主体性理论固有的双方对立的固有缺陷得以消除，均为主体的双方在主客体地位互动中形成主体之间的关系体。

2. 从一元主体独霸话语权转向多元主体间的对话协作。基于主体性理论的主体个人必将建立的是一个等级森严的自我世界，拥有独霸话语权，而其他所有他者都被工具化或边缘化。

〔1〕 高鸿：《数字化时代主体间性问题研究》，上海社会科学院出版社 2008 年版，第 11 页。

〔2〕 郭湛：《主体性哲学—— 人的存在及其意义》，中国人民大学出版社 2011 年版，第 34 页。

基于主体间性理论的主体个人均反对一元主体的话语独霸，承认其他主体的地位并尊重其不同主张要求，呈现出平等对话格局下的多元主体互存共生状态。多元主体之间“和而不同”“求同存异”，基于对话沟通走向为共同利益协作共赢的良性互动关系。在人类社会发展到一定程度，伴随着人们对自我和社会存在的认识不断提升，主体性理论固有的单一主体的自我局限性明显已经不能适应实际，在经济社会生活的各个领域，面对纷繁复杂的人际交往关系，处处格格不入。事实上，人的存在本身就是最深刻的交际，存在就意味着交际。存在意味着为他人而存在，再通过他人为自己而存在。因此，主体中不仅有无法回避的盲点，也有对他人而言无法替代的“超视”，因为相对于他人而言，自我主体成为他人主体的对向面。而要达到自我主体与他者主体的互为状态，需要主体与主体之间展开互动的对话沟通方式，使主体走出孤独虚妄的独自生活。我在此，你在彼，通过联系并互动构建出共在的世界。〔1〕

3. 从单向静态的主体到动态平等的主体。主体性下的一元孤独的独语主体与他者对立，主体自身与他者处于不平等层面，沟通与互动受到阻碍，抽象的单向的主体性地位似空中楼阁般处于静止的虚妄状态。在主体间性下，二元或多元的主体进行对话沟通，各方主体性都通过话语充分地表达思想，希望对方知晓并获得承认，主体性在动态的过程中逐步确立。既然主体间性下是对话的主体、沟通的主体间关系，那么，对话与沟通就需要相应的保障，即除了一个可以共处的空间外，一系列的程序是主体间关系得以实现的保障。有了一定程序的保障后，主体之间无论是物质还是精神交往都能够自主、平等地进行。

---

〔1〕 钱洪良、刘立霞：“从主体性到主体间性的现代罪犯矫正转向”，载《青少年犯罪问题》2016 年第 5 期。

主体强烈的参与感，可能表现为竞争，当势不均力不敌的双方展开淘汰时，同样需要程序给予平衡，一方面强势一方在保证参与积极性时承认他者的主体性，另一方面在激发弱势一方潜能的基础上尽可能增加参与程度，强化主体意识与稳固主体地位。如此，主体之间在互动互为下实现了目的。[1]

（二）以主体间性为特征的现代罪犯改造方向之变[2]

以主体性为特征的现代罪犯改造中，作为改造主体之一的罪犯有名无实，现代罪犯改造向以主体间性为特征的方向转变。主体间性下的现代罪犯改造是由改造者引导的，由多交互主体协同参与，平等对话，注重程序性权利，激发个人潜能的改造活动。

1. 主体间性视域下罪犯的改造主体地位回归。在主体与客体二元对立的主体性思想中，改造者忽视罪犯的真正需要，改造者自己的声音淹没了罪犯的话语，罪犯本应的改造主体地位被改造者的强大而掩盖。主体间性观念下改造者与罪犯两者之间并非各自为本，而是相互共存着的主体之间的关系体。同时不可忽视的是，在对罪犯的改造中，与此有关的人或机构参与进来，改造罪犯的同时恢复被犯罪破坏的社会关系。主体的自我认识、自我给予或者是定型于立法，或者是止于理论，都仅仅是主体性的一方表现。在社会关系中，与他者主体形成的各色关系，主体性的确认才可坐实。

罪犯改造活动中，罪犯的主体性地位首先需要的是自我认识。只有首先认识自己，确立自身的主体性才能走向主体间性。

---

〔1〕 钱洪良、刘立霞："从主体性到主体间性的现代罪犯矫正转向"，载《青少年犯罪问题》2016 年第 5 期。

〔2〕 钱洪良、刘立霞："从主体性到主体间性的现代罪犯矫正转向"，载《青少年犯罪问题》2016 年第 5 期。

主体间性的建构需要的是一个个具有自由自觉的自我意识的诸主体作为基础，主体之间无论是和谐的彼此理解、倾诉，还是真诚的相互争辩，都以“你我皆为能动主体”为前提。主体的思想，处于自我与他人之间的动态平衡中：没有自己的思想，该主体将丧失自身的主体性，沦为他人的客体；过渡迷恋于自己的思想，则会把自己封闭在一个自我的精神城堡之中，陷于停滞、僵化的独白主体性状态。因此，作为罪犯而言，需要以改造主体身份发挥自己的主观能动性，通过罪犯的自我学习或是监狱等改造机构的教育改造在主体的自我认知上做好准备。

其次，需要他者眼中的罪犯为改造主体地位。他者眼中包括改造的直接参与者如监狱民警，其他改造关系者如罪犯的密切关系人、罪犯群体，还有社区。监狱民警同为改造主体，其对罪犯为改造主体的认识一方面关涉到罪犯的主体性地位确立，另一方面也是其改造主体成熟的标志。真正的主体只有在主体间的交往关系中，即在主体与主体相互承认和尊重对方的主体身份时才可能存在。在日常的管理和教育改造中，监狱民警等改造者作为改造的引导者，灌输罪犯为改造主体的思想，给予罪犯主体性的对待，激发罪犯行使主体的权利。对于罪犯群体而言，罪犯与罪犯平等主体之间的交往和互动是一种互助与相互监督关系，这构成了狱内人际交往与互动的主要内容。在很多犯罪学家看来，监狱是一个重新制造罪犯和犯罪的地方，是罪恶的策源地。尽管这种观点已经被质疑，但罪犯在长期的监禁中难免形成监狱化人格，组成“非正式群体”，其不仅对罪犯自身的改造，对监狱秩序也有重要影响。[1]如果把罪犯群体看成群体共同体的话，那么，一个群体中具有个体主体性的人越

---

〔1〕 狄小华：《冲突、协调和秩序——罪犯非正式群体与监狱行刑研究》，群众出版社2001年版，第206页。

多，该群体发展成共同主体的可能性就越大。处于共同体中的个体主体性，会由于其他个体主体性得到加强。[1]对与罪犯密切关系的人会因人而异，或亲人或朋友，或是被害人。罪犯的改造有的时候是有赖于亲人朋友的鼓励和信任的，这种情感的动力是内在的向善源泉。而对被害人和犯罪所破坏的社区而言，让罪犯承受刑罚惩罚是在承担法律责任，而道义责任也是需要的。刑罚的惩罚不能取代应当承担的具体责任，即受害方之债——道歉、赔偿（补偿）、社区服务等。故此，在改造中，受害方的参与一方面可以提高罪犯改造中悔过自新的内在动机，同时也利于恢复社会关系，为罪犯回归社会提高接纳度。

2. 改造与被改造主体间良性互动、同向发力。主体关系中强势权力的弱势化与弱势权利的强势化。在罪犯改造中，罪犯的改造主体性地位名不副实隐藏的是改造者权力的强势与罪犯权利的弱势，两者之间不平等的关系和惯常的意识形态使得这状况在二元主体结构中成为常态。主体间性下，强势权力的改造者需要在与罪犯平等对话沟通后经历由“强势”到“弱势”再到“强势”的过程。[2]

（1）强势的改造权力与弱势的改造权利。首先，强势与弱势的形成是权力与权利的外化。权力主体不仅拥有罪犯的改造权，还有与此相对的惩罚权。“罪犯在惩罚面前都是千人一面，而在改造面前则是千人千面”，两种权力表现为监狱等改造机构的惩罚机能与改造机能，而这两者存在着本来的冲突。惩罚机能的实现强调共性，即权利的剥夺和痛苦的施加，但改造内容

[1] 郭湛：《主体性哲学——人的存在及其意义》，中国人民大学出版社 2011 年版，第 216 页。

[2] 此种说法参考了王永祥：《外语教学课堂话语对话性研究——主体间性外语教学课堂话语模式的构建》，人民出版社 2014 年版，第 34 页。

具有特别预防主义强调个性化。〔1〕在我国当代的罪犯改造中，罪犯的惩罚与改造更多的是依靠强大的警察权力来维持的，一个执法主体身兼数职无论对惩罚还是对改造都是不利的；其次，改造者经验性改造存在巨大的权力空间。由于我国罪犯的改造知识与理论的不足，警察的权力运作主要以经验型的方式进行，惩罚权的张力剩余，处于弱势一方的权利在经验化的操作中无法得到更多的制度或法律上的保障。同时，在过于强调秩序的情况下，改造机构内部的秩序成为改造者实施惩罚权的有效手段，作为"法律的盲角"，惩罚权的扩张若没有制约与有效监督，改造机构特别是封闭的监狱成为绝对权力的机构；最后，罪犯改造权利的先天不足。在改造权力具有绝对优势和强势的情况下，罪犯的改造权利无限地被挤压，这里的改造权利非罪犯的基本权利。《监狱法》第7条规定："罪犯的人格不受侮辱，其人身安全、合法财产和辩护、申诉、控告、检举以及其他未被依法剥夺或者限制的权利不受侵犯。"这里规定了罪犯"人之为人所应有的权利"，也就是除了被依法剥夺或限制的权利以外，与其他公民权利并无实质差别。但作为罪犯的改造权利在《监狱法》中并无过多涉及，罪犯的改造权利是具有罪犯身份的特有权利。在以往的研究中有学者概括出了罪犯"特有权利"，而这些"特有权利"仍然针对罪犯在服刑期间的基本权利范畴，并没有把焦点集中于改造权利。相对于改造者国家赋予的惩罚权与改造权，罪犯的改造权利既需要明确，更需要程序保障。罪犯承受刑罚惩罚，接受改造，作为改造主体，具有原生性的改造权利和生成性的改造权利。原生性改造权利包括知情权与平等权；生成性改造权利包括选择权、参与权和救济权。具体

〔1〕刘崇亮：《范畴与立场：监狱惩罚的限制》，中国法制出版社2015年版，第31页。

来说，知情权与平等权，是针对罪犯在服刑期间对其基本的改造方法、改造情况、改造效果等的知情与平等享受改造资源而不分高低、地区差别；生成性权利是在改造进行中产生的，罪犯首先有权利选择针对自己的改造方法和手段；其次在改造中进行的是积极参与而不是被动地接受；最后对改造中的侵权行为进行救济。这些改造权利在我国当前的罪犯改造中或者缺失，或者因为权力的强大被掩盖。

（2）改造与被改造主体间权力与权利的同向发力。强势的改造者基本上压制了罪犯种种权利的实现，罪犯沦为被压制、被管理、被改造的地位。长此以往，丧失主体性的罪犯更多依赖于改造者，成为俯首帖耳、言听计从的工具。如果长期笼罩在这种改造下，罪犯在服刑期间的确是守法公民，但其真正的改造效果并不必然如此，罪犯的独立人格可能是扭曲的，精神可能是畸形的。因此，这种由强势的改造者主宰的改造长期下去会因其专制、封闭和保守而失去真正的强势走向自我的衰败。相反，改造者与罪犯能够在平等、和谐的氛围中共同解决改造问题，改造关系回到对话协商的应然状态。表面上看，作为强势权力的拥有者和使用者在改造中弱化手中的权力，实际上，其最大程度地激发罪犯的改造热情，把罪犯改造的被动性转变成积极改造的主动性。这样的改造带来的是改造效果的加强和罪犯自身素质和能力的提高，弱势的改造者更凸显其坚强的生命力，最终获得强势。但改造者并非转向了弱势，而是改变了单一的公权力强势状态，转为改造与被改造主体间同向发力，共同促进改造工作变强。

3. 消解中心、动态平等的主体间性改造。在改造场域中，要真正超越改造与被改造、管理与被管理之间的二元对立，关键和根本之处在于走出改造者与罪犯何为中心的二元对立误区，正如法默尔所说的“他在性”，消解任何一种本位主义，[1]而走向多元共生的境界。

（1）改造者作为平等中的首席。如上所述，在改造活动中，无论是完全以改造者为中心还是完全以罪犯为中心都是走向了极端。前者剥夺了罪犯的自主权，忽视了罪犯的主体性；后者为改造罪犯而改造罪犯，使改造者本应发挥的引导作用丧失。在主体间性改造下，改造者制定方向性的原则，指导罪犯改造内容和改造评估的实施，对改造过程进行跟踪指导，鼓励罪犯和罪犯之间互相学习长处，通过对话沟通，协商解决改造问题。可见，改造者是特殊的主体，是平等中的首席，这是因为在知识、经验、能力等各方面，改造者一般都是要高于罪犯，改造者理应在改造中处于引导地位，其基本职责即是给罪犯提供指导和帮助。

（2）多元改造主体的有效参与。在主体间性改造下，参与改造活动的主体除了在场的改造者和罪犯以外，还包括不在场的附属主体，如改造者的管理者、亲属朋友、社区、被害人、研究者等。当然，并不是所有的改造都必须多个主体的参与，而是根据不同的罪犯，依据其犯因性的不同而制定改造方案，从而形成有针对性的参与主体。犯因性问题是对改造对象犯罪原因的概括，从犯因性问题直接抽象出来的改造对象的需求即为改造需求。由于犯罪的原因是极其复杂的，单纯改变罪犯自身是不够的，还需要同时控制或改变引起罪犯犯罪心理及其外化的外部环境，而多元主体参与罪犯改造正是改变外部环境所必不可少的。多个主体之间的关系是相互作用、协作完成改造活动。改造的管理者有合理分配改造资源、协调实践主体关系、

[1] 张康之：“论主体多元条件下的社会治理”，载《中国人民大学学报》2014年第2期。

监督改造过程和结果、建设数据平台等方面的作用，有效地实现了主体的协调和改造资源的整合。如果改造者根据个人经验决定如何利用改造资源的改造，实质剥夺了改造对象的主体性地位，而使改造对象处于改造客体的地位。[1]

（3）主体间对话合作的平等沟通。要做到多交互主体协同参与，就必须平等对话。平等是对话的前提，因为如果地位高低不等，就不存在顺畅的对话。在改造关系中，罪犯已经不是被动接受改造影响的客体，而是主动参与改造的主体，要与改造者一起商讨、选择方案，并执行方案。这种改造者与改造对象关系的调整，其实就是改造契约关系，即权利与义务关系的具体表现。[2]如果改造者仅是僵硬地执行刑罚的惩罚，而不能灵活地行使改造权力，则无法与罪犯进行改造对话；如果剥夺了被害人在改造中的特殊地位，很难彻底恢复犯罪造成的影响；如果剥夺了罪犯在改造中的平等对话，就只能是改造者对罪犯的独白了，没有了平等对话沟通的改造是一潭死水，任何一方改造主体都不会走得长久，最终均会丧失真正的主体地位。因此，改造的国家主体性一定程度的弱化，由警察权到司法权再到社会力量。改造警察化体制逐渐向司法行政体制转型。命令与绝对服从的模式过渡到监督、指导与劝诫的模式。[3]

（4）动态开放的改造过程。既然多个主体之间是平等对话的主体性，那么对话沟通的环境就需要保障。一个中立性的商

〔1〕夏苏平、狄小华：《循证矫正中国化研究》，江苏人民出版社 2013 年版，第 45 页。

〔2〕夏苏平、狄小华：《循证矫正中国化研究》，江苏人民出版社 2013 年版，第 25 页。

〔3〕刘崇亮：《范畴与立场：监狱惩罚的限制》，中国法制出版社 2015 年版，第 37 页。

谈环境对于交往参与者的交往实践具有重要意义。[1]这种商谈环境受到一系列程序的保障，平等是参与到对话沟通的前提，之后的整个改造过程都需要开放，罪犯原生性改造权利到生成性改造权利需要在改造活动中得到充分的行使和保障，改造者事先有告知的责任，特别是当权利受到侵犯时的救济权，改造机构不能因为机构内部保护而刻意阻止，为此有必要受到来自外在力量的监督，如人民检察院的驻监检察制度，完善检察监督中的违法纠正和检察建议措施，强化检察人员在监狱等改造机构的检察监督责任。

二、罪犯再社会化权利的提出

（一）德国的罪犯再社会化权利理论与实践

刑罚执行的目的是什么？与此相关，罪犯的权利包括哪些？在德国，虽然基本法授予国家惩罚犯罪人、保护个体自由、发布人身保护令等权力，但是它没有清楚地说明罪犯应当如何监管或者罪犯在刑罚执行中拥有哪些权利。罪犯的法律地位是由联邦宪法法院通过解释宪法权利和宪法原则，对现行的监狱法规进行违宪审查、促进刑罚改革逐步进行确认的。在德国理论与实践中逐渐发展起来一项权利——罪犯再社会化的权利，而罪犯的再社会化也成为刑罚执行的唯一目的。

在德国，关于监狱法与刑法之间关系是由传统理论“三大支柱理论”来解释的，认为刑事法律在广义上包括以下三个阶段：实体法刑法威胁要进行惩罚，法官决定惩罚，刑罚执行机关具体实施惩罚。与“三大支柱理论”相关的两个补充理论是

---

〔1〕［美］哈贝马斯：《交往行为理论》，曹卫东译，重庆出版社 1989 年版，第 67 页。

“辩证统一理论”“阶段理论”[1]，认为在刑事司法过程中的不同阶段占统治地位的刑罚目的亦不相同，简要地说，作为威胁的刑罚的目的是一般预防与报应；而刑罚执行的目的则强调再社会化的特殊预防。在此，理论上区分了两个不同的阶段，裁判过程属于罪犯法律地位的决定阶段，而刑罚执行过程则是对罪犯作出行政管理决定的阶段[2]。在决定罪犯法律地位的过程中应当遵从刑法的规定；而在行政管理决定阶段应当遵从监狱法的规定，其实质是刑罚执行机关如何对待罪犯。当然，以上两种“决定”是相互影响的，如刑期的长短会影响刑罚执行机关采取不同的监管措施和监管力度，而监管过程中有关罪犯表现的监管记录则会影响罪犯是否能够被提前释放，从而间接地影响刑罚的实际执行。

虽然如此，德国学者坚持认为，应当严格区分二者，刑法的目的是实现报应的正义，监狱法的目的则是再社会化，将罪犯投入监狱本身就是惩罚，而不是将罪犯投入监狱进行惩罚。[3]因此，刑罚执行的唯一目的就是罪犯的再社会化。

这一理论在德国 1976 年的《监狱法》中得到了充分的反映，并为德国联邦宪法法院判例所确认，甚至成长为罪犯的权利——再社会化的权利（right to resocialition）和新近的发展——宪法性要求（constitutional resocialization requirement）[4]。

---

〔1〕 Liora Lazarus, *Contrasting Prisoners'Rights*, Oxford University Press, 2004, p. 39.

〔2〕 Lion Lezarus, *Contrasting Prisoners'Rights*, Oxford University Press, 2004, p. 40.

〔3〕 Van Zyl Smit argues, “People are seat to prison as punishment and not for punishment”, See: Liots Lazarus, *Contrasting Prisoners' Rights*, Oxford University Press, 2004, p. 40.

〔4〕 Liora Lazarus, *Contrasting Prisonera'Rights*, Oxford University Press, 2004, pp. 40~42.

按照这一思路，由于罪犯拥有人性尊严这一不可剥夺的宪法权利，国家在罪犯服刑完毕之后应当为其提供机会使其复归社会；从有利于社会的观点，国家应当提供条件帮助罪犯消除社会以及个人的不利因素，使其更好地在社会中生活；而社会由于直接从罪犯的再社会化过程中受益，以防罪犯再度侵犯社会以及公民法益，因此，社会也有义务帮助罪犯再社会化。由此，再社会化不但成为刑罚执行机关的唯一目的，而且已经成长为罪犯的一项权利，相应地，国家以及社会帮助罪犯再社会化的义务甚至成为一种宪法性要求。

历史地来看，罪犯再社会化的权利之所以能够在德国首先发展起来，其理论渊源或者说是思维方式还可以追溯到“特别权力关系”理论，正是“特别权力关系”理论提示了外部之需求关系及内部之组织关系的分野。但是，也正是对于“特别权力关系”理论的一步步否定和改造，罪犯的特别权利才逐渐明晰与完善起来。罪犯再社会化权利的生成与德国监狱改革运动的推进和刑罚执行的目的限定是同步进行和一体两面的。

（二）罪犯再社会化权利的保障

然而刑罚执行的目的与罪犯再社会化的权利毕竟不能等同视之，埃德、加多罗特曼（Edgardo Rotman）为我们描绘了两种不同的再社会化前景〔1〕，公共权力机构促使罪犯再社会化目的完全可能成为压迫性的工具，甚至成为阻止罪犯重返社会的借口。按照这种逻辑，矫正待遇只能是重新塑造罪犯人格使之符合我们预先设计的思想与行为方式的一种技术性措施而已，这样一种再社会化的目的完全可能成为独裁的工具，并严重地侵

〔1〕 Edgardo Rotman, Do Criminal D, “enders Have a Constitutional Right to Rehabilitation?” *The Journal of Criminal Law and Criminology* (1973), Vol. 77, No. 4. (Winter, 1986), pp. 1024~1027.

犯了罪犯的权利，甚至是基础权利；而作为罪犯再社会化的权利，则是从罪犯的视角出发，鼓励罪犯自我修复，而不是迫使罪犯进入我们设定的理想境地，只有从罪犯内心深处激发出来的自我修复的愿望才是再社会化的力量源泉。如此，罪犯再社会化从权利的视角彻底颠覆了那种家长式的、独裁式的再社会化方式。

但是，罪犯再社会化的权利又与刑罚执行的目的密切相关：从权利的角度，罪犯的再社会化既是消极权利又是积极权利，消极权利是指刑罚执行不得追求其他目的，如报应，如威慑。也就是说，刑罚执行机关在执行判决之时除了罪犯再社会化这一刑罚目的之外不能追求其他的刑罚目的；但它同时又是积极权利，即国家有义务协助罪犯再社会化，由此产生了一些派生的权利：国家应当积极行动、提供更多的条件以保障罪犯的再社会化进程。由此，从理论上国家与个体的关系不再仅仅被视为入侵者与受害者的关系。权利是一个多面体，是消极权利和积极权利、主观权利和客观权利的统一，权利还是国家与个体——生活在社会中的个体与作为整体的社会之发展——这些纷繁复杂的社会关系的调节器。[1]作为消极权利，罪犯再社会化的权利是防范刑罚执行机关在刑罚执行过程中侵犯个体权利的界限，例如为了威慑社会上一般人犯罪而残酷地、不人道地执行刑罚，或者为了方便管理而附加过多的强制措施和限制，或者在决定假释的过程中不恰当地考虑罪犯以前的犯罪行为等做法都侵犯了罪犯的权利；而作为积极权利，罪犯再社会化的权利则是包括刑罚执行机关在内的所有公权力机关的一项义务，公权力机关必须积极行动起来提供条件、消除障碍、改善环境

---

〔1〕 Liora Lazarus, *Contrasting Prisoners' Rights*, Oxford University Press 2004, pp. 29~32.

以保障罪犯再社会化的权利。同时，从更深层次意义上看，再社会化也是社会利益之所在，防止罪犯在刑罚执行完毕之后重新侵害社会，因此作为罪犯的再社会化的直接受益者，社会也应当负有保障罪犯再社会化权利的义务。

既然再社会化成长为罪犯的一项权利，而刑罚执行的唯一目的又是罪犯的再社会化，那么在刑罚执行过程中一切则应当以罪犯的再社会化为最高价值追求。为此，在起草 1976 年《监狱法》时，起草人设定了三项指导原则，并最终予以法律化：一是监狱生活应当尽可能地反映外界社会生活的一般关系，这被称为“校正原则”（adjustment principle），责成刑罚执行机关在组建监狱之时监狱设施与外界的不同不能超过刑罚执行所必需的限度；二是刑罚执行机关应当采取措施减少监禁带来的伤害，这被称为“对立措施原则”（counter-measures principle），赋予刑罚执行机关以尽可能减少监禁所可能带来的负面效果的义务；三是刑罚执行机关应当设定目标帮助罪犯适应将来的自由生活，这被称为“一体化原则”（integration principle），以推动刑罚执行机关构建一个的能够促使罪犯重回正常社会生活的监狱体制。虽然这些原则规定是概括性的和指导性的，并没有赋予罪犯以具体可见的权利，然而这些指导原则却成为解释其他条文的教义，成为罪犯待遇的最低限度的标准，成为刑罚执行机关的行为大纲。同时，这也是罪犯再社会化权利（包括消极权利与积极权利）的法律化，从而使之成为一项法定权利。

罪犯再社会化的权利使得罪犯的特别权利进一步地明晰化和具体化，并初步具有了可操作性；同时，罪犯再社会化的权利也使得罪犯在具体监管过程中的权利诉求有了依托；最后，罪犯再社会化的权利使得公权力机关以及社会有了导向标，这对于修正整个社会关于犯罪与刑罚的观念都有着十分重要的意义。[1]

三、罪犯权利实现的基本原则

（一）法治原则

1. 合宪性。法律面前人人平等，罪犯未被剥夺的公民权利同样受宪法保护。宪法上的权利可以分为自由权与社会权两类，自由权先于社会权出现，社会权是相对于自由权而言的，现代社会公民的自由权与社会权相辅相成，不可分割。从当前罪犯权利保障状况来看，罪犯的人身自由被剥夺和限制，其依照宪法规定享有的公民其他自由权利和社会权利的实现也受到了现实阻碍。以生育权为例，应是一项人之所以为人所自然享有的繁衍后代的自由，其不受任何外力阻挠或控制、完全基于自身意愿自主决定。现代法治社会中，国家对生育权承担不干涉义务，除非具有合法理由、经过正当程序方可施加限制。由此可见，生育权能够诠释自由权的真谛，属于宪法保护的自由权范畴。国家剥夺公民的权利，是对公民最严厉的惩罚。罪犯因犯罪被剥夺了人身自由权利，但其仍是公民，受宪法和法律保护。国家对在押罪犯权利保障的边界是“宽不过囚，严不过人。”[2]罪犯因犯罪而身陷囹圄、自由受限，但其依法享有其他合法的公民权利。根据“法不禁止即许可”的现代法治精神，罪犯依法应当享有生育权，只是其行使会受到监狱行刑的正当规制。因此，尊重罪犯未被剥夺限制的公民权利并予以保障，正是践行宪法上“国家尊重和保障人权”原则的当然要求。

---

〔1〕 李同民：“我国受刑人权利研究”，山东大学 2007 年博士学位论文。

〔2〕 金鉴：“树立正确行刑理念 推动监狱‘三化’建设”，载司法部 http://www.moj.gov.cn/jyglj/2004-08/24/content_127810.htm，2014 年 12 月 4 日访问。

2. 正当性。保障罪犯合法权益与行刑目标相一致，符合法治精神和人道主义要求。刑罚的目的和价值着眼于促使罪犯“浴火重生”。刑罚制度从古至今，经历了以生命刑、肉体刑为中心的报应威吓时代，发展到以自由刑为中心的教育刑时代，并正在呈现向以自由刑与其替代措施并行发展、更加注重再社会化的矫正刑时代。从当今世界范围内的行刑发展趋势来看，致力于对监狱行刑制度和矫正环境进行改革完善，最大限度地提升罪犯重新社会化的实际效果。国外监狱理论界关于重新犯罪的“三要素”理论指出，家庭、工作、妇女（Home、Work、Women）是三个影响重新犯罪的重要因素〔1〕。实践也证明，拥有稳定家庭和育有子女的出狱人重新犯罪率是很低的。我国监狱工作方针是“惩罚与改造相结合，以改造人为宗旨”，目的是将犯了罪的人改造成为守法公民，预防和减少犯罪。在法治中国建设进程中，进一步彰显行刑人道主义，在确保监狱安全和尊重罪犯平等享有的合法权益的基础上，以促使罪犯顺利回归社会成为守法公民为改革目标导向，完善相应法制，依法保障其行使和实现，有利于激励罪犯改造的积极性和主动性，提升和巩固监狱行刑工作成效。

（二）最低限度限制原则

1. 依法受限性。《世界人权宣言》中提出：“权利的享有以符合社会道德和公共秩序等公允条件为前提。”我国《宪法》第51条规定：“中华人民共和国公民在行使自由和权利的时候，不得损害国家的、社会的、集体的利益和其他公民的合法的自由和权利。”因此，罪犯合法权益的主张和实现应当兼顾公共利益与个体利益的平衡。

---

〔1〕 2008年中荷司法合作“监狱官员素质提升与罪犯人权保护”项目会议上，荷兰专家布朗先生的报告中所提观点。

首先，监狱对罪犯权利的限制是依法执行监禁刑罚、剥夺当事人人身自由所带来的必然附加结果。同时，监狱依法限制罪犯人身自由的同时对其进行改造、矫正，促使其顺利回归社会，其目的是正当的。其次，监狱管理秩序是监狱工作顺利进行的基础和保障，作为罪犯负有维护监管改造秩序的义务，并不得破坏，否则将会受到相应的惩处。因此，罪犯主张和行使权利必须符合监管改造的条件要求，需要获得监狱机关或司法机关的批准或裁定。最后，罪犯未被剥夺或限制的权利应当受到其相关利益主体的限制，从而才能实现其正当性的目的和预期效果，如罪犯的婚姻自由权、生育权的主张和实现应当是双方合意的结果。

2. 最低限度限制。从法理上分析，就法律范畴下行使权利的方式而言，通常只有“享有”或者“放弃”两种情形，但是在特殊情况下，会出现第三种情形，即有条件地加以“限制享有”的情形。在监狱服刑罪犯依法享有但是由于人身自由被限制而依法受到限制的权利，就属于第三种情形〔1〕。当然，这种限制是监狱机关依法执行刑罚施加的限制，并非是根据监狱机关的行政意志或某些人的个人意愿而施加的，这种限制不仅应当合法，还应当是必要和适当的，且应限制在最低限度内。如果监狱将罪犯依法被限制行使的权利一律予以完全禁止行使，就显然构成了超过必要限度的不正当限制。借鉴俄罗斯和德国的相关规定，罪犯权利最低限度限制应当是：在依法实现自身权利的同时，不应破坏刑罚执行程序和条件，并且不得侵犯其他人员的合法权益。

〔1〕 鲁兰：《中日矫正理念与实务比较研究》，北京大学出版社 2005 年版，第 57 页。

（三）社会化原则

罪犯服刑期间享有的自由度大小与罪犯再社会化的成功率是成正比关系的。罪犯回归社会后能否顺利适应并融入社会，在很大程度上取决于监禁刑是否在罪犯服刑期间提供了再社会化的必要环境和条件，这些环境和条件也就是监狱执行刑罚的社会化。行刑社会化已经成为刑罚历史发展的必然选择。“他山之石，可以攻玉。”国际上关于罪犯再社会化的探索与实践，对于提高我国罪犯的再社会化水平无疑具有积极的借鉴作用。从当前国际行刑社会化的刑罚潮流来看，变革监禁刑行刑方式，扩大罪犯服刑期间的自由度，对于提高罪犯再社会化的成功率具有积极的现实意义。在我国目前构建法治中国、人权早已载入宪法的大背景下，我们必须顺应行刑社会化的历史潮流，充分借鉴国外先进的做法和成功经验，进一步推动我国监狱行刑社会化的发展和完善。实现罪犯再社会化，还是要回到罪犯自由这个原点。充分尊重罪犯作为人的自由需要，正视监禁刑自身固有的弊端和悖论，扩大罪犯服刑自由度，以实现监禁刑向非监禁行刑方式的转变，乃是实现罪犯再社会化的必由之路。

（四）平等原则

这里的平等原则主要包含三层含义。一是罪犯作为被限制人身自由的特殊公民，与其他社会普通公民一样享有宪法和法律保障的人身自由权之外的合法权利，但其权利的行使和实现除与普通公民一样受到社会因素限制外，依法还应受到监狱管理秩序的限制；二是罪犯权利的行使和实现不因罪犯的性别、服刑地域、监狱条件等因素而导致存在差别，因此从制度上层设计上，应该设立平等的保障理念，而不应有所偏颇；三是在罪犯结婚和生育等婚姻家庭重要权利的行使中，罪犯与其配偶是权利行使的双方主体，互为权利义务方，双方在意愿和主张上的法律地位是平等的。

(五) 司法最终救济原则

权利人权利受到侵害后有多种救济方法，但最有效的以及最终的救济应是司法救济。司法救济，也可称为诉讼救济，指人民法院在权利人权利受到侵害而依法提起诉讼后依其职权按照一定的程序对权利人的权利进行的救济。国家对监狱机关侵犯罪犯权利的一切情形都应当设置司法救济途径。在罪犯权利救济中，司法最终救济的含义是指罪犯在权利受到侵害后用尽其他救济手段仍然得不到救济，可以直接地或者间接地通过司法途径获得的一种救济。司法最终救济并非指一切监狱机关的管理行为都必须最后接受司法救济，而是当罪犯对受损的权利通过实施其他救济无效或者罪犯对救济不满意，甚至监狱管理机关对罪犯申请救济不理时，可申请司法救济。具体讲，当救济机构对罪犯就某一管理部门的某一不当管理行为侵犯自己合法权益的救济请求应当处理而置之不理时，罪犯应有权对这种不作为的行为申请司法救济，司法最终救济既指司法直接实施的救济，也指司法间接实施的救济即对救济不作为的救济；既指对某些适合直接适用司法救济途径的管理行为应设置司法救济的途径，也指对某些不适合直接适用司法救济途径的管理行为设置其他救济途径。

第十一章

罪犯权利的法治实现路径

一、立法保障

在六十多年的监狱工作立法和实践中，我国罪犯权利立法保障已初步形成了以《宪法》为指导，以《监狱法》为主导，以《刑法》《刑事诉讼法》为基本，兼有其他相关法律相关规定以及以司法部及其他部委制定的行政规章、条例、命令和各监狱规章制度为补充的不同层次的法律法规和规章制度。特别是 1994 年 12 月 29 日《监狱法》的颁布，更具有里程碑意义，它彻底结束了我国长期以来在罪犯权利救济领域无法可依的状况。但是，随着法治中国建设进程加速，罪犯权利保护意识不断提高，无论是在监狱法制的形式体系上还是在实体性、程序性规范内容上，我国监狱法制对监狱公正执法的规制和对罪犯权利的保障均需要进一步改进完善。

（一）监狱法制体系的完善

监狱法制体系在表现形式上应是以实体性制度合理、程序性规定科学的法律为中心和基础，以国务院出台的相关实施条例为内容的行政法规、因地制宜的地方性法规以及国务院相关部门的具有操作性的规章为补充，形成效力高低有序、内容协调统一、功用有机互补的完整制度体系。需要特别指出的是，行政法规、地方性法规、部门规章应当以法律为基础制定，不能侵入甚至代为制定和调整本应由法律规定和调整的监狱管理和罪犯改造的基本内容。

1. 修改监狱法典。《监狱法》作为监狱工作的基本法，引导着监狱工作的方向，规范着监狱工作的内涵，决定着监狱工作的效能。在完善监狱法律法规体系中，修订《监狱法》就显得更为重要和关键，其他法规都必须以此为依据。当前就《监狱法》如何修改完善的问题，理论界和学术界仍然争论不休。综合分析各种主张，大致可以分为四种模式。

一是细则模式。这种模式在理论界和监狱实务界均有主张者，他们认为，在《监狱法》修订之前，应迅速出台《监狱法》实施细则来弥补《监狱法》原则性太强、不利于操作之弊。这种完善模式可以破解《监狱法》过于原则性之弊，细化各种条件、程序，利于实际部门的操作。其弊端在于：第一，作为效力等级低于《监狱法》的实施细则，不能改变《监狱法》与其他法律规范的冲突问题；第二，实施细则不能超越《监狱法》，它只能在《监狱法》框架内进行细化而不能达到修改的目的，也就是说，原来存在的缺陷也不能更改。因此，要想通过实施细则的规定达到完善《监狱法》的目的，显然是力所不及。更为重要的是，在《监狱法》中也缺乏制定《监狱法》实施细则的法律依据，只能通过立法修订才能完成。

二是修正模式。此模式主张全面修正现行《监狱法》，使之在体系结构和内容等方面有一个彻底的改变。此种模式在目前也是最有可能进入实际操作层面的一种模式。只需在原来《监狱法》基础上对内容进行增删，在结构上进行调整，且也无需牵涉到复杂的刑事执行体制等的变动。在修正模式中，未来修正《监狱法》应打破原来的以“监狱”为强势主体现状，以监狱对罪犯的权力为主要内容的这种“命令”“服从”模式，而是建立一种全新的以“监狱”“罪犯”两个主体为核心法律关系主体，以权力（利）义务为其内容，以行刑的发展过程的逻辑顺序为其线索的模式来完善监狱法。

三是二元模式。此种模式是把监狱内行刑和监狱外行刑的社区矫正方式分别立法，监狱内执行制定《监狱法》，监狱外行刑制定《社区矫正法》。这种模式就其本质而言是增加了刑罚执行的执行方式，扩大了非监禁刑罚执行的范围。其基本思路是推动刑罚的轻缓化。

四是统一模式，即制定统一的《刑事执行法》。此观点在学院派学者中有较多的支持者。他们认为，《刑事执行法》可以与《刑法》《刑事诉讼法》在称谓上保持一致，现行《监狱法》在规格上不能和《刑法》《刑事诉讼法》并列，在地位上逊于其他两部法律，应提高行刑法的地位，整合《监狱法》和《刑事诉讼法》中“执行编”的内容，制定一部统一的《刑事执行法》。从国外来看，除少数国家（如俄罗斯、德国、丹麦）采取此种模式外，大多数国家并没有采取这种模式。有学者认为，用统一模式改变现有的法律框架，缺乏足够的理由，并对这一立法模式的效果持观望或怀疑态度。[1]

本书认为，第四种模式更为科学合理。因为采取统一模式制定刑事执行法典是实践刑事一体化改革的重要内容，有利于解决我国刑罚执行领域监内行刑和监外行刑几乎缺乏协调统一、整体执行效益较低的问题，有利于推进行刑科学化、法制化和社会化，符合我国监狱工作发展的未来方向。需要指出的是，我国可以借鉴俄罗斯的做法，与刑事执行立法紧密关联的刑事执行权力格局不必同步进行集中化改革，而是坚持各执行机关

---

〔1〕 王利荣：“也谈完善刑事执行法制的基本思路”，载《北京政法管理干部学院学报》2001年第1期。

（公、法、司等）都应当统一按照统一的刑事执行法实施对罪犯的惩罚和改造，使刑事执行活动和社会关系接受统一的法律调整，以确保国家法律的严肃和统一。

但是，从目前发展趋势看，制定以监狱行刑为主体内容之一的《刑事执行法》在短期内难以实现。因此，论证现行《监狱法》的修改更为实际可行。

（1）对《监狱法》第一章总则修改完善的建议：①增加监狱行刑原则的规定，在现有原则的基础上，增加公正和人道主义原则；②修改监狱行刑、教育改造目标的规定，把“将罪犯改造成为守法公民”修改为“努力将罪犯改造成为不再重新犯罪的人”，守法公民的目标太高，无法实现，也与“治本安全观”不相符合；③增加监狱经费保障的内容，将监狱经费保障的标准、动态增长的做法和机制，固化为法律规定；④对国家提供罪犯劳动必须的生产设施和生产经费，作更为详细、具体的规定。⑤在第 4 条中，增加心理教育的规定。

（2）对第二章修改完善的建议：①将监狱人民警察的规定放到第三章中作为专门的规定。在第二章专门规定监狱的内容；②增加监狱类型的规定；③增加监狱的设置、撤销、迁移的标准、程序等规定；④增加监狱按照戒备等级进行设置的规定。

（3）增设监狱人民警察专章，作为第三章。就监狱人民警察的权力、职责、纪律、组织管理、警务保障、权利保障、考核奖惩等作出规定。

（4）增设罪犯专章，作为第四章。就罪犯在整个服刑改造过程中的权利、义务作出具体、详细的规定，在各个环节、各个阶段的权利、义务都应该作出规定。

（5）将原第三章刑罚执行修改为第五章。具体修改完善建议如下：①死刑缓期两年执行的罪犯如果有严重疾病且有生命危险是否应该收监的问题。按照《刑事诉讼法》的规定，死刑犯是不能暂予监外执行的，这就意味着必须收监，中央政法委也要求必须收监的，这里面的问题很多，实践中也出现了很多问题。应规定允许暂予监外执行；②对于罪犯的申诉如何具体规范的问题。现行的《监狱法》规定是“人民检察院或者人民法院应当及时处理”，什么叫及时，很模糊，应该作出明确的规定；③修改假释的规定。应按照宽严相济的刑事政策、社区矫正的要求，以及三项重点工作的要求进行修改。基本思想是扩大假释面，降低假释的标准和条件。

（6）将第四章狱政管理修改为第六章，主要修改建议如下：①对监狱的武装警戒作出具体的规定，应规定由谁领导、如何组织管理，武装警戒的力量、职责、经费保障等，取消现在的“具体办法由国务院、中央军事委员会规定”的规定；②将罪犯脱逃追捕的规定修改为：监狱发现罪犯脱逃应该立即通知公安机关，由公安机关负责追捕，监狱密切配合。有人提出应规定即时抓获的时间，如规定为24小时，其实这不利于对罪犯的追捕，也增加了监狱警察的许多负担，也不是监狱警察职权范围内的事情；③增加罪犯参加社会保险的规定。罪犯最终是要回到社会的，如果将这部分人排除在社会保障范围之外，很难保证一些人不重新犯罪；④增加罪犯聘请律师的实体和程序方面的规定；⑤修改完善考核制度，应该建立一套全国统一的考核标准、程序和规范，并规定人民法院必须依照考核的结果进行减刑和假释；⑥修改对违反监管秩序处罚的规定，适当延长禁闭的期限，并将违反监管秩序的行为与减刑、假释的规定综合起来，监狱有权请求撤销已经生效的减刑等；⑦完善罪犯在服刑期间死亡的处理的规定。

（7）增加“对罪犯的劳动改造”一章，作为第七章。主要规定劳动改造的目的、原则、组织形式、劳动项目的选择、劳动时间、劳动报酬、劳动保护等内容。

（8）将“对罪犯的教育改造”一章修改为第八章，并进行相应的修改：①纳入教育改造纲要相关内容；②明确“5+1+1”模式；③规定教育改造时间；④鼓励罪犯学习；⑤动员社会力量参与罪犯教育尤其是文化教育、职业技术教育。

（9）增加“对罪犯的心理教育”专章，作为第九章。对心理教育的内容、方式、程序、心理矫正工作人员的配备、标准、职责等作出相应规定。

（10）将第六章对“未成年犯的教育改造”修改为第十章，并对其内容进行相应的补充和完善。

（11）增加“外籍犯的管理和教育”的内容，列为第十一章。

（12）将第七章“附则”改为第十二章，对其内容作必要的修改。〔1〕

2. 完备相关行政法规。国务院的行政法规立法权具有非常重要的地位，在我国现行立法权限划分体系中具有承上启下的重要作用。行政法规在法的形式或渊源中处于低于宪法、法律而高于地方性法规和规章的地位，其效力可以及于全国。行使行政法规立法权要以贯彻实施宪法和法律为基本目的，有了行政法规，宪法和法律的原则和精神就能具体化，就能更好地、有效地实现。〔2〕制定相关行政法规是监狱法制建设的重要内容，监狱法制体系中的专门性法律规范也必须具体化，完备其配套

〔1〕 江苏省监狱学会课题组：“构建与完善监狱法律法规体系研究”，载中国监狱学会编：《回眸十年读华章——纪念监狱法施行十周年文集》，法律出版社2005年版，第236~240页。

〔2〕 周旺生：《立法学教程》，北京大学出版社2006年版，第290页。

的行政法规，才能更好地实现其效能。应当根据《刑法》《刑事诉讼法》和刑事执行法的规定，对涉及监狱与外部相关部门、机构协作的内容，由国务院以行政法规形式出台，以协调刑罚执行过程中监狱与其他部门发生的关系，如《刑事执行法实施条例》《监狱武装警戒条例》《监狱组织条例》《监狱企业管理条例》《刑满释放人员保护条例》《监狱执法监督条例》等。

3. 整合相关部门规章。有关部门规章是刑事执行法及其实施条例中执法细节的有益完善。部门规章是基于法律和行政法规进行具体的实施细节规定，而不能超过法律和行政法规的基本精神和原则、甚至越位对应当由法律和行政法规调整和规范的内容进行规定。在我国监狱法制建设中应特别注意对部门规章的改革，在坚持科学协调其与法律、行政法规关系前提下，进行整合优化。具体应当把握以下几点：一是应当坚持适度收缩其调整范围的原则，改变由行政机关制定的部门规章作为指导监狱管理和改造罪犯工作的重要、甚至是主导性规范而严重损害监狱法制权威的错误做法；二是清理和修改部分部门规章和行政性规范文件，实现部门规章与法律、行政法规之间的协调，对一些应当由法律或行政法规予以调整的内容但部门规章进行了越权规定的条款给予废止；三是对部分形式上不符合规范要求，但实际上具有部门规章效力，并符合部门规章的调整范围的规范性文件进行相应的修改和完善，使其规范化，如由司法部制定印发的《关于计分考核奖罚罪犯的规定》(1990 年)、《罪犯、劳教人员档案管理规定》(1994 年)、《监狱劳教人民警察政治工作条例》(1996 年)、《司法行政系统公务用枪配备管理办法》(2003 年)、《律师会见在押罪犯暂行规定》(2004 年)、《监狱人民警察六条禁令》(2006 年) 等，也包括司法部监狱管理局制定的规范形式应当为部门规章但实为普通的公文性文件，如《关于监狱人民警察文明执法的规定》(2005 年）等，应重新整合修订，并由司法部以部长令的形式正式制定发布；四是制定和健全相关部门规章，如由司法部、公安部、民政部等联合制定《未成年犯社会帮教规则》等。

（二）监狱法关于罪犯权利保护内容的具体修改和完善

1. 应当将监狱推进行刑社会化、促进罪犯顺利回归社会在《监狱法》中予以明示，更新监狱行刑工作理念。正如本书比较研究部分对俄罗斯、德国等刑事执行法的行刑理念比较研究的结论，应当遵循行刑社会化的历史发展规律要求，我国《监狱法》应该顺应科学规律而为，而不能无所作为、甚至逆势行事。只有从根本上更新监狱行刑工作理念，才能逐渐改变在监狱工作中存在的漠视、排斥甚至否定罪犯依法被限制权利的行使和实现的现象，促进罪犯不与社会脱节，更好地维系社会以及家庭关系、修补和稳固好亲情友情，利于其顺利回归社会，最终实现预防和减少犯罪的刑罚特殊预防的根本目标。

2. 对罪犯法律地位的相关规定应当更加明晰、确定，但是对罪犯生育权等依法享有但受到行刑限制的权利应当用排除法进行规定，而不是意图通过明示列举立法。当前学界对于罪犯依法享有但受到监狱行刑限制的某些权利，大都提出应当在《监狱法》中予以明示规定的观点。事实上，作为此类权利在立法中进行明示列举的观点显然不是理性和合乎实际的，《宪法》不可能穷尽列举公民权利类别，《监狱法》等相关法律也不可能将此类权利明示列举而企图穷尽罪犯依法享有但受到行刑限制的民事和社会权利，这是立法技术所不能企及、也不可能被采纳的。因此，根据我国当前监狱立法实际，结合借鉴国外相关立法经验，按照有利于罪犯权利保护的原则，应当采用排除法进行立法。具体可以在罪犯法律地位的有关规范中增加这样一个条款："刑罚执行期间，除法律明文规定禁止行使的权利之外，监狱应当保障罪犯依法享有的公民权利，但是罪犯权利行使不得破坏刑罚执行条件和程序、不得侵害其他人员的合法权益。"这样的立法规范可以更好、更全面地保障罪犯的实际权利，有利于维护和更好地明示罪犯作为特殊公民的法律地位。

3. 完善罪犯权利的救济制度也是保障罪犯权利的重要保障。法律救济权利是保障公民实现合法权益的重要权利，对在押期间的罪犯而言，其法律救济权的保障尤为重要。当前，我国相关立法规定，罪犯对监狱管理行为或决定有异议的，不属于《行政诉讼法》规定的受案范围，罪犯仅能在监狱系统内部来要求复议或申诉，别无他途。显然，罪犯面对与自身权利密切相关，如禁止或中止会见、驳回亲情会见申请、驳回离监探亲申请、未被列入监狱申报减刑假释名单、不予批准暂予监外执行等情形的监狱管理行为或决定，只能在监狱系统内部面对同一管理者或管理群体提出复议或申诉要求，并且最终由监狱系统内的主体对罪犯复议或申诉作出结论。可见，罪犯法律救济权利制度必须完善，应当在监狱系统内建立由检察官、监狱执法监察员、监狱管理人员、专家学者、罪犯代表等人员组成的罪犯权益保护委员会受理相关申诉、复议。当然，从根本上讲，将来罪犯权利救济得到保障的立法途径应当是建立罪犯在穷尽行政救济后可以诉诸司法救济的制度。只有这样，当罪犯在监狱内被限制行使对外联系的各种形式的会见、被拒绝离监探亲申请等情形下，可以依法维护自身权益，尽可能地缩小因行刑造成的罪犯权利的过大损害，影响其回归家庭、回归社会。

4. 积极推进罪犯与外界联系相关制度的修改。一是对会见制度的修改。在《监狱法》中明确规定罪犯会见的类别、方式、适用程序和条件、限制程序和条件，将一般会见、亲情餐厅会见等短期会见和同居会见、家庭会见等长期会见纳入《监狱法》中予以规定，保障罪犯与配偶等亲属进行无间隔地亲情会见和身体接触及同居的机会。二是完善离监探亲制度。罪犯离监探亲是罪犯维系亲情和稳固家庭的重要途径。当前，离监探亲制度在实践中适用率极低，主要受制于法律规定的极其苛刻的适用条件和监狱内部管理中所附加的条件，导致离监探亲的甚至比假释的适用条件还要苛刻。综上所述，《监狱法》的修改中应当明确规定不应限制最低会见次数和时间规定，并且对短期会见和长期会见、离监探亲的条件和程序作出具有可操作性的规定，并由《监狱法》实施条例对监狱机关执法工作提出具体规定。

5. 建立目标和内容全新的异地调犯制度。在新中国历史上的调犯制度主要是基于对顽危犯调押和缓解监狱拥挤的目的。实践中，北京作为首都是例外，将大量外省市罪犯遣回原籍服刑或就近省市安排服刑；其他省市区现在一律对调犯回原籍服刑进行了严格控制，实践中要求调出、调入两省市区监狱局局长同意后报司法部监狱局备案。当前，东部发达地区监狱罪犯中有一半左右家住外省市区，严重影响了这些数量众多的罪犯的社会帮教，甚至其亲属迫于时空距离和路途费用很少到监狱进行一般会见，同居会见、家庭会见，婚姻家庭权利几乎完全无法实现，这样的现状显然与行刑社会化的监狱三化建设要求相违背。因此，建议监狱立法修改中建立罪犯调回原籍服刑制度，具体应当建立符合一定条件可以调回家庭所在地服刑的程序规范，从而为罪犯回归家庭、回归社会创造更好条件。

6. 推进半开放式、开放式监狱制度的建立。行刑社会化是世界行刑趋势，是行刑规律使然。正如陈兴良教授所言，自由刑是优劣并存、利弊参半，监狱作为自由刑的执行场所，固然承担着改造犯罪人的任务，但犯罪人最终还是要回到社会中去的，自由刑的效果如果没有社会条件的保障，就不可能保持并扩大。因此，在降低人民对监狱的期望值同时，切实地对自由刑进行改革才是唯一的出路，而行刑社会化正是世界各国进行自由刑改革的基本路径。监狱由过去的全封闭改为半开放、甚至开放式的现代监狱，能为罪犯顺利回归社会创造条件。特别值得关注的是，2004 年上海市某监狱在司法部《关于进一步加强推进监狱工作法制化、科学化、社会化建设意见》出台以后，经上级机关允许，探索实行过一段时间的“周末监禁制度”，即对改造表现一贯良好的初犯的中短刑期且余刑 6 个月以下的罪犯，允许其在周一至周五到指定工厂工作，周六日回监狱服刑。这一探索应该说是成功的，未出现任何安全事故，但是最终还是被要求停止了。尽管如此，其作为我国半开放式监狱制度改革尝试的历史意义重大。

另外，部分学者提出《监狱法》应当作出修改，允许罪犯携带未成年子女在监内服刑。对这一观点，笔者认为并不妥当。一方面，尽管母亲携带幼儿在身边进行养育对其成长有其有利一面，但是，监狱环境对幼儿成长应当具备的条件会形成一定障碍，如幼儿养育和活动设施条件、周围其他罪犯的影响等；另一方面，监狱机关不应当、也不具备条件承担幼儿的安全保护和养育职责。从国外的情况来看，实际上也主张通过对罪犯适用监禁刑替代措施、行刑社会化举措尽可能让罪犯和其幼儿在普通的社会环境中度过一定时间。因此，应当通过完善暂予监外执行和假释制度、发展开放式和半开放式行刑制度、建立家中监禁制度等方式，实现对于此类罪犯婚姻家庭权利的保障。

（三）其他相关刑事和民事法律的修改完善

1. 刑事实体法和刑事程序法的修改完善。

（1）《刑法》的相应修改和完善。现代刑法的价值是公正、谦抑、人道，其修改和完善应当遵循更好地实现刑法价值的原则，推动刑罚结构、行刑方式的科学化、多样化发展，根据行刑个别化、社会化、科学化的要求，尽可能减少实际监禁行刑数量、缩短实际监禁行刑期限、提高监禁行刑罪犯社会联系机会，从而从根本上减少由于罪犯被监禁行刑而被限制行使权利的实际人数和时间。建议从以下方面对刑法规范进行修改和完善：一是缓刑适用对象范围的扩大。当前可以缓刑适用对象限制在3年以下有期徒刑和拘役的范围、应当适用缓刑的是前述对象中不满18周岁的人和怀孕的妇女以及已满75周岁的人，建议将过失犯罪初犯、非暴力犯罪被判处5年以下有期徒刑的人员纳入其中，从而更好地贯彻宽严相济的形势政策，优化刑罚执行格局。二是对假释适用进行多层、分类改革，在现有的有期徒刑实际最低服刑时限中增加一个层次，改为初犯被判10年以下有期徒刑（不包含10年）的罪犯实际服刑期限不少于刑期的1/3，从而大大扩展假释适用对象范围，提高社区矫正适用比例。

（2）《刑事诉讼法》的相应修改和完善。根据行刑人道化的考虑，建议借鉴国外刑罚制度的有关规定，改革和完善暂予监外执行制度，将其分为应当和可以两种法律情形，对怀孕或哺乳期的妇女、生活不能自理、病情严重的自由刑罪犯应当暂予监外执行；对部分丧失服刑能力的其他自由刑罪犯可以依据现行规定暂予监外执行。

2. 有关罪犯婚姻家庭生育权和财产权、社会保障权的民事法律修改完善。

（1）《婚姻法》《人口与计划生育法》的修改和完善。建议修改《婚姻法》和其配套法规的有关条文，对罪犯行使婚姻自由权利和家庭权时的法律关系进一步明示和确定，进而避免法律纷争、形成直接的法律依据。建议在我国《人口与计划生育法》中增加对罪犯生育权的相关规定，把罪犯生育权主体、监狱机关在罪犯生育权实现中的权利义务关系尽可能明晰，如具体规定“在监服刑期间的罪犯提出生育要求且符合法律规定条件的，适用本法规定”“公民有通过人工辅助生殖技术生育子女的权利”等内容。

（2）辅助生殖技术法制的建立和完善。人工授精、试管婴儿、代孕等辅助生殖技术帮助数以万计的人们实现了传统生殖方式不能实现的生儿育女的梦想，但是也引发了许多的社会争议、甚至是社会问题或违法犯罪问题，迫切需要通过完善相关立法将其纳入法制化轨道，保证其规范运行发展、服务社会公众。目前，当罪犯在人身受到隔离、不能通过传统的性行为方式生育子女的情况下，使用辅助生殖技术是实现其生育权的最为可行的途径之一。具体而言，辅助生殖技术法制必须对以下三个方面予以明确规定：一是双方申请原则，要求符合计生要求的合法夫妻合意申请作为前提；二是自费原则；三是要由具有法定资质的医疗机构具体实施。

（3）有关罪犯财产权的法律规定包括《监狱法》《国家赔偿法》《劳动法》和《工伤保险条例》等一系列“善”“良”的制度，比如，入监合法财产代管制度、侵权赔偿制度、劳动报酬制度、同工同酬制度等。如果这些法律规定的制度能够得到有效落实，就足以保障罪犯在服刑期间财产权利不受侵犯。然而由于相关法律规定的法律规则逻辑机构的不完整，实践中即使义务主体不执行相关制度、不履行相应义务，也并未带来否定性的法律后果，最终导致法律中明确规定的罪犯享有的合法财产权益得不到保障。因此，对我国监狱和其他国家机关作为罪犯权利实现相对应的义务主体的相关法律规定，应当进行法律规范逻辑结构的相应完善，从而使罪犯相关权利不仅仅是纸上的宣告式权利，应当是对权力对应义务主体有法律约束力、能够实现的实实在在的权利。当然，同时要提高执法机关及其执法人员的罪犯权利保护意识和执法规范意识，推动罪犯权利保护性法律规范落到实处。

（4）加强罪犯社会保险权利的法律保障。按照《社会保险法》第2条“国家建立基本养老保险、基本医疗保险、工伤保险、失业保险、生育保险等社会保险制度，保障公民在年老、疾病、工伤、失业、生育等情况下依法从国家和社会获得物质帮助的权利”和第3条“社会保险制度坚持广覆盖、保基本、多层次、可持续的方针，社会保险水平应当与经济社会发展水平相适应”规定，罪犯虽然是犯了罪并正在服刑的人，但是作为公民，应当享有社会保障法规定的社会保障权利，并且按照“广覆盖、保基本、多层次、可持续”的社会保险制度方针，罪犯入狱与否，只要坚持参加社会劳动，坚持缴纳社会保险金，那么，国家应当依法保障其享有相应的社会保险权利。但是现行的许多地方的社会保险工作的地方性法规中，明确将入狱服刑罪犯的社会保险继续上缴保险权利实际予以限制和剥夺，导致罪犯在狱服刑期间无法享受医疗保险、无法续交养老保险，给监狱行刑改造和罪犯回归社会均造成了一定程度的困扰，直接损害了罪犯的社会保障权利。这些地方性法规与其上位的《社会保险法》方针和原则是相违背的，应当予以纠正，维护和保障好罪犯的社会保障权，构建长治久安的和谐社会。

二、执法监督

（一）完善现行的监狱执法监督体制

1. 建立横向的监督机制。成立由人大、政协、政府、司法机关和社会团体共同组成的监狱视察委员会，定期视察监狱，给予一定特权，不受监狱方干涉。西方国家的监狱行刑过程的监督机制，一个突出的特征就是设立专门的视察委员会或监督委员会，这一制度对监狱内的执法情况，能起到一个很好的监督检查作用，同时也有利于罪犯行使控告、申诉权。定期视察监狱，一方面监督监狱的执法情况；另一方面监督社会上贯彻执行监狱法律的情况，及时解决监狱所面临的困难与问题。检察机关发现有关部门没有严格执行监狱法律法规，也要依一定形式行使检察权。对执行不力或违法情况坚决纠正，并应有具体的法规条款加以落实。因此应扩大监督面，加强对执行整个监狱法律、法规的监督，即不仅监督监狱的执法情况，也应监督其他有关部门执行监狱法律、法规的情况，为监狱警察更好地履行其职责创造一个良好的外围条件。

2. 完善纵向的管理监督机制。完善司法部监狱管理局和各省、自治区、直辖市监狱管理局对全国及本地区的监狱工作的管理与监督，建立内部的定期巡视制度与定期汇报制度，并使其法制化。

3. 加强监狱内部监督机制建设。监狱纪检、监察机构应由目前的双重管理体制转变成由上级纪检、监察机构派出体制，确保纪检、监察机构职权的充分行使。

4. 完善罪犯权利救济机制。如完善行政惩罚的程序性规定，允许罪犯行使行政惩罚复议权，规定罪犯惩罚听证制度，在监狱内部设立由监狱有关负责人和罪犯代表组成的罪犯申诉机构，以解决较为重大的罪犯诉冤请求，以维护罪犯的合法权益并确保监狱的安全稳定。

5. 加强事前监督。各监督主体可以针对监狱警察在执法中易发生问题的环节做事前的防范性监督，提出建设性意见与建议，从源头抓起，加强与完善相应的制度建设。

（二）充分发挥传媒的舆论监督作用

司法与传媒是现代社会的两大公器，以传媒监督权力，以司法保障权利，是构建和谐社会的有力保障。监狱机关面对传媒实质上就是面对大众，因此应树立服务意识，以更开阔的心态面对传媒。与传媒建立起良好的沟通机制，既可以保障公民知情权的实现，使民众更加了解监狱工作；又可以约束和监督监狱警察的权力，有效地防范监狱中可能存在的司法腐败。此外，监狱机关还要及时统计相关数据，尤其是对涉及监狱警察履行行为规范的一些正面或反面的数据要加强关注与分析，并及时公开，主动接受监督。

（三）加强罪犯对监狱执法的监督

给予罪犯以充分的监督权符合法律的规定，也有利于监狱警察更好地履行执法中的行为规范。监狱罪犯的监督是公民的监督，罪犯并没有改变公民身份，“狱务公开”意味着“狱务监督”。《监狱法》第7条规定“罪犯的人格不受侮辱，其人身安全、合法财产和辩护、申诉、控告、检举以及其他未被依法剥夺或者限制的权利不受侵犯”，实际上就是保护了罪犯的监督权。《监狱法》规定了监狱警察“九不准”，在实践中对监狱警察的这9种行为最有机会了解、了解得最清楚的是罪犯，也只有罪犯才有条件进行监督。其他力量，如检察院、媒体、社会公众等是很难深入监狱内部获得第一手资料的。鉴于监狱执行刑罚的特殊性，如果否认罪犯的监督权实际上是否认罪犯依法享有的监督权，这肯定会给监狱及监狱警察在监狱的执法活动中留下极大的监督空白。对监狱工作的法制化和罪犯的人权保障是极为不利的。所以，建议增设罪犯可自由地会见其所在监狱的上一级长官，狱内检察官或监狱视察委员会成员的规定，而且这种会见应当安排在任何第三人的听力、视力所及范围之外的“私下”进行。

（四）加强社会民众对监狱执法的监督

目前，在全国监狱已经普遍实行了执法监督员制度。这一做法，一方面有助于提高监狱机关依法治监和严肃、公正、文明执法的水平；另一方面在不断加强内部监督制约的同时，进一步强化了社会监督，将监狱机关的执法活动更加自觉地置于人民群众的监督之下。目前主要的问题是应避免走形式、走过场，而应将这项举措落到实处，真正发挥执法监督员对监狱执法的监督作用。

为了完善这一制度，国外的一些经验很值得关注和借鉴。例如，英国近20年所推行的羁押探访者机制与匈牙利赫尔辛基委员会的独立察访机制。英国平民羁押探访者机制的大致内容是在警察局所在社区的公民挑选志愿者组成平民探访者，其有权在未经事先通知的情况下，随时察访警察的羁押场所，对羁押条件、被羁押人的待遇情况进行巡视、评估与报告；相关的警察机关应当配合平民探访者的来访与探视，如在平民探访者到达警局时毫无延迟地安排察访，在平民探访者巡视羁押场所的过程中始终在看得见但听不见的地点陪同，倾听平民探访者对羁押状况的意见。匈牙利的赫尔辛基委员会为非政府人权机构，其对匈牙利警察看守所与监狱也进行非定期的巡视并评估羁押状况。与英国的平民探访者制度不同，该委员会对羁押场所的巡视权利并不是来自法律的授权而是根据赫尔辛基委员会与匈牙利司法部、警察部门以及监狱部门签署的合作协议进行的，后者委托委员会对各自管辖的羁押场所进行检查并提出各种改进意见。在实际了解这些公民监控机制的实效过程中，绝大多数的平民探访者对其个人探访工作的顺利进行情况表示满意，即对警方的全力合作表示满意，同时也对羁押场所的羁押条件与人权保护状况表示满意。正如英国大伦敦警察局副局长瑞得先生所言："通过平民探访者这些独立于官方机构的普通公民的活动所传达的这样一种良好的信息，也能够更好地说服公众其所在社区的监禁条件以及警察的执法活动是符合人权保护标准的这一事实，恰恰是通过这样一种信息传递方式，使得公众相信警察对于公众的各种承诺以及对于警察执法标准的信守，公众能够更加支持警方的工作，无形之中拉近了警方与民众的关系，在一定程度上化解了警民之间的对立。"从警方的角度来看，警民关系的融洽以及警察自身形象的改善对于警务工作的开展是一笔难以估量的宝贵财富，平民探访者制度已经成了证明警方工作高标准、警察遵纪守法的有效证据，这种来自外部的警务评估机制充分地说明了警方执法的守法程度。正是看到了平民探访者的这种无形中的证明效力，警察机构才毫无余力地支持这种看似扰乱正常警务活动的外来监控活动。

综上所述，应对我国监狱的执法监督员制度进一步细化，加强监督员的队伍建设，完善监督程序，例如，可以不经提前通知随时入监访查、可以对任何罪犯进行访谈等，在条件成熟时，可以使这一制度法律化。

（五）加强对监狱人民警察及罪犯的人权意识教育

罪犯的法定权利转变为现实权利，不仅要依靠罪犯本人或委托他人加以实现，更重要的是要借助国家的司法权之一，即监狱的力量协助实现。所以对监狱民警的人权意识教育非常重要。通过加强对罪犯权利保障的思想教育，使监狱人民警察了解罪犯权利保障的实践意义，明确具体工作内容和要求，掌握处理各类问题的具体方法。我国著名人权专家徐显明提出了"权利推定"原则，即"法律没有规定的权利并不表明受刑人不

享有”。〔1〕

总之，要不断提高监警的素质，树立“法治思维”和运用“法治方式”，确保广大监狱人民警察充分认识到：监狱是社会文明的窗口，只有监狱罪犯的权利得到切实有效的保障，整个社会的民主与法制的进程才会上一个新的台阶。

同时，也要防止在罪犯权利保障方面的不正确认识。在监狱管理与罪犯权利保障方面要注意国际交流中的相互学习与借鉴，但也要注意结合我国国情，反对盲目照搬。我国的监狱行刑坚持的是“惩罚和改造相结合，以改造人为宗旨”。惩罚与改造是“车之双轮”和“鸟之双翼”，缺一不可，不可偏废，不能为了单纯追求“权利保障”而超出法律的公平正义的价值范围。此外，对于近年来罪犯权利意识高涨，对监狱管理工作带来的影响也应有正确的认识。不能有抵触情绪，而应该积极引导，在加强对其权利保障的同时，应该从权利与义务的一致性方面对罪犯进行引导和管理，使之了解监狱罪犯与普通公民权利的区别，正确处理权利与义务的关系，明确维护权利的法律途径和方法，清楚滥用权利和不履行义务的法律后果，将监狱罪犯的维权意识引导到法治轨道。在进行权利意识教育时，不仅要注重国内相关法律法规与规章内容的学习，还要注意与监狱有关的国际性文件的学习与落实，如《囚犯待遇最低限度标准规则》《执法人员行为守则》以及与狱医有关的《医疗道德原则》等。这也是国际人权公约有关机构的要求：为了使人权事务委员会了解这些规则是受到尊重的，成员国的报告应提供信息说明这些规则和指令是否组成监狱工作人员培训内容的一

〔1〕 徐显明：“‘人道’是受刑人人权理念的精神基础”，载《学习与探索》2015 年第 3 期。

部分，以及罪犯是否了解或能够得到这些规则和指令。[1]

三、司法救济

无救济则无权利，无诉讼则无救济。诉讼救济在罪犯权利救济中发挥着终局性、根本性的作用。我国的司法实践中，罪犯通过刑事、民事、行政诉讼三种诉讼类型进行权利救济均存在不同程度的困难和障碍。从刑事诉讼救济的类型来看，罪犯可以通过公诉、自诉和申诉三种方式实现权利救济，其中公诉案件由检察机关代表国家依法追究犯罪人的刑事责任，从而保障罪犯权利，但是通过自诉、申诉方式进行权利救济存在着制度设计上的缺陷且实践效果较差。从民事诉讼救济的类型来看，法律并没有限制罪犯的民事诉权的限制性规定，但是由于罪犯处于被限制人身自由的刑罚执行过程中，所以其实际民事诉权的实现也存在一定程度的困难。从行政诉讼救济的类型来看，我国将监狱管理行为作为特殊的刑事司法活动而排斥在行政诉讼案件的受理范围之外，致使诉讼救济的终局性、根本性作用无法实现，最终影响了罪犯权利救济的实现效果。显而易见，罪犯权利保障的实现程度已经明显不能适应现代法治国家建设和发展的要求、罪犯及其家属的维权需求。因此，我们必须改革和完善罪犯权利的刑事诉讼救济机制，增加和补充罪犯权利的民事诉讼救济程序，建立和健全罪犯权利的行政诉讼救济制度，从而保障罪犯权利受到侵犯时，可以依法、顺畅地行使诉权并启动诉讼程序来维护和实现其合法权利。

（一）完善刑事诉讼中罪犯权利救济制度

1. 完善获取律师帮助程序。在我国，监狱罪犯获取律师帮

---

〔1〕冯建仓主编：《服刑人员权利保护研究》，中国检察出版社 2016 年版，第 80~83 页。

助权的保障十分滞后。相关立法长期以来从未直接、明确地肯定这一权利，相反有关政策却明确予以排斥、否定。1986 年司法部劳改局在《关于犯人委托律师代理罪犯申诉问题的批复》中规定，劳改单位对犯人委托律师代理申诉活动一般不予接待。直到 2004 年，司法部才出台《律师会见监狱在押罪犯暂行规定》，规定律师可以会见在押罪犯，但是同时规定律师会见必须是“接受在押罪犯委托”，且有“委托书”才可以。而所谓委托书，尤其是刑事案件委托书，是格式文书，在押罪犯在监狱中根本无法获得。由此就造成一个程序上的悖论：律师申请会见必须先有在押罪犯的委托书，但是在押罪犯的委托书只有等律师会见在押罪犯后才能取得。这种程序上的悖论规定在实践中成为监狱剥夺罪犯获取律师帮助的有力理由。上述悖论的解决其实并不难，我们只需要将“接受在押罪犯的委托”修改为“接受在押罪犯本人或者近亲属的委托”即可。

《律师会见监狱在押罪犯暂行规定》还规定：“对于涉及国家秘密或者重大、复杂案件的在押罪犯，由监狱做出批准会见或者不批准会见的决定。”何谓国家秘密，何谓重大、复杂，该规定并没有给出一个明确的解释，由此给监狱剥夺罪犯获取律师帮助的权利留下了充分的操作空间。从侦查机关、公诉机关代表国家进行侦查、公诉角度讲，所有的刑事案件都可以套上“国家秘密”。如此一来，监狱只要不想让罪犯获得律师帮助，就可以涉及国家秘密为由不允许律师会见。“国家秘密”是一个含义模糊的概念，建议按照刑法将“国家秘密”修改为“国家安全”。另外，对于重大、复杂案件的在押罪犯，监狱规定必须获得其批准律师才能会见，这种规定缺乏上位法律根据，且与目前的《律师法》《刑事诉讼法》《民事诉讼法》相悖。有鉴于此，该规定应予取消。

需要指出的是，罪犯通过刑事、民事或者行政诉讼进行权利救济的过程中，都可能需要获取律师的帮助、为其提供法律服务，因此，完善获取律师帮助程序同样适用于罪犯权利的民事诉讼救济和行政诉讼救济制度，后文将不再赘述。

2. 改进罪犯控告检举制度。为保证罪犯对所受不法侵害和不公正待遇能够得到救济，我国相关政策、法律规定了控告检举的权利。比如《监狱法》第 7 条明确规定罪犯控告、检举的权利不受侵犯，并在第 22 条至 23 条规定了相应的处理办法。不过，罪犯控告检举权作为一项程序性权利，相关程序设置存在多处不合理之处。

根据目前的规定，罪犯虽然享有向监狱、检察机关等有关部门提出控告检举的权利，但是法律在程序上却没有规定其有权获得对其控告检举的答复。很多人直到释放也不知道最终的处理结果。《监狱法》的相关规定应当在此方面补足，规定接受控告检举的机关应当将处理结果通知本人。监狱有权对控告检举监狱自身及其监管人员的材料进行自行处理，在实践中也是这样操作的，只要控告检举的情况属于一般性违法而没有达到涉嫌犯罪的程度，监狱机关就有权自行处理。如此做法在程序上属于自己审理自己的案件，严重地背离了程序法要求的第三方中立裁决的原则。实践中，上述材料很容易被工作人员扣押，甚至很有可能导致对控告检举者进行打击报复进而变本加厉侵犯控告检举者的权利。基于上述原因，罪犯的控告、检举材料的转递方式应当改革，在程序上应当允许他们直接将相关材料寄送有关机关。

此外，法律和相关规定虽然规定了监狱应当及时转递检举控告材料，不得扣压，但对于监狱不移送或者不及时移送控告、检举材料应当如何处理、是否应当承担责任、承担何种责任，在立法改革中必须加以明确。

3. 建立刑事申请再审之诉。刑事申诉作为实践中罪犯主要的刑事诉讼权利救济方式和途径，对罪犯权利救济具有重要意义。长期以来，刑事申诉制度作为一项重要的诉讼制度，在保障当事人的申诉权、纠正错案、实现最终的司法公正方面，发挥着积极的作用。但是现行的刑事申诉制度在司法实践中确实存在一些缺陷和问题，已经不能够适应法治社会建设和罪犯权利保障的需要。

在1991年《民事诉讼法》施行以前，有关对人民法院已经生效的民事判决、裁定的申诉中，存在着目前刑事申诉中类似的种种问题。基于改变“申诉难”的状况，依法制止滥用申诉权利，调动法定机关提起再审和当事人申请再审两个方面的积极性，为纠正错误的生效裁判提供程序上的保障以及使宪法规定的申诉权在民事诉讼中实现程序化，1991年《民事诉讼法》增加了当事人申请再审制度，使这一当今世界多数国家民事诉讼法规定的启动再审的方式在我国法律中得到确认。但事实上，在我国三大诉讼法中，无论是申诉，还是申请再审，都不是一种完整意义上的诉权。因此，应当把申诉活动纳入正式的诉讼轨道，把申请再审视作一种诉权为法律所规定，成立再审之诉。所谓刑事申请再审之诉，也就是申请权人在法定期限内，向法定机关提出法律许可启动再审的理由，法院即应再审。只有这样，申请再审程序才既能保护申请权人的正当权利，制止滥用申诉权的情况，保证再审的严肃性，同时又可以扭转法院审判工作由于现行审监程序所带来的被动局面，而且有利于平等保护当事人依法行使申诉权。由于申请再审是作为一种诉的行使，因此必须符合诉行使的基本原理和条件。就像一审和二审程序的启动一样，再审程序的启动，也需要当事人提起再审之诉符合法定的条件，否则，法院就不能主动予以启动。人民法院对申请审查之后，对不符合法定条件的申请，不予立案或裁定驳回，对符合法定条件的申请，应决定再审。正因为当事人申请再审必须以提起诉讼方式进行，因此，同样有必要规范当事人的再审之诉状，统一再审之诉状的格式和基本内容。刑事再审之诉包含两个阶段：一是再审之诉的合法性审查阶段；二是本案审理阶段。合法性审查阶段又分为两个阶段，一是对申诉案件的审查；二是对审查之后的处理。对申诉案件进行审查的阶段又分为形式性审查和实质性审查两个步骤。形式性审查包括是否符合再审之诉提起的期间，是否是提起再审之诉的当事人，是否向有管辖权的法院提起等。实质性审查则主要是针对申诉人提出的再审之诉的理由是否符合法律规定的再审事由的标准。如果符合标准，可以作出提起再审的决定，如果不符合，可以作出驳回申请再审的裁定。在审理阶段，再按照再审案件的审理程序进行。

刑事申请再审之诉制度设计具体包括以下七个方面：

（1）规范刑事再审申请主体。我国法律规定关于刑事申诉主体在地位上没有主次之分、时间上没有先后之别。实践中就出现了当事人及其法定代理人、近亲属数人同时申诉，甚至当事人及其法定代理人对生效判决无异议，而其他近亲属执意申诉的现象，这不利于司法机关对刑事申诉的处理，也不利于引导公民正确行使刑事申诉权。因此，改革之后的再审申请人应该为下列认为已经发生法律效力的裁判有错误并且可以以自己的名义向有管辖权的人民法院申请再审的人：当事人，包括公诉案件的原审被告人或者原审被告单位；自诉案件的原审自诉人、原审被告人、附带民事诉讼案件的原审原告人和被告人、被害人；限制行为能力、无行为能力的当事人的法定代理人；

已经死亡的当事人的近亲属；原裁判错误处理其个人或者单位财产的，该个人或者单位可以申请再审；如果刑事案件的当事人及其法定代理人或近亲属，其中多人申诉的，以原审被告人的申诉为准；如果原审被告人曾经多次申诉，以最近的申诉理由为准。

（2）限制刑事申请再审时效。刑事申请再审的期限，是指申请再审必须在判决、裁定发生法律效力后的一定期限内提出，超过申请再审期限的，人民法院将不予受理。我国目前法律未规定当事人提出申诉的时间限制，只规定法院受理申诉作出决定的期限，致使当事人在较长时间内重复申诉，有的多达 5~6 次，甚至更多，申诉的方式也越级向上进行。申请再审没有时间限制，判决后几年，甚至十几年或更长的时间都可以申请再审，一方面可能由于时过境迁，失去调查的条件，增加查处的难度；另一方面，由于再审申请的不断增多，使司法机关处于穷于应付的状态，难以集中、及时地处理那些确属冤错的案件。因此，对提出再审时效应该予以限制，防止诉讼永无终结。当事人有权在该期限内申请再审，超出该期限提出的无效。对申请再审的期限可以予以规定：再审申请人自裁判发生法律效力之日起可以向人民法院申请再审。在押服刑的原审被告人自服刑期满的第二日开始，其他再审申请人自收到发生法律效力的判决、裁定的第二日开始，超过 2 年申请再审的，人民法院不予受理。如果可能改判无罪的，不受前款规定期限的限制。

（3）刑事申诉理由应该予以详尽化。虽然《刑事诉讼法》第 204 条规定了几种针对当事人申请法院重新审判的情形，但实际上不管有无正当理由，或者理由充分不充分，只要不服法院的判决和裁定，申诉权人都可以提出申诉，要求重新审判。正因为现行法律规定的发起再审的理由过于宽泛，缺乏具有操作性的明确的细化标准，使得刑事再审在实践中出现诸多弊端。另外，宽泛、模糊的条件给法院、检察院在行使职权的过程中造成一定的分歧。因为根据现行的规定，判断证据是否已达到确实、充分的程度在司法实践中往往是一个难以掌握的界线，而只能由人们根据经验法则和逻辑规则，从客观公正的立场出发，来作出评价，而且有的时候，由于不同的认识水平，不同的法律素养、思维方式、文化水平、知识结构、社会阅历，决定了他们对相同的证据进行分析评价会得出不同的结论，这样不利于申请再审案件的正确处理。因此，我国的刑事申请再审理由在更新再审理念、着重保障被告人权利的前提下，不但应明确区分有利于被告的再审与不利于被告的再审，而且应该就再审理由进行适当补充，使其更加详尽化。

（4）刑事申请再审管辖实行刑事申请再审一审终审制度。目前我国关于刑事申诉管辖的具体规定，简单说就是受理、审查刑事申请再审一般由作出发生法律效力的判决、裁定的人民法院进行，当事人仍不服的，再由上一级人民法院审查处理。概括说就是“二审终审制”。这种交原审法院受理对刑事申诉案件的申诉复查并不具有科学性。因此，应从提高刑事申诉复查的审级着眼，从制度构建上减少原审法院进行申诉复查的阻力，克服司法地方保护主义，增强纠错能力，提高刑事申诉复查的公正性与公信度，建议取消原审法院的刑事申诉管辖权，规定刑事申请再审复查无论支持或者驳回当事人的申请再审，均由原审法院的上一级人民法院管辖，并且作出后，立即生效，而最高人民法院受理对其作出的裁判提出刑事申请再审的刑事申请再审实行当然的一审终审制。这样可以最大限度地实现诉讼程序所追求的公正、效率、效益的三大价值目标，是切实改革现行刑事申诉制度管辖机关存在混乱的一个根本性举措。这既可在一定程度上克服原审法院管辖所带来的一些问题，有助于上级法院对下级法院的监督，也有助于增强再审申请人对这项工作的信任度。

（5）合理规定刑事申请再审审理期限。对人民法院审查再审申请作出时间限制，对于及时迅速地处理申请再审案件，使申请人免受诉讼之累，充分保障申请人的合法权益，具有重要意义，还可以促使办案人员树立期限观念，缩短诉讼期间，以建立再审申请的良好秩序，完善再审程序。关于人民法院审查再审申请的期间应如何规定，应从既有利于保护申请人的权益又能保证人民法院审查工作的顺利完成两方面出发来确定。由于审查刑事申请再审案件是否具备再审的条件，针对特殊案件还需要进行听证审理的情况，笔者建议，人民法院审查再审申请，应当在受理后6个月内处理。

（6）弱化法院主动自行提起再审。既然再审的提起建立在诉的提出和司法审查的前提之下，根据“无利益则无诉讼”原则，法院是不宜主动或自行启动再审程序的，而只能被动地接受和审查由检察机关或原审被告人提出的再审申请。以上观点不具有实践性，因为法院无论是在认定事实、采信证据以及裁判的执行等方面都扮演着重要角色。由于当事人法律知识的欠缺以及调查取证手段的局限，加之立法上的缺陷和不足，当事人发现错判的能力极为有限，单纯依靠被告人等的申诉来纠正错判案件有相当的困难。因此，法院的地位只能弱化，而不应该被剥夺。对于为加重被告人责任而欲进行的再审，绝对不允许法院单方面主动提起，而必须由人民检察院或者被害人才能提起，且针对此类再审的案件，也必须要有独立于法院的控诉主体来行使控诉职能。对于为被告人利益而启动的再审，则可以由法院发起。对此设想的理由是因为刑事诉讼判决所处分的是被告人的生命、自由权利，与民事诉讼中当事人的民事权利有着本质上的不同，因而两者也是不能相提并论的。刑事判决中不仅体现了当事人个人的利益，还包括国家机关、司法制度在人们心目中的地位，即也体现了国家和社会的利益。因此，当人民法院发现原判决侵害了被告人的合法权益时，即使没有当事人的申请再审和检察机关的抗诉，也不能以要保持中立为借口而不管不问。当然，为避免冲突和引起矛盾，可以规定，法院发现了此类的错误后，应当先通知检察员和被告人，只有当他们都未提起再审或抗诉时，人民法院才能行使这项权力。[1]

（7）终止检察机关再审抗诉的特殊地位。根据我国相关法律规定，检察机关与原审被告人在申请再审方面处于严重不平等地位。实际上，原审被告人不服某一生效裁判的，尽管可以向法院或者检察机关提出申诉，但这种申诉能否成功地引发再审程序，则要取决于法院、检察机关的审查结果。而检察机关一旦认为某一生效裁判确有错误，则可以通过提出抗诉直接提起再审程序。显然，相对于拥有再审启动权的检察机关而言，原审被告人所享有的不过是再审申请权。事实上，检察机关的抗诉理由与被告人的申诉意见应当受到同等重视，其对再审程序的启动也应当发挥同样的作用和影响。再审程序的启动同样是一种诉讼行为，控辩双方的申诉和抗诉同样也是诉讼行为，都应当受诉讼规律的制约。[2]

因此，为将再审真正纳入诉讼的轨道，立法者应终止检察

---

〔1〕 樊崇义主编：《刑事诉讼法实施问题与对策研究》，中国人民公安大学出版社 2001 年版，第 597 页。

〔2〕 邓颖：《刑事申诉制度研究》，中国人民公安大学出版社 2008 年版，第 118~123 页。

机关再审抗诉的特殊地位，使抗诉与申诉在引发再审程序方面具有完全平等的效果。因此，需要淡化检察机关的法律监督地位，增强其刑事追诉者的意识，使再审真正成为检察机关继续履行公诉职能的诉讼活动，而不是行使法律监督权的行政活动。〔1〕

（二）改进罪犯权利民事诉讼救济制度

民事诉讼法视野中的罪犯权利救济是指国家在以法律形式确定纠纷解决机制时，要确立当事人本位主义的指导思想，加强对罪犯权利的救济，尽可能全面地确认罪犯的正当诉讼权利，要尽可能有力地促使国家权力行使主体积极地保障罪犯正当诉讼权利的自由且充分地行使，要尽可能严格地保证国家权利行使主体不妨碍罪犯行使正当诉讼权利。

1. 关于巡回审理制度。根据我国《民事诉讼法》的规定，为防止原告滥用诉讼权利，实现双方当事人的平等对抗，方便人民法院的审理和必要时的调查取证以及保证将来的生效裁判能够顺利被执行，一般地域管辖的确定实行“原告就被告”的原则，但是对被监禁的人提起的民事诉讼则实行“被告就原告”的确定标准，致使被监禁的罪犯在现实中无论是作为原告，还是作为被告都很难自由地离开被监禁地到管辖法院出庭参加诉讼活动。尽管被监禁的罪犯可以在经济条件允许的情况下通过委托诉讼代理人或者在经济条件不允许的条件下获得法律援助而实现间接出庭，但是根据我国现行《民事诉讼法》的规定，对被监禁的罪犯作为被告时仍然有必须出庭的要求，如在诉讼标的为赡养、抚育、扶养的民事案件中，因为涉及权利人的基本生活问题，基本上原告、被告之间都存在一定的亲属关系，

〔1〕陈瑞华：“刑事再审程序的出路”，载沈德咏主编：《审判监督指导与研究》（第4卷），人民法院出版社2001年版，第230页。

适合用调解的方式解决，为有利于原告合法权益的保护、调解的进行和裁判文书的履行，被告必须到庭，即使罪犯作为被告也不例外。更何况被监禁的罪犯不愿意委托诉讼代理人或者得不到法律援助的情形在现实中比较普遍。

所以，对于被监禁的罪犯而言，现行的一般地域管辖制度易造成对他们的诉讼权利的漠视，易使民事拘传制度的适用（民事拘传制度以必须到庭的被告的缺席为适用条件）遭遇尴尬，同时也易形成对人民法院生效裁判的正当性的质疑。在民主化和科学化的现代民事诉讼制度中，当事人参与原则意味着诉讼通知和意见表达机会的充分保障，决定着法院生效裁判的内在道德品质，影响着法院生效裁判的正当性能否被证成。被监禁的罪犯由于现行一般地域管辖制度的局限，在大多情况下不能做到充分出庭，与当事人参与原则的基本要求明显相背离，难以有效地维护人民法院生效裁判的内在道德品质和正当性。此外，在必须出庭的被告因为被监禁而不能出庭时，现有的刑罚执行管辖制度让人民法院很难适用拘传措施强制其出庭，由于民事拘传制度以必须到庭的被告的缺席为适用条件，这便迫使民事拘传制度的适用不得不承认例外的存在，很难做到适用的统一，而一项制度不具有广泛适用性就会对它的存续力构成威胁。

为克服现行的一般地域管辖制度针对被监禁的罪犯的不利影响和避免民事拘传制度的适用尴尬，有两种解决思路可以被运用。一种思路在于，改进现行的刑罚执行管理制度，在行政法的框架内允许被监禁的罪犯可以离开被监禁的场所到人民法院参加诉讼，这一思路可能比较有效，但面临着诸如被监禁的罪犯可能借机逃跑、实施其他犯罪或者降低刑罚执行力度等危险，也很难获得一般社会民众的心理认同。另外一种思路在于，充分利用民事诉讼法的既有资源，在民事诉讼法的框架内解决问题，即在巡回审理制度的基础上探寻解决方法。这样一方面可以为问题的解决提供一种选择性的进路，另一方面可以节省立法资源，实现既有制度资源的整合和充分利用。《民事诉讼法》第86条规定：人民法院进行调解尽可能就地进行；第121条规定：人民法院审理民事案件，根据需要进行巡回审理，就地办案。这说明巡回审理制度具有充分的法律依据。巡回审理是以审理地点的不同为划分标准而作为法院审理的对应范畴而出现的，体现了人民法院裁判案件的灵活性和方便当事人进行诉讼的指导思想。但《民事诉讼法》的原则规定使巡回审理制度的可操作性大打折扣。在审理被监禁的罪犯作为当事人的民事案件时，人民法院到罪犯的被监禁地进行巡回审理可以让具体的法律规定在现实中激活。同时，为了保持裁判者的中立性和维持当事人双方的平衡对抗，我们必须对巡回审理制度的适用情形采取列举的方式介以明确的限定。我们宜将人民法院针对被监禁的罪犯作为当事人的民事案件适用巡回审理制度的情形规定为：①被监禁的罪犯没有委托代理人或者无力委托代理人的；②虽委托代理人但必须出庭的。

2. 关于转交送达制度。我国现行的《民事诉讼法》规定：受送达人是被监禁的，通过其所在的监所或者劳动改造单位转交；代为转交的单位收到诉讼文书后，必须立即交受送达人签收，以在送达回证上的签收日期为送达日期。适用于被监禁的罪犯的转交送达制度作为民事送达制度的不可缺少的组成部分，在很大程度上体现了现行法律的周全和缜密，但若以民事生效裁判的可接受性的基本要求来衡量，则存在着需要克服的缺陷。

民事生效裁判的可接受性在送达制度方面有如下三方面的起码要求：一是当事人有接受人民法院以法定的程序和方式就

有关的诉讼事项给予充分、及时和有效通知的诉讼权利，人民法院有以法定的程序和方式就有关的诉讼事项告知当事人的义务；二是人民法院就有关的诉讼事项告知当事人时，须以当面告知和口头告知为原则，以间接告知和书面告知原则为补充，且间接告知和书面告知方式的运用必须以尽可能的穷尽一切当面告知和口头告知方式为前提；三是正当化的送达方式的有效运用方可构成缺席裁判制度的基础和合法性基础，否则，缺席裁判制度不得启动。

稍加分析现有针对被监禁的罪犯适用的转交送达制度，可以发现人民法院作为送达主体并不是事实上的直接送达人，代为转交的单位则成为事实上的直接送达人；代为转交的单位作为事实上的直接送达人在转交时也没有就有关的诉讼事项进行有效告知的法定义务。因此，现有转交送达制度由于缺乏人民法院对被监禁的罪犯作为当事人时的诉讼权利的有效当面告知而不能实现对被监禁的罪犯的诉讼权利的全方位保护，书面告知虽然可以在一定范围内弥补该不足，但无法应付被监禁的罪犯不具备起码的文化素质的情形，尤其是在我们这个以农业人口占大多数且国民文化素质整体不高的国家，书面告知有效作用的范围更不容乐观。必须注意的是，实践中代为转交的单位接受人民法院的委托代为告知被监禁的罪犯有关的诉讼事项看似可以有效地弥补现行转交送达制度的不足，但该实践性做法首先将面对合法性的质疑，因为这种委托告知缺乏法律依据，属于法外改革，不具备坚实的法理基础。退一步讲，假设这种法外改革我们可以容忍，代为转交单位的有关工作人员与人民法院的有关工作人员在专业素质、告知技巧等方面所客观存在的差异，也将让委托告知的效果很难很好地与应然的要求相匹配。

现有转交送达制度设计初衷虽然有维护监狱管理的统一性和严格性等方面的考虑，此设计初衷也应该成为今后改进该制度的重要参考因素。然而，现有转交送达制度对民事裁判的可接受性的不适应为改进该制度提供了必要性论证。因此，改进措施应设计为：受送达人是被监禁的，人民法院应当邀请其所在的监所或者劳动改造单位的有关人员到场，进行自接送达，当面口头告知受送达人的相关诉讼权利，可能发生危险的，可以采取必要的预防措施；以受送达人在送达回证上的签收日期为送达日期。[1]

（三）建立健全罪犯权利的行政诉讼救济制度

我国虽然没有明确采纳特别权力关系的理论，但法律规定和实际运作与特别权力关系理论存在相似之处。如在《行政诉讼法》中将行政机关对其工作人员的奖惩、任免等决定绝对地排除在受案范围之外。我国在监狱管理关系上，更是普遍将监狱管理机关作为司法机关，将监狱管理行为作为司法行为加以对待，不允许罪犯对之提起行政诉讼。实际上，狱政管理行为应属于典型的行政行为，尽管不是所有的狱政管理行为都能纳入行政诉讼的轨道。在监狱工作法治化时代，一切工作都应严格遵循法律这个权威性的准则，切实做到依法治监，把罪犯管理、行刑和改造的一切活动纳入法治化轨道，建立公正、规范、高效、有序的监狱法治工作程序，形成严密的监狱执法监督工作体系。可见，要推进监狱工作的法治化，必然有两项基本要求：一是要完善监狱的法律制度，使监狱法律法规健全；二是要使监狱法律形成控权机制，即要求监狱法制构造更有力的监狱权力控制机制。而能够有力抗制和预防监狱管理人员滥用权

---

〔1〕刘加良、张亚琼："罪犯权利保护与修改民事诉讼法的若干思考"，载《湖北社会科学》2005年第11期。

力的有效措施主要有两个：其一，就是赋予罪犯行政复议权，允许罪犯对一定种类的行政处罚申请复议或听证；其二，就是允许罪犯行使行政诉讼权，允许罪犯依法对监狱的一定行为提出诉讼。因此，为罪犯提供行政诉讼救济方式可以说也是监狱工作法治化的基本要求。[1]

1. 罪犯提起行政诉讼的基本范围。关于具体行政行为可诉性的范围，目前理论界的主流观点是只要侵犯公民、法人和其他组织合法权益的具体行政行为都应受司法审查，这一观点也写入了新修改的《行政诉讼法》，但这一建议应否适用监狱管理关系还需要探讨。由于监狱的特殊目的与罪犯的特殊法律地位，与其他特别权力关系领域的诉讼范围相比，监狱管理关系接受法院司法审查的限制应该是最严格的。因此，笔者认为将所有的监狱具体行政行为都纳入行政诉讼的范围是不可行的。从行刑正义价值出发，基于监狱"改造罪犯"的目的，借鉴德国法之规定，建议只有涉及对罪犯基本权利产生重要影响的监狱具体行政行为才应允许罪犯提起行政诉讼。这实际上有三个判断标准：一是实际影响标准，即监狱具体行政行为必须对罪犯产生实际影响，没有产生实际影响的不可诉；二是重要性标准，即该实际影响必须是非常重要的，如果只是产生了实际影响但却并不是很重要的实际影响，仍然不可诉；三是基本权利标准，即监狱具体行政行为必须对罪犯宪法上的基本权利产生实际的重要影响，如果只是对派生于基本权利的其他非基本权利产生影响仍然不可诉。以上三个条件必须同时具备。在我国，监狱具体行政行为主要包括监狱对罪犯的日常考核和计分考核等行为、行政奖励行为、行政特许行为、行政处罚行为以及其他狱

---

〔1〕 郑艳、金川："罪犯权利的救济制度分析"，载《中国司法》2006年第2期。

政管理行为。根据上述标准，只有这些具体行政行为对罪犯基本权利产生了实际的重要的影响，监狱具体行政行为才可被纳入行政诉讼的受案范围。对于一般狱政管理行为所引发的争议，罪犯可通过监狱内部行政复议程序来进行救济。

2. 罪犯提起行政诉讼的前置条件——“穷尽行政救济原则”的适用。罪犯在寻求行政诉讼这一行政诉讼救济方式时，除诉讼范围应受到严格限制外，笔者认为还应把“穷尽行政救济原则”作为其提起行政诉讼的前置条件。所谓“穷尽行政救济原则”，也称为复议前置原则，是指当事人没有利用一切可能的行政救济以前，不能申请法院裁决对他不利的行政决定，当事人在寻求救济时，首先必须利用行政内部存在的、最近的和简便的救济手段，然后才能请求法院救济。〔1〕笔者提出这一主张，首先是基于国情的考虑，尽量将监狱与罪犯之间产生的行政争议解决在行政程序中。但这一原则本身的积极作用也是不容置疑的。简单地讲，它能够避免司法程序的不必要和不合时宜地干预行政程序，能够保障行政机关的自主和司法职务的有效执行，避免法院和行政机关之间可能产生的矛盾。从国外看，世界上有部分国家（如美国、德国、韩国）采取了这一制度，从各国司法实践看，由行政机关先行处理，穷尽后再提起诉讼，既有利于提高行政机关的工作效率和质量，保护当事人的合法权益，又有利于解决行政争议，减轻法院的负担。从罪犯权利救济的效果分析，将“穷尽行政救济原则”作为罪犯提起行政诉讼的前置条件，并不会对罪犯的权利救济产生负面影响，而恰恰相反，由于行政救济（这里主要是行政复议）与行政诉讼在审查标准上的不同，“穷尽行政救济原则”在某种情况下可能

---

〔1〕 王名扬：《美国行政法》（下），中国法制出版社1995年版，第651页。

更有利于罪犯权利的实现。因此，“穷尽行政救济原则”的适用应该是可行的。

也许有人会提出，“穷尽行政救济原则”的适用与我国现行《行政诉讼法》的规定相矛盾。实则不然。我国《行政诉讼法》第37条规定：“对属于人民法院受案范围的行政案件，公民、法人或者其他组织可以先向上一级行政机关或者法律、法规规定的行政机关申请复议，对复议不服的，再向人民法院提起诉讼；也可以直接向人民法院提起诉讼。法律、法规规定应当先向行政机关申请复议，对复议不服再向人民法院起诉的，依照法律、法规的规定。”这一规定，就是我们通常所说的“复议或者诉讼，由当事人选择为原则，复议前置为例外”的制度。对罪犯提起行政诉讼适用“穷尽行政救济原则”，则属于一种例外，因而并不有悖于《行政诉讼法》之规定。[1]

综上所述，将监狱管理关系纳入行政诉讼的受案范围，这在当今中国还是一个极具挑战性的设想。长期以来，我国一直把监狱管理关系视为刑事法律关系，把狱政管理行为列入司法行为而不允许罪犯提起行政诉讼。到目前为止，几乎没有出现罪犯状告监狱的行政诉讼案子，偶尔出现，也会被法院以“不属于受案范围”为由而驳回起诉。因此，从罪犯权利救济看，行政诉讼救济方式的实现还需要理论界和实务界的不断努力。

---

〔1〕金川：《罪犯权利缺损与救济研究》，清华大学出版社2008年版，第121～124页。

第十二章

罪犯权利实现的社会支持机制

一、罪犯权利实现社会支持系统的理论解读

（一）社会支持的内涵和类型

社会支持最早在20世纪70年代初作为精神病学的专业研究词汇，但后来社会学、心理学等学科均对社会支持理论进行了深入研究并大大拓展了其内涵和外延。从个体主观感受角度来看，科布（Cobb）认为，社会支持是个体所感受到的来自其所在社会网络中的成员的关心、尊重和重视的行为或信息；萨拉萨（Sarason）等人认为社会支持是个体对想得到或可得到的外界支持的感知。〔1〕从互动的角度来看，豪斯（House）认为，社会支持是个体与周围存在的有意义群体（如家人、朋友、邻居等）之间的互动，包括情感帮助（如体贴、爱、尊重）、工具性的帮助（如提供商品或服务）和信息帮助（如给予建议、评价、反馈）〔2〕；陈立新、姚远认为，社会支持是以个体为核心，由个人和他人通过支持性行为所构成的人际交往系统。〔3〕从资源

〔1〕 Cobb S, *Social support as a moderator of life stress*, Psychosomatic Medicine, 1976, 38:, pp. 300～314.

〔2〕 House J. S, *Work Stress and Social Support*, Reading. MA: Addisoon-Wesley, 1981.

〔3〕 陈立新、姚远：“社会支持对老年人心理健康影响的研究”，载《人口研究》2005年第4期。

获得的角度来看，张文宏、阮丹青认为，从一般意义上说社会支持是指人们从社会中所得到的、来自他人的各种帮助。[1]由此可见，社会支持是一个内涵丰富、外延广泛的概念，学界并无定论。综上所述，本书认为，社会支持是指主体从其社会网络系统中所感知到的或可得到的各种情感、行为或物质层面的帮助。

科恩（Cohen）和威尔士（Wills）将社会支持分为四个方面：一是情感支持，又叫表现性支持，是指个体的价值得到他人的肯定与尊重，例如表示倾听、信任；二是友谊支持，也叫归属感支持，是指个体通过与他人交往的行为（如娱乐活动、共度时光等），实现被接纳、合群、归属的需要，使个体能够保持积极的情感状态；三是信息支持，也叫评价支持，是指通过反馈、建议、忠告等行为帮助个体认知和应对问题；四是工具性支持，是指通过提供有形的物质和服务支持直接帮助个体解决问题[2]。肖水源从主、客观综合的角度将社会支持分为三类：一是主观支持，即个体主观所感受到的被尊重、理解和支持的情绪体验以及对这种体验的满意程度；二是客观支持，与科恩（Cohen）和威尔士（Wills）的工具性支持类似，是指实际可见的直接援助；三是社会支持的利用程度，即使社会支持存在并且被获得，但个体对社会支持的使用程度却会对结果产生重要影响，如果不被利用或利用程度很低，那么这些资源仍不能起到积极的支持作用。[3]巴雷拉（Barrera）等人分别从结

---

〔1〕张文宏、阮丹青：“城乡居民的社会支持网络”，载《社会学研究》1999年第3期。

〔2〕Cohen S. & Wills T. A. *Stress'social support, and thebuffering hypothesis*, Psychological Bulletin 1985, 98 (2): 310~357.

〔3〕肖水源：“社会支持对身心健康的影响”，载《中国心理卫生杂志》1987年第4期。

构、知觉、功能角度将社会支持分为嵌入性、感知性和实际性支持三类：嵌入性支持是在个体危机状况下能够发挥支持功能的社会联系，主要是与周围群体（如家庭、朋友等）直接或间接的联系；感知性支持即是个体对与他人之间联系的认知和评价；实际性社会支持是提供具体的帮助行为，如积极倾听、提出忠告、借与物资等。[1]

显然，国内外学者从不同角度和标准出发将社会支持分为多种类型，有效地弥补了学界对社会支持概念定义尚无定论的不足。特别是从社会支持的分类中，不仅发现了社会支持多样的存在形式，而且注意到了社会支持对个体产生积极作用的条件，社会支持与个体需要的匹配度，个体对社会支持的使用度及其对社会支持的评价等，这些条件是研究社会支持是否能够发挥作用且能发挥多大作用的重要基础。这些理论上的系统分析和最终发现为本书从社会支持角度对罪犯权利保障和实现策略提供了理论支撑和思想指导。

（二）解析罪犯权利实现的社会支持系统

罪犯权利实现的社会支持机制有赖于监狱系统与社会系统相互沟通、融合的新系统，它是指社会构成要素通过各种组织形式、方式方法对罪犯权利实现给予全面支持，并形成相互联系和相互作用的有机整体，同时，也是各级政府机关职能部门、群团组织、企事业、社区和罪犯个体、家庭、亲情关系和朋辈人际关系等社会要素，按照一定的规则和程序，通过多种方式，对监狱行刑和罪犯改造、罪犯权利保护工作从法律、政策、措施层面到人力、物力、财力等资源方面所形成的实质性的、全方位的支持体系。

---

〔1〕 Barrera M. & Ainlay S. L. "The structure of social supportra conceptual and empirical analysis", *Journal of Community Psychology*, 1983, 11.

（三）罪犯权利实现社会支持系统的特征

1. 罪犯权利实现和监狱行刑改造工作的社会支持系统具有较强的统一性。任何系统都是在不断发展完善过程中以组织形式进行整合，以实现系统结构的相对完整。构建这一社会支持系统的基础也是为了追求完整性，实现与整个社会大系统的目标统一。表面上，健全完善这一系统是针对监狱行刑改造工作顺利开展这一特定需要，实际上，它是社会系统的一次结构性调整，是监狱行刑和罪犯改造工作系统融入社会大系统的协调过程，是罪犯狱内再社会化过程与释后安置帮教、重新融入社会的协同优化高效，而这种协调将使社会结构更加科学、合理、高效，以此促进社会系统良性运行，实现社会系统结构最优化，功能效益最大化。所以说，它的终极目标是与社会系统发展形成统一体，呈现“1+1>2”的整体合力大于各分系统功能之和的效果，实现社会效益最大化。监狱作为国家的刑罚执行机关，承担惩罚和改造罪犯，预防和减少犯罪，维护社会和谐稳定等重要职能，是司法体系中不可或缺的组成部分，更是社会大系统中的基本要素和重要部分。现代刑罚执行制度中，绝大多数罪犯经过或长或短时间的服刑，最终将回归社会。因此，将监狱行刑和罪犯权利保护置于社会主义和谐社会发展环境中，就是要针对监狱系统所承担的社会职责和需要进行调整与支持，使社会大系统在制定法律政策、提供人力物力、优化体制机制等方面兼顾监狱行刑改造和罪犯权利保护的需要来整体谋划、通盘考虑，使其从边缘回归应有地位，将各种帮扶政策与资助贯穿于全过程，更加有力地保障和支持罪犯权利的行使和实现。

2. 罪犯权利实现的社会支持系统具有层次性和延展性。任何系统都具有层次性，罪犯权利实现的社会支持系统层次性不仅与社会系统和监狱系统形成系统的层次性，而且自身也形成不同层次的系统结构，从宏观和微观方面体现出层次，又分别以思想观念和法律文化传统、法律与政策、政府帮扶支持与出狱人保护措施等方面反映出宏观上的层次性和以个体、家庭、亲情关系和朋辈人际关系等方面具体展现的微观层次性。作为连接社会大系统与监狱行刑改造的罪犯权利实现的社会支持系统，它与监狱和社会系统之间存在着相互联系的关系，这种关系体现在，监狱的惩罚功能是维护社会秩序的警示钟；监狱的安全是社会稳定的标志和保障；收押罪犯是对社会的净化；对罪犯人权的保障是社会文明程度的标志；向罪犯提供法律服务是社会与监狱的资源共享、促进罪犯顺利回归社会和减少重新犯罪是监狱与社会的共同愿望等。所以，罪犯权利实现的社会支持系统的各个要素都将渗透到监狱工作的各个层面、各个环节和不同触角。同时，它又从社会系统中谋求沟通与支持的契合点、关注点和连接点，无论在立法建制等宏观支持的拓展上，还是在亲情帮教、出狱人保护等具体支持的延伸上，体现了明显的延展性。罪犯权利实现的社会支持机制对推进监狱行刑社会化、实现监狱工作最优化效益和构建和谐社会、实现长治久安具有积极意义。

3. 罪犯权利实现的社会支持系统具有开放性和动态性。开放性和动态性是系统的主要特征之一。开放性是系统内部对系统外部环境进行信息交流和能量输出，是系统不断地与外界环境发生联系，且进行物质和能量的交换而维持的一种稳定和有序的状态。就罪犯权利实现的社会支持系统而言，开放是相对监狱工作封闭而言的一种状态，它通过特定方式将社会系统与监狱系统紧密联系在一起，从内容上将相对应的、有联系的行刑社会化政策措施等要素在监狱实施；从形式上以人力、物力等资源要素给予监狱支持，促使监狱职能发挥得更加充分，使改造质量不断提高而更利于社会和谐发展与稳定，达到社会效益最大化。支持系统的开放以有利于强化监狱内部监管、服务罪犯改造、维护社会稳定等方面的物质保障和政策激励为基础，是建立在社会要素与监狱、罪犯三者之间互动基础上的开放。同时，由于社会是发展变化的，导致罪犯权利的内容和实现方式、监狱对社会的开放内容和形式也会根据实际需要而动态调整和变化，由此呈现出其动态性。

（四）构建罪犯权利实现社会支持系统的依据

1. 法律依据。“国家尊重和保障人权”入宪，新时代全面依法治国的深入推进，罪犯作为被剥夺人身自由的特殊公民，其权利内容和实现方式均应当纳入国家法治建设大局、纳入监狱行刑法治化之中，这是其法理依据。当前，《监狱法》作为监狱行刑和罪犯权利保护的重要法律依据，其对罪犯权利保护、社会帮教、未成年“试工试农试学”等进行了相对宏观和原则的规定，这是其直接法律依据。

2. 政策依据。近几年，司法部和多部委陆续出台事关监狱行刑社会化和刑释人员安置帮教的政策性文件，各地监狱机关也结合实际制定了符合自身建设的措施与规定，尤其是 2010 年中央社会治安综合治理委员会下发《关于进一步加强刑满释放解除劳教人员安置帮教工作的意见》，从政策层面为构建罪犯权利实现的社会支持系统提供了重要保障。

3. 现实依据。随着监狱体制机制改革的不断深化，尤其是 2017 年以来，在治本安全观指引下全国监狱系统开始了新一轮监管改造体制机制深化改革，积极推行监狱工作科学化、法治化、社会化改革，全面落实“惩罚和改造相结合，以改造人为宗旨”的监狱工作方针，取得了一系列重要成果。2018 年春节，全国监狱系统深入贯彻落实司法部的部署要求，积极落实罪犯离监探亲执行制度，有近千名罪犯春节回家，在全社会产生了良好反响，被一些媒体称为监狱行刑社会化改革的破冰之举。这一改革举措得到了习近平总书记的关注，要求司法部“把这件事长期坚持下去”。这些监狱改革发展和罪犯权利保护的良好迹象是其现实依据。

二、当前罪犯权利实现社会支持系统的问题及原因分析

显然，社会支持从来不是一厢情愿就能够实现的，而是双方共同作为、相互适应甚至反作用，最终形成的社会对特殊群体权利的一种文化表现、文明态度和社会生态、个体存在样态。可以从宏观的文化和政策、中观的监狱和其他社会组织主体、微观上罪犯个体社会支持利用度和家庭亲情支持方面反思其中的问题和原因。

（一）宏观层面的问题和原因

1. 社会文化的排斥和疏远。事实上，古今中外的社会文化中对犯罪的恐惧与憎恨、对犯罪人的愤恨与歧视一直存在。只不过社会文明发展至今，伴随着人们对犯罪产生的社会原因和个体原因认识的不断深化，以及对于预防和减少犯罪的社会防卫规律的把握，人们对在狱服刑罪犯和出狱刑释人员的社会态度日渐趋向开明和包容，并且出于人道和功利缘由给予相应的社会支持。但是，无论如何，在深层次的社会文化传承发展和重刑主义传统思想影响下，社会公众对服刑罪犯、出狱人依然存在排斥心理和疏远行为。这是思想文化的巨大影响力特征的反映，很难从根本上完全消除和改变。然而，事关部分特殊群体的重新社会化和顺利回归融入社会，事关社会的长治久安、和谐稳定，积极宣传、正确引导社会文化发展意义深远。

2. 政策法律的缺位和乏力。前一章就罪犯权利的立法实现

做了系统论证阐述。当前立法缺位问题与仅有立法和现有政策的执行不力问题并存。既有法律规范逻辑结构不完整，缺乏不履行职责、履职不力的相应法律责任后果内容，同时又存在法律规定和政策规定严重缺位问题，这是在全面依法治国进程中必须正视和着力破解的难题。

（二）中观层面的问题和原因

1. 监狱行刑的功利性和帮教工作的滞后性。在当前罪犯权利实现的社会支持系统中，监狱无所不包，既扮演教练员、裁判员和运动员多重身份，又负责规则的制定，这无疑在落实政策时给自己预留了很大空间，对可能存在的消极态度制约作用不大，这也是大多数罪犯权利实现的社会支持系统流于形式、实效较差的主要原因。实践中，罪犯权利实现需要日常加强与亲属、有关机关和组织的联系，但是，囿于人身自由受限难以实现通畅充分联系。当然，监狱在罪犯权利实现的社会支持机制中具有重要的组织协调功用，但是监狱机关长期的封闭性形成了固有的行业特点，与社会联络渠道不畅，与政府部门沟通较少，不敢、不会走到社会上宣传展示自己，不善于与社会共同搭建交流的平台，这必然造成工作越走越窄，社会支持系统支离破碎。另外，长期以来，罪犯权利实现状况如何从未成为考核评价监狱工作的指标要素，罪犯作为被管理、被改造对象，尽管其权利保护呼声很高，但是在监狱工作实践中却“叫好不卖座”，落实情况并不尽如人意。与此同时，监狱机关对社会的帮教活动可谓来者不拒、全盘接收，评价标准不高、监督措施不够。监狱参与不到地方政府部门的考核评价机制中，政府在落实法律援助、社会救助、回归衔接、就业安置等方面的措施如何，监狱机关无权考核评价、妄说监督制约了。最后，监狱机关缺乏自我评价机制，把罪犯从“监狱人”改造成“社会人”只停留在定性上，没有形成定量的评价标准和指标体系，罪犯权利实现最终效果寥寥。

2. 实践中存在刑释后重衔接管控轻安置帮教保护的倾向，影响了罪犯和出狱人权利实现社会支持的实际效果。一方面，受“重打轻防”思想的影响，政府部门更多地关注罪犯刑释后管理帮教和盯人盯物，而把罪犯教育改造全部推给监狱，殊不知二者是紧密联系的统一整体，缺一不可；另一方面，安置帮教工作理念和工作内容方法不能满足实际需要，在全面落实重点对象必接必送、大力推行无缝衔接、加强特殊人群管控工作同时，对出狱人回归社会的安置帮教工作推进并不尽如人意。然而，重特大刑事犯罪中刑释人员骨干多、在监服刑罪犯中“二进宫”“多进宫”比例较大幅度上升充分说明了当前工作中尚存在系列问题。由于社会对刑释人员或多或少存在歧视与偏见，多数部门不愿到监狱开展帮教活动，对刑释人员的安置不到位，少数情况下甚至连家庭都不愿接纳，这是重新犯罪的重要因素。

3. 社会组织的力量单薄和不可持续。我国大政府、小社会的社会结构格局由来已久，社会组织发展滞后，具体到为罪犯权利保护和实现提供帮助服务的社会组织更是数量少、发展水平不高，其中许多需要政府的大力引导和支持。与此同时，社会组织发展在地区间呈现出不平衡性，东部地区尤其是北京、上海等一线城市的社会组织发展程度高，关涉罪犯权利保护和实现的有北京阳光社区服务中心和中途之家、上海新航社区服务总站和青少年社区服务中心等组织，均由素质较高的社工提供专业水平相对较高的社会服务，对罪犯及其亲属子女均提供了一定帮助服务。但是就全国大部分地区来讲，社区组织普遍存在力量单薄、服务水平低等问题。究其原因，主要是由于这些社区组织本身的培育发展不足，自我生存发展的社会支持体系尚未建立，无论是公众参与此类组织的接纳性、积极性，还是经费来源、社会捐助均不足。

（三）微观层面的问题和原因

罪犯社会支持水平与改造表现呈现显著正相关性。社会支持水平越高的罪犯改造表现趋向越好，而社会支持水平越低的罪犯改造表现则趋向越差。更重要的是研究证实了改善罪犯社会支持总体水平，也就是当罪犯的客观支持、主观支持和对支持的利用能力共同提高时能够有效地使罪犯的改造表现趋向积极。同时，研究还发现，罪犯的客观支持和对支持的利用度与罪犯的改造表现有更密切的联系。罪犯的主观支持虽然与客观支持并不对等但始终还是需要来源于客观支持。只有具备了一定的客观支持水平，罪犯的主观支持才能稳固而持久。面对其实支持的利用度是罪犯主动改善自我的情感体验的重要举措。有了积极的情感体验罪犯渴望回归社会和对获得刑事奖励的愿望就会更强，在改造中的自信和对改造的期望自然会更高，自律能力也会更强，也就意味着改造表现的趋善。毋庸置疑，罪犯的社会支持对改造表现影响巨大，同时对罪犯权利的实现也具有重大意义。然而，当前我国罪犯的社会支持仍存在一些问题。

1. 罪犯的客观支持水平较低。这说明罪犯能够获得的客观的、可见的支持较少，反映为实际给予关怀和帮助的亲人朋友较少、获得的物质资助较少以及能切实满足他们社会、生理和心理需求的渠道较少等方面。这与监狱的特殊环境是有关系的，封闭的环境、严格的管理决定了罪犯在客观支持方面会受到较大的限制，如受到地域、家庭条件、监狱规定等多方面因素制约的会见制度；每周一次且效率低下的通信制度；受到限制的亲情电话制度；每月一次、数额有限的开账制度。这些都会使罪犯的客观支持水平降到较低的水平，而且出于监狱管理和改造的需要和现有的这些制度又是必要的。

2. 罪犯的主观支持度一般，但是罪犯的自身感受度较高。罪犯在监狱环境中，由于生活方式的单一注意力会更加集中于自我的内心体验，会因为家人的一封信、一次会见、一句支持鼓励的话语而产生强烈的内心感受。这种被支持、被理解的情感体验是在社会上不太容易出现的。罪犯在对自我的社会支持情况进行描述时往往是在追述以往发生的事情，也就是说罪犯从入狱服刑前发生的客观支持中体验到了较高的满足感并反映在目前自身的主观支持层面。然而，事实上，部分罪犯的主观支持水平与他们的现实状况和民警的反馈存在差别，有明显夸大的成分。这反映出罪犯有较强烈地获得支持的期望并将这种期望投射到了自身对仅有社会支持的主观满足中。

3. 罪犯对支持的利用度不高。也就是说，罪犯主动寻求和利用可以利用的社会支持的能力不高。在需要支持的时候罪犯往往更愿意或倾向于拒绝他人的支持和帮助，独自承担压力。这种拒绝表现在对周围其他罪犯身上，是一种自尊和戒备，因为罪犯之间的交往通常是充满竞争、冲突和猜疑的，求助可能意味着表现出自己的软弱、也会成为他人的笑柄。而表现在亲人朋友身上则更多的是一种自责和无奈，出于对家庭造成的伤害而产生的强烈自责感，相当数量的罪犯不愿意再为家人增添痛苦和烦恼。同时，实践中罪犯的亲友通常对其所遇到的困难无法给予有效的帮助，所以罪犯一般不会徒劳地向他们提出要求。〔1〕

---

〔1〕 徐进、张永伟、潘志强："社会支持程度对服刑人员改造表现的影响"，载《中国健康心理学杂志》2011 年第 3 期。

三、上海监狱系统罪犯权利实现社会支持机制建设情况及启示

（一）建立监地联合、社会参与、互动衔接的安置帮教工作机制

近年来，围绕平安上海的共建目标，上海监狱与全市各区各部门，构建协调对接平台，织就了监地联合、社会参与、互动衔接的安置帮教“共建网”。一是立足专门分工，确保帮教责任网络化。不断开拓和努力维护优质固定的社会资源，为罪犯联系帮教的“娘家人”和“贴心人”。2016 年初，梳理上海范围内的长期合作关系，固化建立上海监狱局“综治工作七大网络体系”。其中既有凸显职能化的市社区矫正局安帮指导工作室，也有突出专业化的市区两级法律援助中心和新航工作站，既有以项目化驱动的各类爱心帮教基金会，也有以属地化为主的全市各区司法局安帮科和街镇司法所，以及具有公益性特点的帮教志愿者协会。上海监狱局专门的综治部门、各监狱坚持定期走访、互通情况，并将此纳入年度考核。三年来，800 余次面对面的帮教活动在高墙内演绎，为罪犯教育改造营造了良好的心理环境。二是坚持政府主导，确保本市户籍人员安帮全覆盖。作为刑罚执行机关和市级安置帮教成员单位，建立了与市区两级各成员单位之间的联络协调机制，特别是实现了沪籍服刑、刑释人员“必访、必接、必报、必帮、必知、必控”的“六必”目标。以闵行区帮教为例，除安帮成员单位和志愿者外，区府办、镇政府、街道办等也加入进来，形成职能部门主导、社会组织参与的良好局面。据统计数据显示，2014 年以来，上海籍刑释人员重新犯罪率每年下降 2%。三是依托社会参与，确保狱内外多层次衔接。按照狱务公开标准化要求，制定监狱

开放日活动、执法监督员管理等实施细则，既让狱内执法“晒”在阳光下，也促进社会帮教更“上层次、接地气”，如邀请“新老娘舅”柏万青谈亲情、知名学者陆震讲向善、“网红葱油饼”的残疾老板聊创业；“爱的黄丝带”艺术团自成立以来每年在各监狱巡演，把艺术之美带给罪犯。借助生命文化、母亲文化、回春文化等主题，把家属请到罪犯身边，亲情帮教让女犯重拾母亲和女儿的责任，让老病残犯看到生命的曙光，让未成年犯找到新生之路。同时，主动联系各地驻沪办、商会等帮教资源，启动狱内“远程帮教会见法律援助系统”，接入司法部“中央刑满释放人员安置帮教系统”，帮教触角已延伸到28省市的街镇司法所。

（二）罪犯改造需求导向下的精准入狱帮教机制

罪犯的改造需求就是帮教工作的努力方向。对此，上海监狱坚持直面问题、直奔需求、直指人心，建立了一条帮教资源与罪犯需求衔接对路的精准帮教之路。一是瞄准需求靶向，做精菜单式帮教模式。深入探索“红黄绿分类工作法”，把握多元需求，突出分层分类，对照不同改造阶段即新收常押临释以及紧急困难程度等两个维度，设定红色为紧急需求，如拆迁、临释衔接等；黄色为特殊帮教需求，如历史遗留、专案问题等；绿色为普遍性帮教需求，如沪籍罪犯刑释临补政策疑问等。根据诉求种类明确颜色标签，以此对接相应部门和资源，分类分步落实帮教，个性化问题个别解决，普遍性问题批量解决。如闵行区通过帮教帮扶、定向培训，为临释人员提供精准就业指导，开展了罪犯“暖冬”计划和针对罪犯未成年子女的“嘉佳学业加油站”项目，做到了帮扶一人、稳定一家、和谐一方。二是聚焦过程指向，做实帮教管理当家制度。相继制定社会帮教制度和远程帮教、帮教衔接等细则，以此丰富执法标准化体系建设。坚持社会帮教的狱内管理，围绕帮教者建立入监帮教前宣传、帮教现场管理、帮教后反馈的全程闭环，确保社会帮教工作健康有序。三是紧盯结果导向，做细跟踪问效。从了解需求到开展帮教，从评估效果到修正工作，构建覆盖全面、持续跟踪的社会帮教流程。将罪犯菜单式狱内社会帮教工作纳入全局综合治理工作考核的重点内容，强化检查督导，压实主体责任，全程跟踪、追责问效，确保举措落实落地。

（三）多方社会力量助力罪犯顺利回归社会

罪犯来自社会，他们中的绝大多数终将回归社会。上海监狱把刑释回归和社会衔接作为一项重要实践课题，坚持刑罚机关、地方政府、社会各界“三位一体”齐抓共管，形成了“三个一批”的良好效应。打造一批衔接内外的专业团队。充分发挥出监监狱、监区的功能性作用，在五角场监狱建立1个沪籍罪犯和1个外省籍罪犯出监监区，女监、未管所也各自建立了出监监区。在临释阶段，通过类社会化管理，把脉和消解临释罪犯心理症结、解决适应上的问题，助力刑释人员平稳过渡。如五角场监狱布置了“通往自由的最后50米”的模拟场景，打造模拟训练、时事讲坛、亲情修复等出监管理项目，联合人社局、派出所、税务所、司法所等建立社会模拟环境，定期邀请企业进大墙举办临释人员专场招聘会，目前已倾心帮助了近3000名临释人员在思想、就业、居住等方面平稳过渡，五角场监狱由7名民警组成的临释罪犯管理团队获得上海监狱系统首届“十佳红烛团队”荣誉。同时，大墙外也活跃着许多刑释衔接服务的专业团队，如闵行司法局的“老舅妈工作者协会”、民革杨浦区文教二支部、奉贤区海湾镇“欣怡帮教工作室”，都以“化解矛盾、调解纠纷、沟通心灵、减少困惑”为己任，以真心爱心、敬业专业为刑释人员顺利回归“修桥铺路”。凝聚一批为我所用的社会组织。面对外省籍罪犯占押犯六成多的现状以及安帮资源相对不足的矛盾，积极拓展门路，先后与安徽、江西及抚州等地在沪商会建立长期稳定的帮教协作关系，如抚州商会开展抚州籍罪犯全员帮教、刑释人员家庭探访，有的刑释人员回归后通过努力劳动月薪上万，近年来该商会帮教跟踪对象无一重犯。〔1〕

四、构建罪犯权利实现社会支持机制的基本思路

作为开放社会的行刑改革发展的必然趋向，行刑社会化当然成为我国刑罚执行的理性选择和自然依归〔2〕。事实上，"惩罚与改造相结合，以改造人为宗旨"的监狱工作法定方针，不仅科学辨析了监狱行刑中惩罚与改造功能的关系，确定了我国监狱行刑理念，而且已经在深层次阐明了监狱行刑应当以改造罪犯、促进其回归社会作为根本价值追求。

统筹推进监狱工作和罪犯权利实现社会支持机制的优化和完善，必须解决诸如社会支持机制的广泛宣传、协调有序的家校社区社会支持组织体系、便捷高效的社会支持运作机制、稳定可靠的经费支持作为保障等问题，通过从立法完善、加强政府管理、整合社会支持资源等方面，整体优化包括主观社会支持机制、客观社会支持机制、社会支持利用度体系三个方面的社会支持系统。

---

〔1〕"上海监狱践行治本安全观努力构建社会支持系统"，载上海监狱局网站：http://www.shanghai.gov.cn/nw2/nw2314/nw2315/nw31406/u21aw1262584.html，2018年2月5日访问。

〔2〕柳忠卫："美国行刑社会化的历史解读与现实启示"，载《云南大学学报（法学版）》2004年第3期。

（一）转变行刑理念，统筹构建监狱工作和罪犯权利实现的社会支持机制

首先，政府和相关部门要尽快完善监狱工作社会支持系统的顶层设计和理论支撑。合理调整机构设置、人员编制、财政支持等方面保障机制，为建立符合时代发展的新型监狱体制创造条件；其次，要加强舆论引导，进一步消除社会普遍存在的重刑观念，把全社会的力量汇聚到支持和帮助监狱工作上来，形成政府、社会、监狱三方互动的共识；最后，监狱要进一步更新治理理念，向社会展现开放、包容、法治、进步的姿态，充分利用监狱开放日、监狱长接待日、社会帮教等活动，营造监狱公正、文明、廉洁、和谐的执法环境。

（二）理顺管理体制，建立新型高效的监狱运行机制

党的十八大、十九大报告提出了进一步深化司法体制改革，强化司法基本保障，依法防范和惩治违法犯罪活动的新要求，所以，进一步理顺监狱管理体制是适应当前和未来经济社会发展新形势，发挥监狱职能的必要条件。按照机构设置精简、统一、效能的原则，在政策制定、人力资源、财政保障上减少对地方政府的从属和依赖。进一步减少管理层级，将监狱局提升为一级局，增强与发改、人社、财政、土地等部门的横向联系。进一步加快推进监狱布局调整步伐，推进监狱集群建设，加强省际横向协调，涉及属地管理事项，当地政府无偿给予帮助支持。加大中央财政资金保障和直补范围，司法部根据监狱体制改革推进程度，及时向中央财政申请预算，有效弥补地方财政投入不足的事项。尽快出台监狱民警分类管理办法，充分借鉴公安民警双线晋升机制管理模式，着力提升民警队伍的整体素质。同时，要突出司法行政机关刑罚执行职能，并设置专门的社区矫治、减刑假释、社会回归帮教管理部门，以适应当前刑

罚多元化的趋势，形成上下顺畅、布局合理、层级科学的监狱管理体制。

（三）健全法规体系，为构建社会支持系统提供法律依据

我国现行的《监狱法》《刑法》《刑事诉讼法》，对社会力量参与罪犯改造工作都有明确的条款，但《监狱法》内容过于笼统，其他两部法律对监狱工作的针对性与指导性不足，真正运行起来较难，部分规定存在责任与义务不清的问题，对政府部门和社会机构缺乏普遍的约束力，这也是组织领导不力、业务指导乏力、帮教流于形式的关键所在。应尽快对该法进行修订和完善，出台相关配套细则，重点明确政府部门与社会组织在参与监狱管理与服务罪犯改造方面的责任和义务。

（四）完善政策措施，加强对社会支持工作的指导

多年来，司法部针对教育改造工作出台了一系列行之有效的指导意见，如 2003 年出台了《关于进一步推进监狱工作法制化、科学化、社会化建设的意见》，2007 年颁发了《教育改造罪犯纲要》，把罪犯教育改造工作作为创新社会管理的一项战略性任务放到了重要位置，然而从政策出台到目前取得的效果来看，还不尽人意。还需要针对某些责任部门制定政策，如劳动部门要制定罪犯职业培训和刑释人员再就业政策，工商、税务部门要制定保障监狱企业、保障刑释人员创业、激发企业和个体帮助支持监狱工作的优惠政策，教育部门要制定支持罪犯教育改造的政策，卫生部门要制定罪犯医疗保障的政策等。政策制定既要体现宏观，又要利于微观操作，切实保障监狱工作良性运行。

（五）改进行刑方式，提升劳动改造社会化的质效

按照行刑社会化理论，罪犯终究是社会人，改造罪犯是一个再社会化的过程。只有尽可能地营造具有社会特征的学习、

生活和劳动环境，才能达到再社会化的效果。[1]

我国的监狱行刑是典型的积极改造行刑，劳动改造工作不能完全封闭于大墙内，而应在法治的框架内，适度走向社会。劳动改造社会化在一定程度上弥补了监禁刑所固有的缺陷，让罪犯在与社会互动的过程中，培养生产劳动观念，掌握社会劳动技能，实现对社会的劳动价值贡献，有利于罪犯在回归社会后重新适应社会生活。[2]近十余年来，我国大力推进监狱体制改革和监狱布局调整，劳动改造社会化在拥有了更好的基础和条件的同时，又出现了新的一系列问题。一方面，监狱由偏远地区向城镇周边、交通沿线转移，在距离较近、交通方便的情况下，监狱与社会的互动大大增强，使监狱能够从社会上引入更多更好的劳动改造项目、技术、设施、人才及其他资源，迈出了劳动改造社会化的重要一步；另一方面，近年来，在劳动改造中出现了劳动场所向室内转移导致的过度禁锢问题（这在普遍存在的庭院式监狱布局中表现得尤为突出）、劳动过程中广泛存在的简单重复性体力劳动削弱劳动改造功能实现问题，而这一切问题的背后既有我国产业结构调整、劳动力价格快速上涨、劳动密集型项目向劳动力低廉领域转移的因素，又显现出监狱生产效益与改造效益的矛盾关系因素。

我国劳动改造社会化的实现，要着力从以下方面解决：一是基于个别预防原理和循证改造原则，坚持有利于罪犯改造和回归社会目的的实现，改变当前罪犯“三分”工作中过度关注已然之罪有余、注重改造可行性和科学性不足的现状，建立监狱生产项目引入中的改造效能评估机制、罪犯劳动能力需求和

---

〔1〕 王云海：“‘法治式劳动改造’论”，载《中国刑事法杂志》2002年第5期。

〔2〕 湖北沙洋监狱管理局课题组：“我国监狱劳动改造的功能定位与未来走向——基于完善中国特色监狱制度的视角”，载《中国监狱学刊》2009年第4期。

劳动岗位适应性鉴别分类和动态调整机制，真正将劳动改造这一监狱行刑工作中占有时间和空间最多的改造活动的改造效能最大化。二是遵循罪犯劳动改造的特有规律和社会劳动的一般规律，尊重和保障罪犯作为劳动者的合法权利，充分盘活现有的劳动改造资源，积极引导罪犯由被动强制劳动向积极自愿劳动转变。具体来讲，一方面，要充分发挥劳动中的竞争机制，建立能责权利相适应的岗位制度和竞争上岗流动机制；另一方面，在坚持落实好罪犯劳动保护工作基础上，积极推进建立统一、合理的罪犯劳动报酬制度，促进罪犯重建正确的劳动观、人生观、价值观。三是社会帮教作为改造工作的社会参与形式，既能服务于教育改造，也应当可以服务于劳动改造。展望劳动改造社会化的前景，罪犯今后的劳动改造将会进一步形成开放性格局，将会有更多的社会因素融入其中。在互动中，把罪犯推出去和把社会力量吸进来必然都是监狱今后不得不做的工作。〔1〕四是要坚持推进行刑法制改革，不断扩大假释的实际适用比例，积极促进“试工、试农、试学”具体化制度的出台实施，让符合条件的罪犯为了劳动改造走向社会由社会相关机构接纳其劳动工作，让罪犯在真实的社会环境中对其改造效果进行检验，在有效管控下逐步增强社会适应能力，完成从“监狱人”向“社会人”的再社会化进程。

（六）拓展保障资源，进一步提升社会支持的质量

在社会力量走进监狱的同时，监狱也要以开放的态度积极寻求社会的帮助。积极引进教育改造、劳动改造等方面的社会资源，按照市场经济法则，在心理矫治、罪犯职业技术教育、民警培训等方面向社会专业机构购买有偿服务，以契约形式实

〔1〕 胡配军：“劳动改造社会化思辨”，载《河南司法警官职业学院学报》2006年第3期。

现监狱为主导的市场化依法规范运作。建立监狱公益性服务项目。监狱机关根据工作实际，筛选确定社会公众能够普遍参与的项目，如法律援助、扶贫帮教、健康辅导、就业扶持等方面的非营利服务项目，也可设置供教学科研院校所进行研究的心理学、医学、教育学、社会学等科研项目，监狱机关要加强资质审核与项目准入。充分注重项目管理的规范操作，根据项目开展情况进行评估确认，据实拨付项目经费。此外，邀请专家和机构共同研究制约监狱发展和罪犯权利保障的体制机制问题，论证制定破解之策，确定一两个国家重大专项的公益项目，争取国家财政、基金会和企业提供资金支持。[1]

五、构建罪犯权利实现社会支持机制的具体方式和措施

（一）监狱行刑社会支持机制是罪犯权利实现社会支持体系的基础和前提

1. 建立健全组织机构。一是在司法部监狱局、省司法厅（监狱局）成立系统内部的组织、协调机构，负责纵向帮扶、资助等相关支持工作，可以按照隶属关系开展工作，可不单独设立办公室，二是成立横向组织机构，负责联系可以支持监狱系统工作的有关事宜。成立地方政府领导下的协调工作办公室，具体负责资源引进、制度制定、项目准入、监督指导帮教活动的开展，协调监狱、业务部门和社会主体的工作。狱方也要成立专门机构，整合现有资源，消除部门重叠，科学配置专业力量，确保服务过程规范化、合法化、专业化。同时，要重点做好三项工作：一是确立日常官方联系机制。完善与公、检、法机关、街道办事处、社区、居委会衔接机制，司法、民政、人

〔1〕 北京市监狱管理局："构建监狱社会支持系统 推动监狱工作科学发展"，载 http://www.bjjgj.gov.cn/lldt/1979.htm，2017 年 12 月 20 日访问。

社、财政、教育等部门定期召开联席会议，共同研究监狱工作；搭建信息共享平台，改变因职能分制、资源分散造成社会支持的高成本、低效率。强化罪犯收押和刑释人员无缝对接，为特殊群体提供政策扶持和就业指导，促使罪犯刑释后顺利融入社会。二是建立监狱与罪犯亲属、朋友、邻里的协作帮教机制，借助亲情的力量对罪犯进行感化，定期邀请罪犯亲属到监狱开展形式多样、内容丰富的帮教活动，形成罪犯与亲属之间、亲属与监狱之间、罪犯与民警之间的良性互动。三是建立社会组织的攻关会诊机制，定期或不定期开展重点人员的疏导转化、疾病会诊、法律咨询等方面的帮助，有效弥补监狱专业改造力量不足的问题。

2. 建立运行程序。一是按照组织机构的隶属关系设定的运行程序。以市监狱局为主，向上级主管部门提出支持项目的提议，以联席会的形式定期商榷每项需要得到支持的诉求，并经过调研和论证，由联席会最后作出决定。二是按照对应等级关系设定的运行程序。由市监狱局向协调办公室提出支持项目的提议，以联席会的形式定期召开对等同一级别的会议，商榷每项需要得到支持的诉求，并经过调研和论证，由联席会最后作出决定或办理具体事宜。

3. 建立考核评价体系。一是建立社会服务质量评价标准。监狱机关根据服务项目的可行性和适用性，制定科学合理的评价标准，对相关组织、政府部门和专业机构是否对监狱工作提供帮助和指导，以及完成事前约定帮助计划的执行情况等事宜作出具体的评价依据和标准。二是建立综合考核评价。充分尊重和树立监狱机关评价主体的地位，对政府部门进行综合考核评价，督促相关部门在经费保障、安置帮教、就业指导、社会保障、舆论宣传等方面进行评价。三是营造以评价促实质性的帮扶氛围。发挥主观能动性，切实掌握评价机制促进帮扶计划和政策落到实处。要通过评价来引导动员社会各界理解支持监狱工作，营造“大支持”的浓厚氛围。改变长期以来社会各界对监狱工作停留在看望慰问性的错位状态，将其纳入自身职责范围，变“可为可不为”为“不得不为”。

4. 建立引导激励机制。一是加强组织引导，凝聚全员共识。政府要研究制定支持监狱工作的政策性文件，明确社会力量参与监狱工作的方法思路，增强全社会帮助支持监狱工作的意识。二是加强政策引导，培育社会组织。充分发挥政府引导职能和资源配置的主体作用，引导社会优质资源向监狱有序流动。加强创新型项目和刑释人员就业等方面的政策性规定，鼓励民间资本向监狱投资。制定积极的财政政策、就业政策，在减税、贷款、注册登记等方面提供支持。借鉴残疾人就业保障政策，建立刑释人员就业保障基金。加大狱内职业技术教育项目投入力度，积极争取财政、企业的支持，帮助刑释人员再就业。按照以我为主、资源共享、互利共赢的原则，在得到社会支持帮助的同时，为社会组织机构提供实现功能价值的机会。三是加强宣传引导，营造支持氛围。积极鼓励个人和组织参与改造活动、对长期到监狱开展义务帮教的志愿者和社团，加大正面宣传和舆论引导，调动社会各方面的积极性，将帮扶监狱工作作为一种社会和公民的责任。诸如，在香港，市民普遍对惩教工作的理解和认识程度较高，源自惩教署长期开展形式多样的公众教育，委任社会名流担任更生大使，协助维护更生宣传活动，制作了全城响应助更生，惩教同心助更生等电视特别节目，使越来越多的社会团体和市民加深了对更生工作的认识，以不同的方式参与到更生工作，这样的做法同样值得我们学习借鉴。[1]

---

〔1〕 北京市监狱管理局：“构建监狱社会支持系统 推动监狱工作科学发展”，载 http://www.bjjgj.gov.cn/lldt/1979.htm，2017 年 12 月 20 日访问。

（二）罪犯权利实现社会支持系统构建的具体内容和措施

1. 社会物质支持。社会物质支持是指通过为罪犯提供物品、政策、法律援助、就业等物化的救助，解决罪犯的后顾之忧，使其提高对社会的认同感、责任感和归属感，从降低其现实压力入手，为其更好改造打下基础。

（1）完善社会救助。调查显示未成年子女的生活状况是罪犯在改造过程中最为担心的问题，未成年子女都是多数罪犯的精神支柱，他们希望自己的子女享受关爱、不受歧视，像普通孩子一样健康快乐地成长。将其未成年子女纳入合理的社会保障体系，完成从“父母亲权”向“国家亲权”的合理过渡，这会减轻罪犯对家庭的负罪感，增强罪犯的改造积极性，有利于罪犯的矫治和改造。因此，建立完善针对罪犯家庭的社会救助是解决罪犯顾虑、促进其积极改造的有效手段。目前，诸如为困难罪犯家属进行救济、购买社会保险、捐资助学等社会救助形式正在积极探索开展，对正在接受教育改造的罪犯产生较大程度影响。

（2）扩大法律援助。法律援助是致力于维护罪犯的合法权益的重要方式。对罪犯普遍关心的婚姻家庭、定罪量刑、民事赔偿等方面问题进行法律咨询和支持，有利于消除他们的忧虑，增强他们用法律武器维护自己的合法权益的意识，更重要的是有助于增强他们遵纪守法、履行公民义务的意识，提高改造的积极性。此外，作为司法援助的重要探索，恢复性司法通过犯罪人、被害人、矫治人以及社区等相关社会单位的共同参与，尝试通过和解、忏悔、帮助等手段唤醒罪犯赔偿犯罪损失的责任感，恢复社会安宁的义务感，促进罪犯与被害人的相互理解、尊重和宽容，培养罪犯的和谐理念，消除人身危险性，并对重点刑释人员建立回访档案，在就业安置、生活等方面提供力所能及的帮助，从而最大限度地减少重新犯罪，恢复社会关系等。监狱机关、罪犯所在地司法行政机关应加大对法律援助政策的宣传，让罪犯了解法律援助，为他们提供强大的社会支持。

（3）强化职业培训。职业培训通过让罪犯掌握一定的劳动技能，掌握一技之长，为将来回归社会能通过合法劳动获得生活来源，对于降低其重新犯罪具有积极意义。但在目前的劳动改造条件下，罪犯在监狱中并没有学到赖以谋生的技能，即便部分罪犯确实学到一定的技能，由于他们所习技术并不符合社会需求，刑释后他们依然普遍处于就业困难或失业的境地。要改变这一局面，如何提高职业技术教育的效果是十分关键的。劳动改造社会化的探索开辟了一条积极的职业培训道路，通过将职业培训机构、社会企业的力量与监狱劳动改造的有效结合，引进符合社会需要的生产项目、生产技能、培训内容，甚至可以开展定向培训，强化职业技能培训，促进罪犯在劳动改造中真正掌握有用的劳动技能，为其日后谋生打下坚实基础。

2. 社会关系支持。社会关系支持主要通过提供接近社会的教育来达成。通过接近社会的教育，促使罪犯产生亲社会感，避免罪犯与社会绝对隔离，使其在认识上、思想观念上能够与社会同步，为其能够较好地适应重返社会后的生活奠定基础。

（1）深化亲情帮教。亲情是维系人类社会存在、发展、稳定的重要因素，是人生中最美好的情感，是人归属与爱的需要。罪犯由于长时期不能正常与亲友接触沟通，他们的归属感正逐步趋向淡化，易造成他们的人际沟通困难、淡漠等不良心理。对罪犯进行以情感教育为内容的亲情教育，通过为他们提供更多的与亲友沟通、交流的机会，如亲情会餐、会见帮教平台等，使他们感悟亲情，享受亲情，向往亲情。通过营造亲情的氛围，唤起他们的积极情绪体验，让他们体会到温暖和关爱。通过开展一些辅助性的亲情教育活动，让他们体会到家人的艰辛，学会关怀、学会友爱、学会感恩，由此激发他们自觉积极改造、主动承担责任的意识，促进真正改好。

（2）落实社会帮教。监狱是社会的一部分，罪犯仍然是社会生活的参与者，罪犯和社会之间仍保持着多方位的联系和沟通。因此，监狱的教育改造应当与社会保持一体化，即要与社会主流文化、主流意识和主流生活方式保持一致，积极推动监狱教育改造社会化，积极引入社会力量多渠道多方式参与监狱教育改造，借助社会团体专业化的教育资源、专业师资资源、丰富的教学资源开展更加专业的教育，充分利用社会资源，定期开展帮教，加深罪犯对社会的了解和认知，提升他们对社会的亲近感、认同感和归属感。同时，积极动员社区、社会团体等力量参与罪犯的教育矫治活动，形成监所和家庭、社区等社会力量的互动，促进监狱教育改造工作的高效开展。

（3）强化社会适应。接近社会教育的另外一个重要形式就是进行社会模拟训练。罪犯大多脱离正常社会环境较久，罪犯刑释初期，他们最重要的任务和挑战就是如何适应环境，特别是如何迅速掌握日常生活所需的基本技能，这也是诱发焦虑等不良情绪甚至重新犯罪的重要原因，直接关乎他们是否能真正适应社会和巩固监狱改造效果。监狱应加强对即将刑释罪犯的社会适应性训练，通过模拟社会生活场景，营造社会氛围，强化罪犯的回归指导，让罪犯亲身体验各项社会生活，帮助他们学习掌握在社会立足和谋生的基本知识和技能，提高刑释罪犯迅速适应社会、融入社会的能力，促进罪犯由“监狱人”向“社会人”的顺利过渡，解决初期适应的难题。

3. 社会文化支持。社会文化对于引领思潮，对引导个体思想、意识，合理宣泄情绪，满足文化心理需求具有重要意义。

社会文化支持也是促使罪犯道德内化、提升内在改造动力的关键因素。

（1）推进监狱文化建设。监狱文化是社会文化的组成部分。监狱的文化建设应当紧跟时代和社会的步伐，以倡导社会主义核心价值体系为核心，以弘扬中华传统美德、鼓励发展创新、强化责任教育等为途径，通过宣扬文化正能量等，消退监狱文化与社会文化的隔离感，进而打破监狱封闭的“亚文化”状态，通过充分利用文化的软实力，建设支持型监区文化，营造积极向上的文化氛围，促使罪犯自觉接受积极文化的熏陶，推动道德、法律意识的内化，帮助其树立正确的世界观、人生观、价值观，帮助其克服思想意识陋习，完善人格，巩固教育改造效果。

（2）积极社会舆论导向。良好的舆论环境对舒缓社会情绪、减少社会冲突具有重要的促进作用。营造积极向上社会舆论氛围，要坚持弘扬主旋律、传递正能量。罪犯是社会舆论的特殊受众，受其认知缺陷或认罪悔罪等情绪影响，他们对社会舆论的反应较为敏感。正向的社会舆论、积极的舆论关注是罪犯改好的重要精神动力。社会舆论要准确把握罪犯受众的特点，善于运用罪犯喜闻乐见的方式，通过积极主动、及时有效的舆论引导工作，形成鼓励认罪改造、理解包容接纳的社会舆论氛围，努力把罪犯的观念和情绪引入理智、平和、建设性的轨道中去，以此减少罪犯的冲突观念、激发他们的积极改造意识。

4. 心理服务支持。社会支持是指个体在社会中感到被尊重、被支持、被理解的情绪体验或满意程度，是对社会支持的期望和评价及对可能获得社会支持的信念。社会支持是个体对社会支持的态度，是社会支持真正作用于个体的关键。因此，通过必要的心理咨询服务，提供心理支持，帮助罪犯提升认知水平、帮助其心理发展，帮助其提高领悟社会支持、利用社会支持的水平。

（1）强化认知行为矫正。罪犯社会化的缺陷导致其认知、行为的缺陷。罪犯选择和实施犯罪行为，环境只是诱因，更主要的是自身依照其所遵循的认知观和行为模式进行决策的结果。因此，要改变罪犯，实现教育改造和再社会化的目标，首先要矫正其已形成的认知观和行为模式，即改变他们对社会的态度和社会行为。从社会心理学的角度而言，就是要矫正他们的认知和行为。认知的成熟表明个体已经具备社会生活和交往中所必需具备的分析解决问题、处理人际关系以及社交的技能。通过提供较专业的认知行为矫正辅导，可以帮助罪犯更好地对自身的认知、行为作出评判，并不断提升完善，促进认知、行为的成熟。

（2）加大心理调适指导。罪犯在监狱服刑、接受教育改造期间，其情绪、心理上的困扰也是多样的，不仅有可能影响他们的日常生活，而且也有可能对他们的改造产生重大影响，罪犯的心理需求也是不可忽视的，对他们进行心理调适指导必不可少。因此，作为社会支持的一种方式，心理咨询师可以借助不同的心理学技术，提供咨询服务、心理支持。如支持性技巧和影响性技巧可以通过专注、倾听、同理心、鼓励、建议，帮助罪犯明确目标，强化信心等，鼓励其进行自我探索和改变，帮助罪犯向着更好、更积极的方面去完善和发展。更重要的是，这种指导可以促进体会心理支持和人性关怀的积极氛围，[1]有利于提升罪犯主动利用社会支持的意愿，从而提升社会支持利用度水平。

---

〔1〕 李忠平："社会支持应用于罪犯教育改造的路径初探"，载江苏省监狱管理局网站 http://www.jsjy.gov.cn/jsjyw/llyj/2016-01/20/content_551ba5fe45f846d69d6f7570ba57e878.shtml，2017 年 7 月 21 日访问。

结 语

Conclusion

监狱行刑悖论是刑罚进化的结果、文明发展的映像、推进自由刑改革的源动力。在威慑、报应的刑罚时代，受制于生产力发展水平和社会文明程度较低，国家强化以刑去刑、以刑施罚、惩治罪犯的行刑目的，社会反应以愤怒、敌视、冷漠为主导，人身依附关系的存在导致自由作为刑罚内容缺乏普遍的现实基础，因此，其时刑罚文明进程只能止步于从以生命刑、肉刑为主到以身体刑为主，监牢就是人身保管场，囚犯就是行刑的对象，国家漠视、法律无视罪犯权利。现代监狱行刑诞于猛烈抨击封建专制统治中黑暗、残酷、不人道的刑罚制度的时代背景下，是刑罚进化史最终选择具有可分性、伸缩性、隔离性等特点的自由刑〔1〕成为刑罚体系中心的必然结果。然而，初期监狱行刑模式以绝对隔离、单独监禁、沉默制为基本特征，导致了罪犯严重的监禁人格问题，凸显出监禁行刑的副作用和弊端。伴随着人类社会物质文明、精神文明和政治文明发展水平的提高，教育、改造的刑罚理念逐渐成为主流，社会对罪犯的反应逐渐以理性、宽容、同情为主导，现代自由刑的内涵丰富拓展为罚和教（矫）两方面，促进罪犯重新回归社会为现代监狱行刑的基本落脚点。罪犯作为监狱行刑法律关系的主体之一，

---

〔1〕 谢望原、翟中东："对我国行刑社会化的思考"，载《法学评论》2000年第1期。

其合法权益依法受国家保障。由此，在现代监狱行刑中出现二律背反的两难悖论，即监狱监禁行刑手段导致的罪犯监狱化与行刑目的旨在促进罪犯再社会化之间的基本矛盾。究根问底，这一悖论即监狱行刑中公权力与私权利对立统一的辩证关系，具体表现为监狱和罪犯在依法履行监禁行刑职责与依法主张公民权利间的冲突、在预防减少重新犯罪和努力回归家庭社会的共同目标中的合作，由此成为包括监狱行刑革新、社区改造推进在内的整体自由刑科学均衡发展的活力源泉和不竭动力。

行刑社会化是破解监狱行刑悖论的最佳路径，是世界刑罚改革发展的历史趋向和现实潮流。从全球范围看，从历史演进的大视野看，刑罚总体趋轻是一个具有普遍意义的规律，犯罪非刑罚化、刑罚非监禁化、监狱行刑社会化是当代世界刑罚的主流趋向〔1〕。行刑社会化蕴藏着浓厚的刑法人文关怀和深厚的刑罚人道精神〔2〕，更为注重刑法的保障机能与保护机能的有机协调、追求公正价值与功利价值的动态平衡〔3〕，引领着世界行刑改革的现实潮流，代表着行刑发展的未来趋向。然而，行刑社会化在各国的具体实践发展必须结合其基本的国情、狱情和犯情，积极稳妥地推进实现。作为开放社会的行刑改革发展的必然趋向，行刑社会化当然成为我国刑罚执行的理性选择和自然依归〔4〕。事实上，“惩罚与改造相结合，以改造人为宗旨”

〔1〕冯卫国：“行刑社会化的思想源流与发展趋向”，载《中国监狱学刊》2003年第6期。

〔2〕柳忠卫：“美国行刑社会化的历史解读与现实启示”，载《云南大学学报（法学版）》2004年第3期。

〔3〕冯卫国：“行刑社会化的思想源流与发展趋向”，载《中国监狱学刊》2003年第6期。

〔4〕柳忠卫：“美国行刑社会化的历史解读与现实启示”，载《云南大学学报（法学版）》2004年第3期。

的监狱工作法定方针，不仅科学辨析了监狱行刑中惩罚与改造功能的关系，确定了我国监狱行刑理念，而且在深层次已经阐明了监狱行刑应当以改造罪犯、促进其回归社会作为根本价值追求。尽管在21世纪以来我国监狱行刑社会化发展一度得到国家“监狱工作‘三化’”的政策支持，罪犯权利保障得到更加有力的宪法保护，但是在重刑主义传统影响和社会防卫主义现实压力之下，监狱行刑社会化的改革发展“路漫漫其修远兮”。罪犯由于人身自由被剥夺而派生的性、生育、抚育、赡养等婚姻家庭以及其他权利的“冰封”，期待着法治中国圣火给予关爱的温度。

参考文献
References

一、著作

[1] 陈兴良:《刑法的价值构造》，中国人民大学出版社 1998 年版。

[2] 陈兴良:《本体刑法学》，商务印书馆 2001 年版。

[3] 陈兴良:《刑事法评论》，中国政法大学出版社 2000 年版。

[4] 陈兴良:《刑法的启蒙》，法律出版社 1998 年版。

[5] 陈兴良:《刑罚理念导读》，中国检察出版社 2008 年版。

[6] 陈光中:《联合国刑事司法准则与中国刑事法制》，法律出版社 1998 年版。

[7] 储槐植等:《刑法机制》，法律出版社 2004 年版。

[8] 邓颖:《刑事申诉制度研究》，中国人民公安大学出版社 2008 年版。

[9] 狄小华:《冲突、协调和秩序—— 罪犯非正式群体与监狱行刑研究》，群众出版社 2001 年版。

[10] 樊崇义主编:《刑事诉讼法实施问题与对策研究》，中国人民公安大学出版社 2001 年版。

[11] 冯建仓主编:《服刑人员权利保护研究》，中国检察出版社 2016 年版。

[12] 高鸿:《数字化时代主体间性问题研究》，上海社会科学院出版社 2008 年版。

[13] 郭湛:《主体性哲学—— 人的存在及其意义》，中国人民大学出版社 2011 年版。

[14] 郭建安:《联合国监狱管理规范概述》，法律出版社 2001 年版。

[15] 关今华:《人权保障法学研究》，人民法院出版社 2006 年版。
[16] 韩大元:《中国宪法事例研究》（四），法律出版社 2010 年版。
[17] 韩德培主编:《人权理论与实践》，武汉大学出版社 1995 年版。
[18] 金川主编:《罪犯权利缺损与救济研究》，清华大学出版社 2008 年版。
[19] 金鉴主编:《监狱学总论》，法律出版社 1997 年版。
[20] 李步云主编:《人权法学》，高等教育出版社 2005 年版。
[21] 李贵方:《自由刑比较研究》，吉林人民出版社 1992 年版。
[22] 林茂荣、杨士隆:《犯罪矫正原理与实务》，五南图书出版公司 1997 年版。
[23] 李宏伟、吴春:《监狱工作法制化与科学化建设研究》，陕西师范大学出版社 2007 年版。
[24] 梁民立主编:《中国监狱简史》，群众出版社 1994 年版。
[25] 刘恒志:《罪犯权利救济基本理论研究》，河北大学出版社 2011 年版。
[26] 刘恒志等:《司法人权论》，河北大学出版社 2013 年版。
[27] 刘家琛、郝银钟主编:《刑事审判学》，群众出版社 2002 年版。
[28] 刘仁文:《美国模范刑法典及其评注》，法律出版社 2005 年版。
[29] 刘崇亮:《范畴与立场：监狱惩罚的限制》，中国法制出版社 2015 年版。
[30] 廖斌:《监禁刑现代化研究》，法律出版社 2008 年版。
[31] 鲁兰:《中日矫正理念与实务比较研究》，北京大学出版社 2005 年版。
[32] 鲁加伦主编:《中国罪犯人权研究》，法律出版社 1998 年版。
[33] 罗玉中等:《人权与法制》，北京大学出版社 2001 年版。
[34] 欧阳梦春:《受刑人权利保护研究》，中国人民公安大学出版社 2007 年版。
[35] 潘君明:《中国历代监狱大观》，法律出版社 2003 年版。
[36] 沈宗灵:《现代西方法理学》，北京大学出版社 1992 年版。
[37] 司绍寒:《德国刑事执行法研究》，中国长安出版社 2010 年版。
[38] 孙立平:《现代化与社会转型》，北京大学出版社 2005 年版。

[39] 王云海：《监狱行刑的法理》，中国人民大学出版社 2010 年版。
[40] 王永祥：《外语教学课堂话语对话性研究—— 主体间性外语教学课堂话语模式的构建》，人民出版社 2014 年版。
[41] 王名扬：《美国行政法》（下），中国法制出版社 1995 年版。
[42] 吴宗宪：《非监禁刑研究》，中国人民公安大学出版社 2003 年版。
[43] 夏勇：《朝夕问道》，上海三联书店 2004 年版。
[44] 夏苏平、狄小华：《循证矫正中国化研究》，江苏人民出版社 2013 年版。
[45] 谢望原：《丹麦刑法典与丹麦刑事执行法》，北京大学出版社 2005 年版。
[46] 徐显明主编：《人权法原理》，中国政法大学出版社 2008 年版。
[47] 薛梅卿主编：《中国监狱史》，法律出版社 1986 年版。
[48] 杨习梅主编：《中国监狱史》，中国民主法制出版社 2009 年版。
[49] 于安编著：《德国行政法》，清华大学出版社 1999 年版。
[50] 张文显：《法哲学范畴研究》，中国政法大学出版社 2001 年版。
[51] 张文显：《法学基本范畴研究》，中国政法大学出版社 2001 年版。
[52] 周佑勇：《行政法基本原则研究》，武汉大学出版社 2005 年版。
[53] 周旺生：《立法学教程》，北京大学出版社 2006 年版。
[54] 张甘妹：《刑事政策》，三民书局 1978 年版。
[55] 张立伟、闫佳：《和谐社会下执法人员的人权教育》，中国财富出版社 2012 年版。
[56] 翟中东：《刑罚个别化研究》，中国人民公安大学出版社 2001 年版。
[57]《俄罗斯联邦刑事执行法典》，赵路译，中国人民公安大学出版社 2009 年版。
[58] 庄孔韶：《人类学通论》，山西教育出版社 2003 年版。
[59]《马克思恩格斯全集》（第 1 卷），人民出版社 1995 年版。
[60]《邓小平文选》（第 2 卷），人民出版社 1983 年版。
[61] 国务院新闻办公室、司法部监制：《执法为民——司法行政卷》，法律出版社 2012 年版。
[62] 司法部编：《外国监狱法规汇编》（一）（二）（三）（四）（五）社会

科学文献出版社 1988 年版。

二、译著

[1] [德] 弗兰茨·冯·李斯特:《德国刑法教科书》,徐久生译,法律出版社 2000 年版。

[2] [德] 康德:《法的形而上学原理——权利科学》,沈叔平译,商务印书馆 1991 年版。

[3] [德] 京特·凯瑞:《欧、美、日本监狱制度比较》,刘瑞祥等译,中国政法大学出版社 1990 年版。

[4] [法] 托克维尔:《旧制度与大革命》,冯棠译,商务印书馆 1997 年版。

[5] [法] 孟德斯鸠:《论法的精神》(上册),张雁深译,商务印书馆 1961 年版。

[6] [法] 托克维尔:《论美国民主》,董果良译,商务印书馆 1997 年版。

[7] [法] 米歇尔·福柯:《规训与惩罚》,刘北成、杨远婴译,三联书店 2003 年版。

[8] [美] 查德·霍金斯、杰弗里·P. 阿尔伯特:《美国监狱制度——刑罚与正义》,孙晓雳、林遐译,中国人民公安大学出版社 1991 年版。

[9] [美] 罗·庞德:《通过法律的社会控制 法律的任务》,沈宗灵、董世忠译,商务印书馆 1984 年版。

[10] [美] 马文·哈里斯:《文化人类学》,李培茱等译,东方出版社 1988 年版。

[11] [美] 哈贝马斯:《交往行为理论》,曹卫东译,重庆出版社 1989 年版。

[12] [美] E. 博登海默:《法理学——法律哲学与法律方法》,邓正来译,中国政法大学出版社 2004 年版。

[13] [法] 米歇尔·福柯:《规训与惩罚》,刘北成、杨远婴译,三联书店 1999 年版。

[14] [日] 川岛武宜:《现代化与法》,王志安等译,中国政法大学出版社 1994 年版。

[15] [日] 大沼保昭:《人权、国家与文明》,王志安译,生活·读书·新知三联书店 2003 年版。
[16] [加] 鲁辛·摩林:《论监狱教育》,李引等译,黑龙江教育出版社 1990 年版。

三、论文

[1] 北岳:"关于义务与权利的随想(上)",载《法学》1994 年第 8 期。
[2] 蔡道通:"罪刑法定原则确立的观念基础",载《法学》1997 年第 4 期。
[3] 陈瑞华:"程序正义论",载《中外法学》1997 年第 2 期。
[4] 陈瑞华:"刑事再审程序的出路",载沈德咏主编:《审判监督指导与研究》(第 4 卷),人民出版社 2001 年版。
[5] 陈立新、姚远:"社会支持对老年人心理健康影响的研究",载《人口研究》2005 年第 4 期。
[6] 崔皓旭:"人权的宪法保障——从中国的人权入宪谈起",载《中国社会科学院研究生院学报》2005 年第 5 期。
[7] 陈晓明:"监狱化:问题与对策",载《犯罪与改造研究》2003 年第 5 期。
[8] 冯卫国:"论行刑社会化的价值基础",载《山东公安专科学校学报》2004 年第 3 期。
[9] 冯卫国、李健:"服刑人权利保障的不足及其完善",载《理论探索》2012 年第 2 期。
[10] 冯卫国:"行刑社会化的思想源流与发展趋向",载《中国监狱学刊》2003 年第 6 期。
[11] 高德胜、贾晓旭:"从报复到矫正的历史经典——1870 年美国监狱大会《原则宣言》的考据",载《社会科学战线》2016 年第 5 期。
[12] 郭光东:"以正当程序保障人权",载《南方周末》2004 年 3 月 18 日。
[13] 龚春英:"论清末监狱管理人才的培养",载《泉州师范学院学报》2011 年第 1 期。

［14］贺卫方：“走向具体法治”，载《现代法学》2002 年第 1 期。
［15］韩大元：“国家人权保护义务与国家人权机构的功能”，载《法学论坛》2005 年第 6 期。
［16］胡配军：“劳动改造社会化思辨”，载《河南司法警官职业学院学报》2006 年第 3 期。
［17］闵敢：“罪犯婚姻权的缺损与保护”，载《社会科学辑刊》2009 年第 2 期。
［18］胡配军：“科学化语境中的行刑个别化”，载《江苏警官学院学报》2008 年第 4 期。
［19］李步云：“论人权的三种存在形态”，载《法学研究》1991 年第 4 期。
［20］刘加良、张亚琼：“罪犯权利保护与修改民事诉讼法的若干思考”，载《湖北社会科学》2005 年第 11 期。
［21］柳忠卫：“美国行刑社会化的历史解读与现实启示”，载《云南大学学报（法学版）》2004 年第 3 期。
［22］路常青：“人权事务委员会研究”，载赵海峰主编：《国际法与比较法论坛》（第 1 辑），中国法制出版社 2006 年版。
［23］连春亮：“囚犯论：从‘边缘’到‘中心’”，载《河南省司法警官职业学院学报》2012 年第 4 期。
［24］钱洪良、刘立霞：“从主体性到主体间性的现代罪犯矫正转向”，载《青少年犯罪问题》2016 年第 5 期。
［25］王戍生、孟宪军：“英国西班牙监狱考察报告”，载《犯罪与改造研究》2003 年第 3 期。
［26］王利荣：“也淡完善刑事执行法制的基本思路”，载《北京政法管理干部学院学报》2001 年第 1 期。
［27］王云海：“‘法治式劳动改造’论”，载《中国刑事法杂志》2002 年第 5 期。
［28］王姝：“全国 681 所监狱押犯 164 万人经费不再靠狱企收入”，载《新京报》2012 年 4 月 26 日。
［29］汪勇：“中国罪犯权利的历史嬗变”，载《河南司法警官职业学院学

报》2004 年第 2 期。
[30] 吴宗宪:“论美国犯人的权利”，载《中国刑事法杂志》2007 年第 6 期。
[31] 夏勇:“权利哲学的基本问题”，载《法学研究》2004 年第 3 期。
[32] 肖水源:“社会支持对身心健康的影响”，载《中国心理卫生杂志》1987 年第 4 期。
[33] 谢望原、翟中东:“对我国行刑社会化的思考”，载《法学评论》2000 年第 1 期。
[34] 徐进、张永伟、潘志强:“社会支持程度对服刑人员改造表现的影响”，载《中国健康心理学杂志》2011 年第 3 期。
[35] 徐显明:“‘人道’是受刑人人权理念的精神基础”，载《学习与探索》2015 第 3 期。
[36] 徐显明:“从罪犯权利到受刑人人权”，载《学习与探索》2005 年第 3 期。
[37] 徐向华、周欣:“我国法律体系形成中法律的配套立法”，载《中国法学》2010 年第 4 期。
[38] 薛瑞麟:“论刑罚效益的概念”，载《中央政法管理干部学院学报》1995 年第 4 期。
[39] 薛锋:“论《大清新刑律草案》对罪犯基本权利的保护”，载《宁波大学学报》2013 年第 3 期。
[40] 叶旺春:“英国监狱社会监督制度的考察以及对我国的借鉴价值”，载《刑法论丛》2011 年第 1 期。
[41] 游益萍:“法国监狱”，载《南方人物周刊》2009 年第 22 期。
[42] 俞达祥:“我国罪犯人权的救济措施及自我保护途径”，载《人民检察》2006 年第 2 期。
[43] 于阳、王超:“改革开放以来我国罪犯人权保障的发展与思考”，载《预防青少年犯罪研究》2014 年第 4 期。
[44] 曾凡燕:“我国罪犯权利的现状与反思”，载《甘肃政法学院学报》2006 年第 3 期。
[45] 郑艳、金川:“罪犯权利的救济制度分析”，载《中国司法》2006 年

第 2 期。

［46］郑振远："在中国特色社会主义理论体系指导下，努力构建中国特色社会主义监狱理论体系"，载《犯罪与改造研究》2008 年第 11 期。

［47］张文宏、阮丹青："城乡居民的社会支持网络"，载《社会学研究》1999 年第 3 期。

［48］张晶："囚犯人权保障的理念与进路"，载《中国法律评论》2014 年 6 月总第 2 期。

［49］张文显："论人权的主体与主体的人权"，载《中国法学》1991 年第 5 期。

［50］张从容："析 1910 年法院编制法"，载《暨南学报》2003 年第 1 期。

［51］张康之："论主体多元条件下的社会治理"，载《中国人民大学学报》2014 年第 2 期。

［52］赵颖："社会管理创新必须以法治为基础"，载《中国纪检监察报》2011 年 12 月 9 日。

［53］赵运恒："试论确认我国罪犯权利的原则"，载《中央政法管理干部学院学报》1999 年第 5 期。

［54］赵运恒："罪犯权利论"，载《中国刑事法杂志》2010 年第 4 期。

［55］赵阳："我国服刑人员心理健康教育普及率 100%　监狱系统心理咨询师达 1.65 万人"，载《法制日报》2011 年 4 月 21 日。

［56］周涛、胡敬阳、戴欣："各具特色的欧洲监狱"，载《辽宁警专学报》2002 年第 4 期。

［57］周光权："刑罚进化论"，载《法制与社会发展》2004 年第 3 期。

［58］人权研究会："什么是人权"，载《人民日报》2005 年 1 月 12 日。

［59］广州大学人权理论研究课题组："中国特色社会主义人权理论体系论纲"，载《法学研究》2015 年第 2 期。

［60］湖北沙洋监狱管理局课题组："我国监狱劳动改造的功能定位与未来走向——基于完善中国特色监狱制度的视角"，载《中国监狱学刊》2009 年第 4 期。

［61］江苏省监狱学会课题组："构建与完善监狱法律法规体系研究"，载中国监狱学会编：《回眸十年读华章——纪念监狱法施行十周年文

集》，法律出版社 2005 年版。

[62] 河南省监狱管理局课题组：“监狱法在实践中的问题及立法完善”，载中国监狱学会编：《回眸十年读华章——纪念监狱法施行十周年文集》，法律出版社 2005 年版。

[63] 宋建国、刘军：“监狱法的价值评估与立法缺陷”，载中国监狱学会编：《回眸十年读华章——纪念监狱法施行十周年文集》，法律出版社 2005 年版。

[64] 丁铁坚：“关于监狱法修改的法理研究”，载中国监狱学会编：《回眸十年读华章——纪念监狱法施行十周年文集》，法律出版社 2005 年版。

四、学位论文

[1] 杨帆：“我国监狱服刑人员权利研究”，武汉大学 2012 年博士学位论文。

[2] 吕新雪：“论罪犯权利范围”，厦门大学 2008 年硕士学位论文。

[3] 王勇：“浅论清末的监狱改良”，山东大学 2005 年硕士学位论文

[4] 李同民：“我国受刑人权利研究”，山东大学 2007 年博士学位论文。

[5] 宋洪栋：“论罪犯权利的状态及实现”，山东大学 2007 年硕士学位论文。

[6] 陈君：“服刑人员权利救济制度研究”，湖南师范大学 2012 年硕士学位论文。

[7] 宋梦月：“监所服刑人员权利保障制度研究”，安徽大学 2016 年硕士学位论文。

五、网址及其他

[1] 熊选国：“2016 年全国新接收社区服刑人员 48 万人”，载人民网 http://legal.people.com.cn/n1/2017/0308/c42510-29131754.html.

[2] “深入推进司法行政改革以优异成绩迎接党的十九大胜利召开——访司法部副部长熊选国”，载 http://www.gov.cn/xinwen/2017-03/06/content_5174113.htm#allContent.

[3] “深化落实治本安全观 提升工作水平”，载 http://news. sina. com. cn/sf/publicity/sfxz/2018-01-24/doc-ifyqwiqk3096934. shtml.

[4] “省监狱局部署治本安全观创新实践试点工作”，载 http://www. frjs. gov. cn/31022/jianyu/201708/t20170803_4462162. shtml.

[5] “司法部长张军谈 999 名罪犯春节回家探亲”，载 https://m. huanqiu. com/r/MV8wXzExNjM4NzU2XzIxMjZfMTUyMDA3MDA2MA.

[6] 金鉴：“树立正确行刑理念 推动监狱‘三化’建设”，载司法部 http://www. moj. gov. cn/jyglj/2004-08/24/content_ 127810. htm.

[7] “上海监狱践行治本安全观努力构建社会支持系统”，载 http://www. shanghai. gov. cn/nw2/nw2314/nw2315/nw31406/u21aw1262584. html.

[8] “构建监狱社会支持系统 推动监狱工作科学发展”，载 http://www. bjjgj. gov. cn/lldt/1979. htm.

[9] 李忠平：“社会支持应用于罪犯教育改造的路径初探”，载 http://www. jsjy. gov. cn/jsjyw/llyj/2016-01/20/content_ 551ba5fe45f846d69d6f7570ba57e878. shtml.

后　记
Postscript

书稿终于完成，提笔写后记，却没有想象中的如释重负，写作中的困惑和忐忑挥之不去，言而不尽的怅然久久围绕，拂之不去。

关于本书，我称其为“爱”的选择。我爱我的职业，2002年开始从教生涯，注定了我与中警院的缘分，开始接触监狱、知悉罪犯；我的爱人，监狱学科班出身，他理论功底深厚，我经常“被迫”受其教；某天，我的大女儿问我，“妈妈，你可以给我生个小弟弟或者小妹妹吗?”于是我开始深思，“为什么不可以，是谁剥夺了我生育的权利，又凭什么剥夺?”由此，我开始研究公民生育权利和计划生育国策之博弈。2004年《婚姻登记条例》明示在押罪犯婚姻登记之际，我以《论罪犯结婚权》为题发表了论文，并继而开始关注在押罪犯的生育权。忘不了多少个日夜，我和爱人因监狱行刑悖论争吵面赤；犹记当年《服刑人员生育权研究》为题的硕士论文以5票全优通过，欣喜之情溢于言表。后有了对罪犯权利进行系统研究之想法，申报学校青年教师学术团队并获得了批准。此间我家二宝出生，团队工作一度停滞，心有愧意然力不达。让我无比欣慰的是，大宝自立自强，二宝乖巧无比，我得以在数百个静谧的夜晚安心阅读写作，但少了对她们的陪伴。因此，谨以此书，献给我爱的警院、我的他与两个她。

对于做学问，我心怀忐忑。在一所司法部直属的监狱系统行业院校工作，尽管我坚持研习监狱和罪犯不辍，努力将所学专业与监狱学研究相融合，但限于专业与学力，并不尽如人意。如今，书稿终究要付梓出版，这种忐忑与日俱增。期待着各位专家、师友对本书不足之处的批评指正。我也会怀着做学问的初衷，惜时、专心、苦读，继续研究下去。

收尾之际，且用苍白的语言表达自己的满怀感恩和真诚致谢。在团队建设和书稿完成过程中，多位领导和老师给予了很多无私帮助。学校科研处的领导和同事也给予了许多帮助和鼓励。在课题调研过程中，司法部燕城监狱张翔、河南省安阳监狱陈毅军、贵州省未成年犯管教所刘军政委给予了大力支持。中国政法大学出报社总编室主任柴云吉老师为本书的联系出版帮助颇多。我要感谢团队的每位成员，大家克服困难、凝心聚力，为团队建设作出了自己的一份贡献。感谢我的家人，给予我默默的支持和无私的爱。最后，特别要说明的是，在书稿写作过程中，我参考了大量相关著述，并在参考文献中尽可能予以一一列明，但难免有疏漏之处。我在此谨向这些学界的前辈和同仁表示诚挚谢意。需要感谢的人还有很多，不能一一罗列，也无以回报，唯心存感恩、加倍努力。

李玉娥

2018 年 4 月于古城保定